Lernbereich Arbeitslehre

Wirtschaft 7/8

Herausgegeben von:

Dietmar Krafft
Renate Harter-Meyer
Heinrich Meyer

Erarbeitet von:

Renate Harter-Meyer
Heinrich Meyer

in Zusammenarbeit
mit der Verlagsredaktion

[redacted]

Cornelsen

Inhaltsverzeichnis

Lernen mit dem Unterrichtswerk Arbeitslehre

Das Lernen lernen
Durch die neuen Informationstechnologien sind wir mit der ganzen Welt verbunden – auf der Ebene des Warenaustauschs, von Politik, Kultur und Sport.
Unsere Lebensbedingungen sind eng verknüpft mit denen anderer Gesellschaften. Krieg und Frieden in einem Staat dieser Welt kann die Lage in anderen Staaten nachhaltig beeinflussen.
Die **eine Welt** kommt immer mehr in den Blick und erforderlich wird ein **globales, vernetztes Denken.** Der Blick auf die eigene Gesellschaft genügt nicht mehr.
Durch weltweite Forschung und Entwicklung vermehrt sich das Wissen immer rascher.
Lernen für die Zukunft heißt:
über Lernmethoden zu verfügen, die es möglich machen, sich neues Wissen anzueignen, neue Problemstellungen zu erkennen und zu bearbeiten – nicht nur allein, sondern auch **im Team**.
Im Fach Arbeitslehre könnt ihr die Einsicht in die Zusammenhänge von Erwerbsarbeit, Hausarbeit, Wirtschaft und Technik bekommen.
Zu jedem Problemfeld, das im Lehrplan Wirtschaft vorgegeben und im Inhaltsverzeichnis aufgeführt ist, schlagen wir euch konkrete Lerninhalte vor. Natürlich sind das nur ausgewählte Beispiele und euer Alltag bietet vielleicht noch ganz andere Möglichkeiten, um das Arbeitsleben kennenzulernen. Deshalb stellen wir verschiedene **Lernmethoden** vor, die bei der Erarbeitung von Problemstellungen hilfreich sein können. Diese haben wir zu Beginn des Inhaltsverzeichnisses zusammengestellt.
Wir führen sie in bestimmten Kapiteln ein und erwarten, daß ihr selbständig entscheidet, wann ihr sie nutzt. Wenn eine bestimmte Methode erst gegen Ende des Buches ausführlich eingeführt wird, so prüft, ob ihr sie nicht schon viel früher braucht.

Lernen mit Kopf, Herz und Hand
Der Mensch ist eine Einheit von Denken (Kopf), Fühlen (Herz) und Hand (Körperempfindung). In der Schule wird oft das Denken einseitig in den Mittelpunkt gerückt. Lernen wird kopflastig. Neuere Forschungen zeigen, daß für die Lösung schwieriger Probleme nicht nur das Denken, sondern ebenso Intuition und Kreativität hilfreich sind. Gefühle können das Denken blockieren und umgekehrt. Den Kopf frei machen – das kann zum Beispiel heißen: sich bewegen, tief durchatmen, schnell laufen, schreien, lachen oder weinen.

Jede Person macht sich ein eigenes Bild von der Wirklichkeit
Schaut euch dazu ein Foto ohne Sprechblasen in diesem Buch intensiver an, z. B. S. 13 und schreibt drei Wörter spontan auf ein Papier. Vergleicht eure Gedanken. Wenn ihr mit Filzstift groß genug schreibt, könnt ihr eure Blätter aufhängen und besser vergleichen. Wir sind der Meinung, daß jede Person aufgrund ihrer Lebensgeschichte die Wirklichkeit in einer besonderen (individuellen) Weise wahrnimmt und bewertet. Daraus ergeben sich unterschiedliche Interessen und Bewertungen.
Daneben gibt es Erfahrungen, die viele Menschen in einer ähnlichen Weise machen (kollektive Erfahrungen).
Beispiel: Menschen, die erwerbslos sind und über langen Jahre von der Sozialhilfe leben, machen oft ähnliche Erfahrungen von Ausgrenzung und Minderwertigkeit – bei aller Unterschiedlichkeit der Lebensgeschichte. Es ist wichtig, **beide Ebenen – die individuelle und die kollektive –** zu berücksichtigen.

Kontroverses Denken

Aus der persönlichen Sicht der Wirklichkeit und unterschiedlichen Lebenslagen ergeben sich gegensätzliche (kontroverse) Interessen und Meinungen über wirtschafts- und gesellschaftspolitische Ziele und Maßnahmen.
In einer Demokratie sollten die verschiedenen Interessen offengelegt und Lösungen ausgehandelt werden. Mut zum Widerstand ist ebenso wichtig wie Mut zum Verändern eigener Standpunkte.
Oft gibt es keine eindeutig guten und schlechten Lösungen. Gefordert ist die Fähigkeit, mit Kompromissen zu leben.

Comic-Figur

Durch das Schulbuch begleitet euch eine Comic-Figur – ein Kopffüßler. Diese Figur hat oft die Aufgabe, die Dinge von einer anderen Seite her zu beleuchten – ganz Nachdenkliches zu fragen oder zu bemerken. Achtet auf diese Figur.

Aufgaben

Wir schlagen am Ende eines Kapitels oder Abschnitts einige Aufgaben vor. Da wir nicht wissen, was euch besonders bewegt, verstehen wir sie nur als Anregungen. Wir hoffen, daß ihr zunehmend eigene Fragen stellen lernt. Wir haben uns bei der Gestaltung des Buches viele Gedanken gemacht, aber ihr selbst habt ebenfalls gute Ideen, anderes Material zu finden und neue Schwerpunkte zu setzen.

Mädchen und Jungen sind gleichberechtigt

Unsere Sprache ist seit Jahrhunderten durch das männliche Geschlecht geprägt. Männer waren fast ausschließlich diejenigen, die Bücher schrieben, Kunstwerke schufen und die bedeutsamen gesellschaftlichen Aufgaben wahrnahmen. Das ist mehrheitlich bis heute so. Frauen blieben vielfach unsichtbar und in der Sprache unberücksichtigt.
In Zeitungen ist z. B. immer wieder nur von Politikern, Managern und Ärzten die Rede – obwohl es auch Politikerinnen, Managerinnen und Ärztinnen gibt. Eine wachsende Zahl von Mädchen und Frauen möchte nicht mehr „in der Sprache verschwinden“, sondern sichtbar und hörbar sein.
Wir wollen im Schulbuch darauf achten. Es kommt uns steif vor, immer von Schülerinnen und Schülern zu sprechen. Wir haben uns deshalb entschlossen, das eine Mal nur die weibliche und ein anderes Mal nur die männliche Form zu benutzen. Wir haben das nicht ausgezählt, gehen aber davon aus, daß es irgendwie gleichgewichtig ist. Bei konkreten Frauen und Mädchen, Männern und Jungen verwenden wir natürlich die entsprechende weibliche bzw. männliche Form.

Zwei Beispiele:

Claudia schreibt eine E-Mail an Jenny, San Francisco

„... wir haben gestern in Wirtschaftslehre eine Befragung von Arbeitern in einer Textilfabrik durchgeführt. Wenn man bedenkt, wie sich die Arbeitsbedingungen in den letzten Jahrzehnten verändert haben! Das ist enorm! Man kann sich das kaum vorstellen. Wir Schüler haben erfahren, daß viele Unternehmen Textilien in asiatischen Staaten nähen lassen. Wenn man bedenkt, daß die Arbeiter da Hungerlöhne kriegen, damit wir billige Kleidung kaufen können ...
Da müßten Manager und Wirtschaftspolitiker was ändern ...“

Jens faxt einen Brief an Romero, Madrid

„... wir haben das Fach Wirtschaftslehre seit einem Jahr. Ich finde es fast noch interessanter als Latein. Wenn frau so überlegt, wie schnell sich die Lebensbedingungen verändert haben – wahnsinnig! Ich verstehe jetzt viel besser, welche Probleme Politikerinnen lösen müssen, damit Ökonomie und Ökologie sich nicht blockieren. Da sind auch Managerinnen neu gefordert! Ich finde es gut, daß wir Schülerinnen selbst Befragungen und Erkundungen durchführen und auswerten. Irgendwie ist frau bei diesem Fach mitten drin in der Gesellschaft ...“

Arbeitsplätze

... welche Anforderungen und Probleme in ausgewählten Berufen bestehen.

... welche Gesichtspunkte bei der Beurteilung der Arbeitsplätze zu beachten sind.

Elektroinstallateur/ Elektroinstallateurin

Ausbildungsdauer:
$3\frac{1}{2}$ Jahre

Voraussetzung:
Hauptschulabschluß

Als Elektroinstallateur im Kundendienst

1

2

3

4

5

6

Monteur Kinter berichtet

„Ich arbeite seit 6 Jahren in meinem Betrieb. Ich bin gelernter Elektroinstallateur. Mit der Arbeit bin ich zufrieden. Im Kundendienst ist es abwechslungsreich. Ich habe immer wieder mit neuen Menschen zu tun. Da bekommt man gute Menschenkenntnis. Manche Leute sind sehr nett und höflich. Andere sind herablassend und meckern sofort, wenn nicht alles wie am Schnürchen klappt.
Aber so einfach ist die Arbeit nicht. Die Technik verändert sich rasch, und ich muß mich auf die neuen Modelle einstellen. Fortbildung ist ständig notwendig. Ich freue mich, wenn alles gut klappt und der Kunde zufrieden ist. Ärgerlich ist es, wenn ich nur deshalb keine gute Arbeit leisten kann, weil die Organisation im Betrieb nicht stimmt. Der Kunde hat ja Anspruch auf gute Arbeit. Manche Kunden schimpfen mit mir, statt mit dem Chef. Ich muß dann den Prellbock spielen.
Manchmal vermisse ich den Kontakt mit den Arbeitskollegen. Man ist doch stark auf sich selbst gestellt. Zur Zeit geht eine Auszubildende mit mir. Die ist technisch begabt, da bin ich ganz von den Socken. Ich habe sie gerne dabei, aber wenn ich sie ranlasse, kostet mich das Zeit. Im 2. und 3. Ausbildungsjahr sieht das natürlich anders aus.“

Ausbildungsberufe
z. B. Koch/Köchin, Hotelfachmann/Hotelfachfrau, Kellner/Kellnerin, Kaufmannsgehilfe/-gehilfin im Hotel- und Gaststättengewerbe

Ausbildungsdauer:
Jeweils 3 Jahre

Voraussetzung:
Hauptschulabschluß

Beschäftigte im Gastgewerbe 1994

insgesamt: 1213000
davon:
22,5 % Teilzeitbeschäftigte
58,0 % Frauen
26,6 % Ausländer

DEHOGA 18. 4. 1996

Auszubildende in wichtigen Ausbildungsberufen

	1990	1995*
Koch/Köchin	20400	23430
Restaurantfachmann/-frau	6719	10288
Hotelfachmann/-frau	20735	24964

*Gesamtdeutschland
DEHOGA (Hrsg.): Jahresbericht 1990/91; Brief v. 18.4.96

Im Gaststättengewerbe

1

2

3

4

Kellnerin Rüden berichtet

„Warum ich jetzt im Kaufhaus Herten arbeite? Nur wegen der Arbeitszeit. Ich habe 15 Jahre abends in einer Gaststätte gearbeitet – auch am Wochenende. Ich möchte nun die Abende frei haben – jetzt, wo die Kinder groß sind.

Die Arbeit bei Herten ist wenig abwechslungsreich. Um die Mittagszeit ist es hektisch – die reinste Fließbandarbeit. Wir arbeiten hier zu sechst – alles Frauen ohne Chance auf einen besseren Arbeitsplatz. Der Chef ist auch hier ein Mann, gelernter Restaurantfachmann. Die Arbeit war früher viel interessanter. Ich habe auch mehr verdient. Da waren Stammkunden, auf die ich mich schon freute. Wenn man sich bei der Arbeit Mühe gab, merkte man es sofort am Trinkgeld. Man konnte eben selbst was aus der Arbeit machen.

Es gab auch hektische Zeiten, aber dann war auch mal die Gelegenheit zum Gespräch in der Küche. Das Essen war gut. Der Koch war wirklich Spitze – sowohl beim Kochen als auch bei der Organisation. Davon hängt sehr viel ab."

Soziale Dienste

Krankenpfleger/ Krankenschwester

Ausbildungsdauer:
3 Jahre

Voraussetzungen:
- Mindestalter von 17 Jahren
- mittlerer Bildungsabschluß

oder
- Hauptschulabschluß mit erfolgreichem Besuch einer mindestens 2jährigen Pflegevorschule bzw. Berufsfachschule Gesundheit

oder
- eine abgeschlossene Berufsausbildung

oder
- Ausbildung als Krankenpflegehelfer bzw. -helferin

1

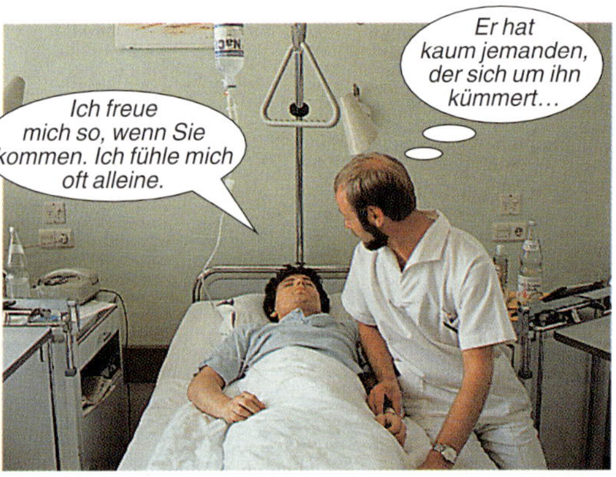

2

3

Krankenpfleger Rode berichtet

„Ich arbeite seit 7 Jahren im Krankenhaus. Die Arbeit macht mir meistens Freude. Ich wollte einen Beruf, der einen guten Kontakt zu Menschen ermöglicht. Obwohl die Zeit drängt, nehme ich mir Zeit für ein Gespräch am Krankenbett, weil das für die Patienten so wichtig ist.
Es gibt so viel anderes zu tun, z.B. Verbände anlegen, Temperatur und Puls messen, Körperpflege, Anordnungen des Arztes ausführen und die Behandlung schriftlich niederlegen, Essen und Getränke austeilen, Medikamente ausgeben, schwerkranke Patienten füttern und und ...
Oft bin ich auch gestreßt, weil Personalmangel herrscht.
Die Arbeit erfolgt im Schichtdienst. Jedes zweite Wochenende ist Dienst. Ab und zu muß das Tagespersonal auch nachts arbeiten."

Altenpfleger/ Altenpflegerin

Ausbildungsdauer:
2–3 Jahre (je nach Bundesland)

Voraussetzungen:
- Hauptschulabschluß und 2jährige abgeschlossene Berufsausbildung oder nach Landesrecht als angemessen geltende Berufstätigkeit
- Realschulabschluß und je nach Landesrecht keine bis hin zu einer 2jährigen praktischen Tätigkeit

1

2

3

Altenpflegerin Meis berichtet

„Nach meiner Ausbildung zur Kinderpflegerin fand ich in meinem erlernten Beruf keine Stelle. Die Aussichten waren und sind noch schlecht. Deshalb arbeitete ich einige Jahre als Verkäuferin, war aber mit der Arbeitszeit unzufrieden. Ich habe dann eine Ausbildung als Altenpflegerin gemacht. Die Arbeit ist schwer, macht aber Spaß. Ich arbeite zur Zeit bei 6 pflegebedürftigen Senioren und Seniorinnen an 5 Vormittagen in der Woche. Meine Einsätze rechne ich direkt mit den Pflegeversicherungskassen ab.
Die Arbeitsbedingungen sind für mich zur Zeit gut, denn ich kann die Kinder – wenn nötig – mitnehmen. Wenn die Kinder größer sind, möchte ich in einer Altentagesstätte oder auf einer Sozialstation arbeiten. Der Erfahrungsaustausch mit Kollegen ist mir sehr wichtig. Die Arbeit wird gut bezahlt, und es gibt die übliche tarifliche Absicherung."

Sozialstationen
werden z.B. von der Stadt/Gemeinde, den Wohlfahrtsverbänden wie der Caritas oder der Arbeiterwohlfahrt eingerichtet.
Sozialarbeiter, Sozialpädagogen sowie Alten- und Familienpfleger arbeiten in verschiedenen Bereichen.

Stadtverwaltung

Stadtdirektor	Zi. 109
Hauptamt	Zi. 110
Jugendamt	Zi. 210
Schul- und Kulturamt	Zi. 218
Ordnungsamt	Zi. 237
Sozialamt	Zi. 241/2
Einwohner-meldeamt	Zi. 254
Standesamt	Zi. 322

In der Stadtverwaltung

Sozialarbeiter unterstützen Jugendliche

Lars: „Wir haben gehört, daß die Sanierung des Jugendhauses wieder verschoben wurde. Das machen wir nicht mehr mit."

Silke: „Wir lassen uns nicht länger verschaukeln. Für andere Aufgaben ist auch Geld da!"

Herr Röder: „Wir sind ganz eurer Meinung. Eure Forderung ist berechtigt. Wir setzen uns schon seit 2 Jahren dafür ein."

Frau Riege: „Ihr müßt in der Öffentlichkeit eure Interessen vertreten – vielleicht durch eine Informationsveranstaltung. Versucht, einen Reporter des ‚Tagesboten' zu gewinnen – die Presse hat Macht. Wir werden euch so weit wie möglich unterstützen."

Herr Siebel berät in der Wohngeldstelle

Nicole: „Wir wohnen seit einem Jahr nur noch mit Mutter zusammen. Sie arbeitet ganztags, hat aber kein gutes Einkommen – und jetzt die große Mieterhöhung. Wir haben gehört, daß wir vielleicht Anspruch auf Wohngeld haben."

Claus: „Sie kümmert sich aber nicht darum. Sie sagt, daß sie das schon selbst schafft. Almosen vom Staat braucht sie nicht."

Beamter: „Wohngeld – das ist kein Almosen. Jeder hat grundsätzlich Anspruch darauf. Es kommt auf die Höhe des Einkommens und der Miete an. Ich berate Sie gern."

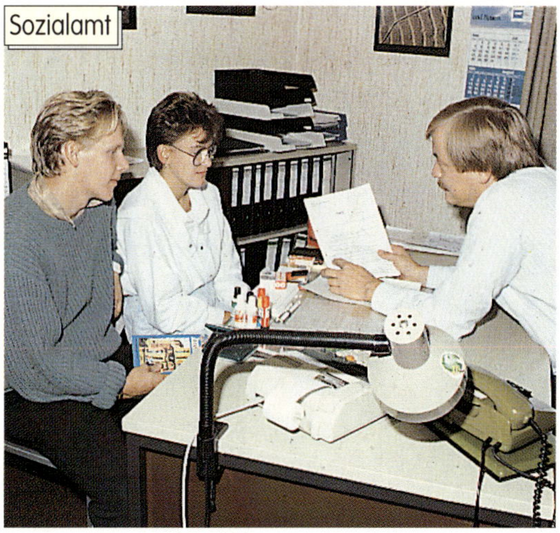

Frau Reuter berichtet

„Ich arbeite seit 2 Jahren in der Meldestelle. Wir haben viel zu tun. In einer Großstadt ziehen viele Leute um. Gerade haben wir die Umstellung auf EDV geschafft. Die Arbeit ist recht eintönig, aber das Betriebsklima ist gut. Eine Arbeit mit stärkerer Beratungstätigkeit wäre mir eigentlich lieber."

Aufgaben

1 Sprecht über die verschiedenen Arbeitsplätze auf den Seiten 6–9 unter folgenden Gesichtspunkten:
- Art der Arbeit, Tätigkeitsbereich
- Arbeitsorganisation, z. B. Teamarbeit, Einzelarbeit
- Arbeitszufriedenheit
- Arbeitszeit
- Entscheidungsmöglichkeit
- Ausbildung

2 Beschafft euch Informationen über Arbeitsplätze in eurer Region durch Befragungen (s. Stichwort *Befragungstechniken*) von Erwerbstätigen und bei Betriebserkundungen.

3 Diskutiert die Entscheidung von Kellnerin Rüden, ihren Arbeitsplatz zu wechseln.

4 Erörtert an den Fallbeispielen, welche Bedeutung Arbeit für die Menschen hat.

Beamter/Beamtin des mittleren Dienstes bei der Kommunalverwaltung

Ausbildungsdauer:
2 Jahre

Voraussetzung:
mittlerer Bildungsabschluß

Produktive Leistungen im privaten Haushalt

... welche Güter im privaten Haushalt bereitgestellt werden.

... die Ausgaben im privaten Haushalt durch Buchführung zu kontrollieren.

... Hausarbeit und Familienarbeit als gesellschaftlich notwendige Arbeit zu bewerten.

Alltagssituationen

Was in der Wirtschaftsberichterstattung sichtbar ist:

Wert entlohnter und nichtentlohnter Arbeit 1991[1]

entlohnte Arbeit

Gesamtumfang:
47 Mrd. Stunden

Bruttolohn- und Gehaltssumme:
1163 Mrd. DM

Was in der Wirtschaftsberichterstattung verschleiert ist, aber *sichtbar sein sollte:*

nichtentlohnte Arbeit

Gesamtumfang:
77 Mrd. Stunden

Wert[2]:
860 Mrd. DM

[1] früheres Bundesgebiet

[2] umgerechnet auf den Nettostundenlohn einer Hauswirtschafterin

Stat. Bundesamt: Wo bleibt die Zeit? Wiesbaden 1994

Produktive Leistungen des Haushalts

Durch Hausarbeit werden verschiedene Produkte (Güter) hergestellt. Es handelt sich sowohl um Sachgüter, z.B. Essen, Kleidung, Bau eines Regals, als auch um Dienstleistungen, z.B. Krankenpflege, Körperpflege.
Zu den produktiven Leistungen gehören im besonderen Maße die immateriellen Leistungen, z.B. das Schaffen von Geborgenheit, Verbundenheit, Offenheit. Sie sind für die Persönlichkeitsentwicklung des Menschen unabdingbar. Die Produktion materieller und immaterieller Güter (Leistungen) ist eng miteinander verknüpft.

Der Lohn der Arbeit – Die Bewertung der Arbeit im Haushalt

Tag für Tag wird in deutschen Haushalten unbezahlt gekocht, gewaschen, geputzt und renoviert. Daneben werden Kinder betreut, Kranke und Pflegebedürftige versorgt, und die Arbeiten im Haushalt werden organisiert. Teilweise können vergleichbare Güter auch gekauft werden: Restaurants, Reinigungsfirmen, Maler, Handwerker, Kindergärten, ambulante Dienste und Heime bieten ähnliche Dienstleistungen an. In einigen Haushalten werden entsprechende Aufgaben zudem von bezahlten Hauswirtschafterinnen oder Aushilfen erledigt. (...) Die überwiegend von Frauen erbrachten Leistungen bleiben in der Wirtschaftsberichterstattung unsichtbar. (...)

Stat. Bundesamt: Wo bleibt die Zeit? Wiesbaden 1994

Auskommen mit dem Einkommen

So könnte der Monatsabschluß in einem Haushaltsbuch aussehen:

Ausgaben im Oktober	in DM
Wohnungsausgaben	
– Miete	760,00
– Strom, Gas, Wasser	100,00
– Heizung	150,00
– Putz- und Waschmittel	25,00
– Telefon	70,00
Summe	1105,00
Ernährung (ohne Genußmittel)	907,00
Genußmittel (z.B. Alkohol)	50,00
Kleidung	
– Neuanschaffungen	150,00
– Reparaturen (z.B. Schuhe), Reinigung	40,00
Summe	1147,00
Persönliche Ausgaben	
– Körperpflege, Kosmetik	40,00
– Gesundheitspflege	70,00
Bildung, Unterhaltung, Sport	
– Beiträge für Vereine	10,00
– Zeitungen, Radio- und Fernsehgebühren	30,00
– Bücher, Theater, Kino	40,00
– Schulbedarf (Hefte, Bücher)	40,00
– Geschenke (z.B. Geburtstage)	40,00
– Taschengeld (Ehemann, Ehefrau), z.B. für Rauchen	80,00
– Taschengeld (Kinder)	50,00
Summe	400,00
Fahrgeld/Auto	
– Ratenkredit (Auto)	–
– Autohaftpflicht/-steuer	–
– laufende Kosten (Auto)	–
– Fahrgeld (z.B. Bus)	170,00
Summe	170,00
Besondere Ausgaben/Rücklagen	
– Hausrat/Möbel	40,00
– Urlaub	250,00
– Hausrat- und Privathaftpflichtversicherung	20,00
– Unvorhergesehenes	20,00
– feste Sparrücklagen	170,00
– Sonstiges (z.B. Hobby)	53,00
Summe	553,00
Gesamtausgaben	3375,00

Tägliche Aufzeichnungen

	Einnahmen			Kassenbestand		Ausgaben					
		Betrag				Summen		Wohnungsausgaben		Ernährung	
Tag	Bezeichnung	DM	Pf	DM	Pf	DM	Pf	Bezeichnung	Betrag	Bezeichnung	Betrag
	Übertrag:										

Monat ______________________

Genuß-mittel	Kleidung		Körper- und Gesundh...	...		
	Bezeichnung	Betrag		...g	Bezeichnung	Bet...

Was halten Sie von Hausarbeit?

(Auszüge aus einer Umfrage)

Jens K., 45 Jahre

„Als Manager eines Großunternehmens habe ich keine Zeit für Hausarbeit. Das macht meine Frau bestens allein. Mir ist wichtig, daß sie meine Kinder gut erzieht, für meine Erholung nach dem Streß der Arbeit sorgt und mir den Alltagskram vom Halse schafft. Ich verdiene viel, da kann sie sich und ihrer Familie ein gutes Heim schaffen.
Ich kann nur sagen: Hausarbeit ist enorm wichtig – auch wenn ich sie selbst nicht mache."

Claudia R., 24 Jahre

„Hausarbeit – das ist vor allem kochen, waschen, putzen, spülen, reinigen –, alles langweilige und öde Arbeit. Außerdem so vergänglich. Alles beginnt immer wieder neu. Ich würde sie gerne anderen überlassen – vor allem mal den Männern, die immer noch das hohe Lied der Hausfrau singen, aber selbst nicht Hausmann sein wollen. Für Hausarbeit gibt es kein Geld und keine eigenständige soziale Sicherung."

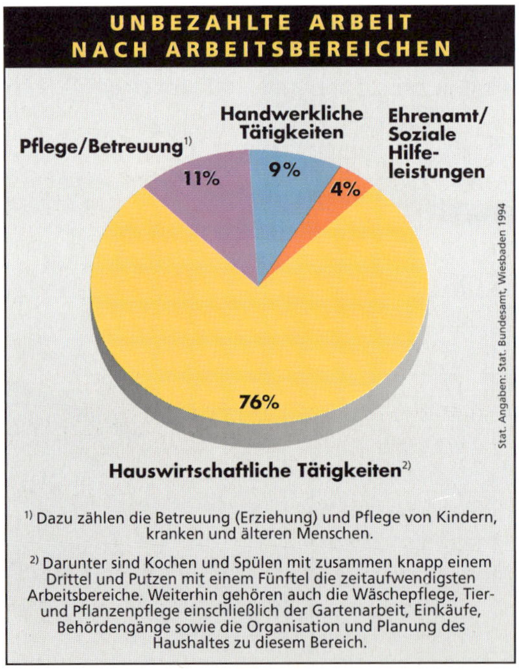

[1] Dazu zählen die Betreuung (Erziehung) und Pflege von Kindern, kranken und älteren Menschen.

[2] Darunter sind Kochen und Spülen mit zusammen knapp einem Drittel und Putzen mit einem Fünftel die zeitaufwendigsten Arbeitsbereiche. Weiterhin gehören auch die Wäschepflege, Tier- und Pflanzenpflege einschließlich der Gartenarbeit, Einkäufe, Behördengänge sowie die Organisation und Planung des Haushaltes zu diesem Bereich.

Elke O., 29 Jahre

„Ich bin wie viele meiner Freundinnen und ehemaligen Arbeitskolleginnen erwerbslos und Hausfrau. Ich bin traurig und wütend zugleich. Ich bin jetzt mit meinen Kindern allein zu Hause, denn das Geld für die Kindertagesstätte müssen wir sparen. Da fällt mir die Decke auf den Kopf. Mir fehlt die Arbeit mit den Kolleginnen und Kollegen. Auf Arbeitssuche kann ich nicht gehen, denn wo sollen die Kinder hin? Mein Mann ist sauer, weil das Geld knapp ist, aber ansonsten meint er: Kinder und Hausarbeit – das ist Frauensache."

Rita M., 38 Jahre

„Hausarbeit ist einerseits langweilige Routinearbeit und andererseits vielschichtige, kreative Arbeit. Ich finde, daß es sich um eine Arbeit handelt, bei der Kopf und Gefühl in gleichem Maße gefordert sind. In einem Haushalt mit Kindern und starkem Kontakt zu Nachbarn und Freunden spielt die Beziehung der Menschen eine große Rolle. Diese Beziehungsarbeit – das Einfühlen in die Probleme anderer, das Austragen von Konflikten und das gemeinsame Handeln verschiedener Persönlichkeiten – füllt mich besonders aus."

Aufgaben

1 Stellt fest, welche produktiven Leistungen auf den Fotos von S. 10 erbracht werden.

2 Nehmt Stellung zu den Aussagen der interviewten Personen. Formuliert eine eigene Stellungnahme.

3 Sprecht in Partnerarbeit oder in kleinen Gruppen über die Arbeit und Verteilung von Hausarbeit im eigenen Haushalt. Was würdet ihr gerne ändern, was gefällt euch?

4 Befragt Bekannte und Freundinnen danach, wie sie die Hausarbeit bewerten.

5 Entwickelt einen Fragebogen, auf dem verschiedene Bereiche der Hausarbeit und Bewertungen aufgeführt sind. Überlegt, ob ihr die Befragung nach verschiedenen Zielgruppen auswerten wollt. Zur Durchführung von Befragungen s. Stichwort *Befragungstechniken*.

Arbeitsteilung in der Familie

... welcher Arbeitsaufwand in einer Familie erforderlich ist.

... warum Arbeitsteilung in der Familie notwendig ist.

... wo Grenzen der familiären Arbeitsteilung sind.

Frau Kunze berichtet

„Mein Mann geht um 7.45 Uhr aus dem Haus. Er kommt öfter erst gegen 20 Uhr nach Hause. Er verkauft in seiner Freizeit noch zusätzlich Versicherungen. Er macht das nicht gerne, aber das Geld ist sonst etwas knapp.
Die Kinder sehen meinen Mann nicht oft. Für die Kindererziehung bin ich zuständig. Er kann sich auch nicht so viel mit ihnen beschäftigen. Vielleicht wird das später besser. Die Hausarbeit mache ich alleine. Mein Mann kümmert sich um das Auto und um Reparaturen im Hause. Große Anschaffungen entscheidet er vorrangig. Ja, er verdient halt das Geld. Für Hausfrauenarbeit gibt es weder Gehalt noch Lohn.
Und trotzdem schätze ich die Familienarbeit. Sie ist vielseitig, anspruchsvoll und fordert mich als ganze Person.
Natürlich denke ich manchmal etwas neidisch an meine früheren Arbeitskollegen.
Wenn ich mir dann vorstelle, welche zusätzlichen Belastungen für alle entstehen, ziehe ich unsere jetzige Arbeitsteilung vor. Allerdings mit Einschränkung: Bei der Erziehung der Kinder hat die Arbeitsteilung ihre Grenzen. Das ist doch nicht nur Frauensache.“

Frau Wolter berichtet

„Ich gehe halbtags arbeiten und bin von 6.45 Uhr bis 12.30 Uhr aus dem Haus. Mein Mann ist von 8.30 Uhr bis 18.00 Uhr aus dem Haus. Für die Kinder kommt von 8.15 Uhr bis 12.30 Uhr eine Kinderfrau. Das klappt einigermaßen.
Mein Mann hat eine gute Beziehugn zu den Kindern. Er versorgt sie morgens allein und spielt abends nach der Arbeit noch oft mit ihnen. Die Hausarbeit erledigen wir abends und am Wochenende gemeinsam. Da können wir bald schon die Kinder mit einbeziehen.
Wir üben beide unseren Beruf gerne aus. Ich glaube, man muß wegen der Kinder seine Erwerbstätigkeit nicht aufgeben. Die Verringerung der Arbeitszeit hilft mir dabei. Später werde ich vielleicht die Arbeitszeit wieder erhöhen. Mein Mann würde gern ein paar Stunden weniger arbeiten. Für Männer ist Teilzeitarbeit aber immer noch ein Problem.
Mit unserem Einkommen sind wir zufrieden. Für Hobbys bleibt uns allerdings nicht viel Zeit. Man ist eben den ganzen Tag verplant. Manchmal beneide ich da nichterwerbstätige Hausfrauen.“

Aufgaben

1 Vergleicht die Arbeitsteilung in beiden Familien.

2 Welche Arbeitsteilung wünscht ihr euch, wenn ihr mit einer Partnerin und zwei kleinen Kindern zusammenleben würdet.

Arbeitsalltag

... welche Folgen Schichtarbeit für die Arbeitnehmerinnen hat.

... wie Arbeitnehmerinnen ihren Arbeitsalltag beurteilen.

Schichtarbeit:
Von 36,38 Mio. Erwerbstätigen in Deutschland arbeiteten 1993 in regelmäßiger oder gelegentlicher Schichtarbeit 4,4 Mio. Davon waren 1,2 Mio. Nachtschichtarbeiterinnen.

nach: Stat. Bundesamt, Ergebnisse des Mikrozensus 1994

1. Ein Tag im Leben von Silke und Claus

Claus hat diese Woche Spätschicht. Er steht um 6.45 Uhr auf, weckt die Kinder und macht Frühstück. Silke ist bereits seit 5.30 Uhr aus dem Haus. Sie hat Frühschicht und arbeitet von 6.00 bis 14.00 Uhr.
Um 7.45 Uhr gehen die Kinder in die Schule. Claus hat 4 Stunden Zeit für die Hausarbeit und ein wenig Entspannung. Gegen 12.30 Uhr essen Claus und Judith. Silke hat das Essen am Tag vorher zubereitet. Um 13.30 Uhr muß Claus zur Arbeit. Judith ist nun eine Stunde allein.
Um 14.30 Uhr kommt Silke abgespannt nach Hause. Judith fordert sie gleich – Entspannung ist zunächst nicht möglich. Sie spielt mit Judith und überwacht die Hausaufgaben.
Um 16.30 Uhr kommt Jens. Er bringt 2 Freunde mit, ist gut gelaunt und fordert seine Mutter nicht. Silke kann sich ausruhen und Zeitung lesen.
Sie erledigt noch einige Hausarbeiten und bereitet das Abendessen und das Mittagessen für den nächsten Tag vor. Die Kinder gehen gegen 20.30 Uhr schlafen. Silke macht die Einkaufsplanung für den nächsten Tag.
Sie bleibt heute auf, bis Claus um 22.30 Uhr nach Hause kommt. An anderen Tagen geht sie ins Bett, bevor Claus nach Hause kommt.
Die Arbeit an der Maschine ist eintönig. Interessanter finden Silke und Claus die Arbeit in der Gewerkschaft und im Betriebsrat.
Die Arbeit in abgestimmter Wechselschicht machen Silke und Claus wegen der Kinder.
Sie fühlen sich stark belastet und würden gern 6 bis 8 Stunden weniger arbeiten – aber das geht nicht. Wenn Judith in 2 Jahren die Ganztagsschule besucht, wollen sie wieder im regelmäßigen Schichtdienst arbeiten. Das bringt weniger Geld, aber mehr Freizeit.

Forderungen von Gewerkschaften bei Schichtarbeit
- Bessere regelmäßige medizinische Betreuung der Schichtarbeiterinnen.
- Belastungen durch Schichtarbeit dürfen nicht durch finanzielle Zulagen abgegolten werden, sondern durch längere Erholungspausen oder Ausdehnung des Urlaubs.
- Die Verringerung der Wochenarbeitszeit soll in besonderem Maße Schichtarbeiterinnen zugute kommen.
- Mehrfachbelastungen (z. B. Staub, Lärm) sind weitestgehend abzubauen.
- Warme Mahlzeiten während aller Schichten.
- Wenn Gesundheitsschäden erkennbar sind, darf eine Beschäftigung in Wechselschicht nicht mehr erfolgen.
- Ältere ehemalige Schichtarbeiterinnen, die aus gesundheitlichen Gründen nicht mehr Schichtarbeit leisten können, müssen abgesichert werden durch Kündigungsschutzabkommen und Lohngarantien.

Aufgaben

1 Kennzeichnet den Tagesablauf von Silke und Claus. Ist ihr Arbeitsalltag typisch für viele Familien?

2 Welche regelmäßig anfallenden Hausarbeiten sind an anderen Tagen noch fällig? Welche Probleme können mit den Kindern entstehen? Sprecht über die Chancen von Silke und Claus, in einer partnerschaftlichen Ehe zu leben, sich in einer politischen Partei oder einem Verein zu organisieren.

3 Welchen Belastungen sind Schichtarbeiterinnen ausgesetzt?

4 Sprecht mit Arbeitnehmerinnen, die auf Schicht arbeiten, über ihre Erfahrungen.

2. Freischichten oder Zulagen?

Ein Fallbeispiel

Die Unternehmensleitung der Maschinenbau AG stellte fest, daß sie nicht genug Bohrwerksdreher für die unbeliebte Nachtschicht fand. Sie entschloß sich, für diese Gruppe (20 Beschäftigte) die tariflich festgelegte Sonderleistung von 12% auf 20% zu erhöhen. Der Betriebsrat machte aber geltend, daß diese Erhöhung für alle Nachtschichtler gelten müsse, also auch für die Heizer, die Werksfeuerwehr und andere. Und das waren ungefähr 400 statt 20 Kollegen.

Parallel dazu entwickelte sich bei den gewerkschaftlichen Vertrauensleuten, im Betriebsrat und unter den Betroffenen eine grundsätzliche Diskussion darüber, ob es nicht sinnvoll sei, Freizeitausgleich für die Nachtschichten statt mehr Lohn zu fordern.

Da die Meinungen der Arbeitnehmer sehr unterschiedlich waren, wurde hart diskutiert.

Es gab eine starke Gruppe von Arbeitern – vor allem junge Arbeiter, ausländische Arbeitnehmer und Väter mehrerer Kinder –, die mit einem Freizeitausgleich nicht einverstanden waren.

Der Betriebsrat informierte die Belegschaft über das Angebot der Unternehmensleitung und berief eine Betriebsversammlung ein. In der Zwischenzeit diskutierten Betriebsrat, Vertrauensleute und Gewerkschafter mit betroffenen Arbeitnehmern.

Die Diskussion wurde auf der Betriebsversammlung weitergeführt.

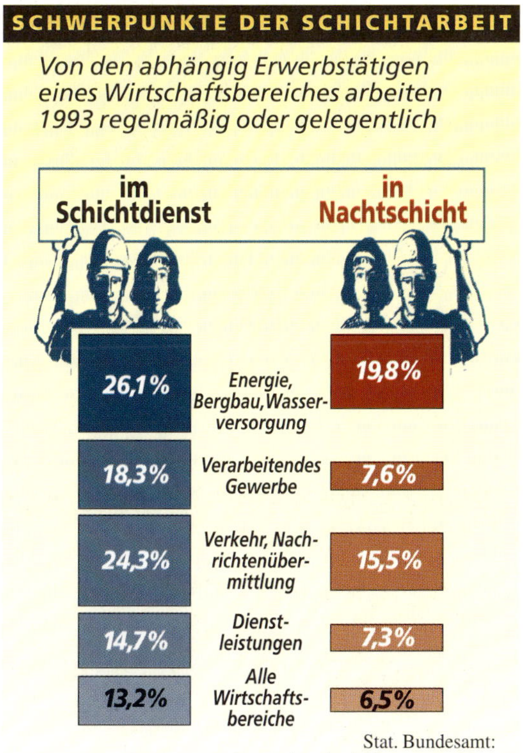

Stat. Bundesamt: Ergebnisse des Mikrozensus 1994

Nacht- und Schichtarbeit

Soweit keine tarifvertraglichen Ausgleichsregelungen bestehen, hat der Arbeitgeber dem Nachtarbeitnehmer für die während der Nachtzeit geleisteten Arbeitsstunden einen angemessenen Zuschlag auf das ihm hierfür zustehende Bruttoarbeitsentgelt zu gewähren.

§ 6 Abs. 5 Arbeitszeitgesetz

Betriebsversammlung

Sie besteht aus den Arbeitnehmern des Betriebes; sie wird vom Vorsitzenden des Betriebsrats geleitet. (...) Der Betriebsrat hat einmal in jedem Kalendervierteljahr eine Betriebsversammlung einzuberufen. (...)

Auszug aus §§ 42, 43 Betriebsverfassungsgesetz

Gewerkschaftliche Vertrauensleute sind die Träger der Gewerkschaftsarbeit im Betrieb. Sie arbeiten mit dem Betriebsrat zusammen und halten Kontakt zu den Beschäftigten. Das ist vor allem in großen Unternehmen wichtig.

Nachtarbeit ist schädlich für alle/ Nachtarbeit macht krank

Es ist unsere Aufgabe als Gewerkschafter/innen, im Betrieb Überzeugung und Einsichten zu vermitteln und mit Unterstützung der Belegschaft dem Betriebsrat den Rücken zu stärken.

Zunehmend wächst bei Arbeitnehmerinnen und Arbeitnehmern die Erkenntnis:

– **Nachtarbeit macht krank** – denn die Menschen müssen gegen die biologische Uhr arbeiten. Der Geldbeutel gewöhnt sich schnell, der Verstand teilweise, der Körper nie an Nachtarbeit.

– **Nachtarbeit führt zu Problemen** mit Familie und Freunden und behindert soziale Kontakte. Während die einen arbeiten, sind die anderen im Verein, beim Kegelabend, beim Sport oder im Theater. Während die einen schlafen wollen, sind die anderen hellwach. Deshalb ist Nachtarbeit ganz unbeliebt.

– Nachtarbeit ist in bestimmten Bereichen aus **zwingenden technischen Gründen** notwendig. Dann müssen die gesundheitlichen und sozialen Folgen für die Beschäftigten gelöst werden.

(...)

Wir müssen die **Fragen** beantworten: Ist es richtig, die Gesundheit für Geld aufs Spiel zu setzen? Ist es nicht besser, schädliche Arbeitsbedingungen und Arbeitszeiten auf das unumgängliche Maß zu begrenzen?

IG Metall: Kampagne gegen Nachtarbeit, Frankfurt 1992

Aufgaben

1 Diskutiert, wie die Entscheidung in der Maschinenbau AG fallen kann.
Ihr könnt die Entscheidung auch mit Hilfe eines Rollenspiels (s. Stichwort *Rollenspiel*) treffen.

2 Sucht Beispiele für die genannten „Schwerpunkte“ der Schichtarbeit.

3 Begründet die Haltung der gewerkschaftlichen Vertrauensleute zum Thema „Nachtschicht“.

Arbeit und Existenzsicherung

IHR KÖNNT LERNEN ...

... daß Arbeit eine wichtige Voraussetzung für die Existenzsicherung ist.

... welche Bedeutung Arbeit für die persönliche Lebensgestaltung haben kann.

... zwischen entlohnter und nichtentlohnter Arbeit zu unterscheiden.

Nichtentlohnte Arbeit

„Die Hausarbeit, einschließlich der Erziehung der Kinder, erledigen wir gemeinsam. Diese Arbeit ist notwendig und macht teilweise auch Spaß. Aber es ist nichtentlohnte Arbeit. Ich möchte auf keinen Fall auf Erwerbsarbeit verzichten. Ein eigenes Einkommen ist für mich notwendig zur Sicherung eines angemessenen Lebensunterhalts – auch im Alter. Ich weiß heute nicht, ob die Partnerschaft mit meinem Mann ein Leben lang hält."

„Es macht mir Freude, mit Jugendlichen zu arbeiten. Judo ist eine Sportart, wo in der Auseinandersetzung mit dem Gegner körperliche Kraft eingesetzt wird. Solch eine Achtung vor dem Gegner sollte jeder Jugendliche lernen. Die Arbeit als Trainerin bringt für meine Persönlichkeitsentwicklung sehr viel."

„Wir machen bei der Initiative ‚Senioren betreuen Kinder' mit. Die beiden Kinder der Familie Rütte betreuen wir in der Regel an 2 Nachmittagen in der Woche. Es ist für uns eine Arbeit, die uns anregt, Freude bringt und gut zu schaffen ist. Die Kinder mögen uns gern. Die Großeltern wohnen weit entfernt. Frau Rütte, die halbtags erwerbstätig ist, freut sich darüber, daß sie selbst entlastet wird."

Was bedeutet Ihnen Ihre Arbeit?

Entlohnte Arbeit

„Wir haben den Betrieb vor einem Jahr gegründet. Die Arbeit macht uns großen Spaß. Inzwischen verdienen wir ganz gut. Wir müssen sehr lange arbeiten. Aber das macht nichts. Wir fühlen uns voller Energie und sind stolz auf unsere Leistung."

„Ich muß arbeiten, weil ich Geld zum Leben brauche. Die Arbeit selbst ist nicht sehr interessant. Es ist immer wieder das gleiche. Freude macht mir meine Fähigkeit, mit vielen Mitarbeiterinnen und Mitarbeitern gut klar zu kommen. Ich bin als ‚gute Fee' bei Konflikten und persönlichen Schwierigkeiten gefragt. Diese Fähigkeit kann ich auch gut bei meiner großen Familie gebrauchen."

„Meine Arbeit ist interessant und vielseitig. Ich kann ab und zu neue Ideen ausprobieren. Früher habe ich Überstunden gemacht, war mit dem Betrieb ‚verheiratet'. Das mache ich nicht mehr. Ich wurde zu einseitig. Eine Beförderung habe ich im vorigen Jahr abgelehnt. Da wären wieder Überstunden fällig geworden. Ich fühle mich heute mit meinen verschiedenen Hobbys viel besser."

Aufgaben

1 Setzt euch mit den Einstellungen der Personen zu ihrer Arbeit auseinander. Kennt ihr noch andere?

2 Überprüft eure eigene Einstellung zur Arbeit in der Schule.

Leben ohne Erwerbsarbeit

Wie fühlen sich Menschen, die keine Erwerbsarbeit finden?

Die Klasse 7c sammelte Ausschnitte aus Zeitungen, Zeitschriften und Büchern und befragte Jugendliche, Frauen und Männer in ihrer Stadt. Sie stellte auf Wandtafeln eine Dokumentation zusammen, die zunächst in der Klasse blieb und später in der Pausenhalle ausgestellt wurde.
Hier einige Auszüge:

Zu viele Erwerbslose

Nachdem die Banko-Werke schließen mußten, ist die Zahl der Arbeitslosen in unserer Stadt deutlich angestiegen. Es ist unerträglich, daß so viele Menschen erwerbstätig sein wollen, aber keinen Arbeitsplatz finden. Die Lage auf dem Arbeitsmarkt ist in den umliegenden Städten und Gemeinden kaum besser. Die Arbeitslosenquote liegt nun bei 10,2 %. Gerade die Situation der Banko-Werke, die eine große Anzahl qualifizierter Frauen und Männer beschäftigte, zeigt deutlich, daß nicht die Arbeitnehmerinnen und Arbeitnehmer ihre Erwerbslosigkeit zu vertreten haben. Die Banko-Werke waren international nicht mehr wettbewerbsfähig. Die Unternehmensleitung hat das nicht früh genug erkannt. In einer Gesellschaft mit einem so raschen wirtschaftlichen und technologischen Wandel ist die vorübergehende Erwerbslosigkeit vieler Menschen kaum vermeidbar. Wichtig ist, den Übergang in eine neue Erwerbsarbeit durch Umschulung und entsprechende finanzielle Unterstützung, z. B. auch Arbeitslosengeld, zu erleichtern.

Arbeitslosigkeit, Dezember 1995

	Bundesgebiet/Ost	Bundesgebiet/West
Arbeitslose	1113117	2677507
darunter:		
Frauen	675355 (60,7 %)	1134555 (42,2 %)
Jugendliche unter 20 Jahren	20079 (1,8 %)	79130 (3,0 %)
Personen ü. 55 Jahre	185162 (16,6 %)	591908 (22,1 %)
Teilzeitsuchende	41071 (3,7 %)	249055 (9,3 %)
Ausländer	12662 (1,1 %)	479507 (17,2 %)

Arbeitslosenquoten 1995

	Bundesgebiet/Ost	Bundesgebiet/West
Frauen	19,7	9,5
Männer	12,1	9,8
Jugendliche unter 20 Jahren	7,5	8,4

Amtliche Nachrichten der Bundesanstalt für Arbeit, 1, 1996

Arbeitslosenquote:
Anzahl der Erwerbslosen an der Zahl der abhängig beschäftigten Erwerbspersonen

Wir sind nicht ohnmächtig

Die Initiative *„Arbeitslose aktiv e.V."* plant am Freitag unter dem Motto:

„Wir sind nicht ohnmächtig"

eine Demonstration vor dem Rathaus. Sie wird unterstützt von verschiedenen gewerkschaftlichen, ökologischen und kirchlichen Gruppen und Organisationen sowie einer Anzahl von Bürgerinitiativen. Die Initiative plant außerdem Info-Stände, um die Bürgerinnen und Bürger über die Lage der Arbeitslosen zu informieren.

Wir benötigen Ihre Solidarität! Kommen Sie zur Demonstration!

Informieren Sie sich über die Lage. Mit Ihrer Unterstützung können wir die Politiker bewegen, Fördermaßnahmen in Gang zu setzen.

Denken Sie daran:
Auch Sie, Ihre Kinder, Eltern und Freunde können schon morgen erwerbslos sein!

Initiative „Arbeitslose aktiv e.V."

Im Gespräch mit Erwerbslosen erfahren die Schülerinnen und Schüler der Klasse 7c einiges über ihre Situation und ihre Probleme.

Anke, 35 Jahre:
„Ich fühle mich irgendwie nur noch als halber Mensch. Ich hatte wegen der Kinder eine Halbtagsarbeit. Da hab ich mich gut gefühlt. Wichtig waren für mich das eigene Geld, die Zusammenarbeit mit den Kolleginnen und die Anerkennung meiner Leistung.
Ich war wütend, als mein Mann mir sagte, daß meine Erwerbslosigkeit nicht so schlimm sei, da er ja genug für die Familie verdiene. Frauen hätten es besser als Männer. Der kapiert nicht, daß es mir nicht nur um Geld geht!
Jetzt mache ich seit 4 Wochen bei der Initiative *‚Arbeitslose aktiv e.V.‘* mit."

Michael, 42 Jahre:
„Anfangs habe ich mich kaum aus dem Haus getraut. Da hab ich angefangen zu trinken. Das war schlimm. Meine Frau und die Kinder

Erwerbsarbeit: entlohnte Arbeit (Lohn, Gehalt)

Arbeit: Erwerbsarbeit und nichtentlohnte Arbeit (z. B. Hausarbeit)

haben mir geholfen, da herauszukommen. Das Verständnis meiner Kinder hat mich sehr berührt – ich habe sie ganz neu kennengelernt. Ich hab' noch immer damit zu kämpfen, mich nicht als Versager zu fühlen. Ich war 15 Jahre als Werkmeister bei ‚Banko' tätig. Hätte nie erwartet, einmal erwerbslos zu werden. Früher hab' ich gedacht: Die Arbeitslosen – das sind faule Drückeberger. Die sind selbst schuld, wenn sie keine Arbeit haben. Ja, heute sehe ich das anders. Es gibt sicher einige solcher Leute, aber die Masse der Erwerbslosen will arbeiten.
Als Mann hast du es besonders schwer. Ein richtiger Mann, der darf nicht arbeitslos werden – das denken viele in ihrem Innersten. Ich spüre bei einigen Bekannten deutlich, daß sie mich bemitleiden oder für unfähig halten – auch wenn sie das nicht laut sagen. Beides ist gleich unerträglich. Ich hab' schon ungefähr 50 Bewerbungen abgeschickt. Jetzt hab' ich was in Aussicht. Hoffentlich klappt's."

Claudia, 24 Jahre:
„Anfangs habe ich mich geschämt und war wütend. Ich bekomme wenig Arbeitslosengeld und kann mit den Freizeitaktivitäten meiner Bekannten nicht mehr mithalten. Das ist bitter. Einige wenige verstehen mich, andere haben mich fallenlassen. Ich weiß, daß ich keine Schuld habe, fühle mich aber trotzdem als Versagerin.
Zuerst habe ich nur so herumgehangen, aber dann hab' ich mich aufgerappelt. Ich habe Kräfte, und die will ich spüren. Ich habe vor 2 Wochen eine Umschulung begonnen, die sechs Monate dauert. Die Arbeit macht Spaß, und ich fühle mich wieder viel besser. Es tut mir gut, Leute in ähnlicher Lage kennenzulernen. Wenn ich merke, daß ich mit der Umschulung gut klarkomme, werde ich mich in einer Region bewerben, wo ich mehr Chancen habe als hier."

Jörg, 54 Jahre:
„Mir geht's saumäßig. Ich trinke, um all diesen Mist zu vergessen. Ich weiß, das macht die Sache nur noch schlimmer. Aber was soll's. Ich bin zu alt. Die Arbeit war alles für mich. Was ist mir geblieben? Nichts! Ja, ihr seid jung. Macht es mal besser als ich. Mir kann keiner mehr helfen."

Die Klasse 7c befragte Erwerbstätige zur Lage von Erwerbslosen.

Heike, 45 Jahre:
„Ich finde es hervorragend, daß die Initiative *‚Arbeitslose aktiv e.V.'* auf die Straße geht. Die Politiker haben es versäumt, früh genug die Gründung neuer Betriebe zu fördern. Die Schwierigkeiten waren zum Teil voraussehbar. Wir alle müssen den Politikern Druck machen. Die Erwerbslosen brauchen unsere Solidarität. Menschen haben ein Recht auf Erwerbsarbeit. Die Gesellschaft muß alles tun, um die Arbeitslosigkeit zu verringern – z. B. auch dadurch, daß Arbeit anders verteilt wird."

Rüdiger, 32 Jahre:
„Also, ich bin der Meinung, daß jeder, der sich anstrengt, einen Arbeitsplatz findet. Die meisten Arbeitslosen sind einfach zu faul und lassen sich vom Staat auch noch dafür bezahlen. Ich kenne in meinem Bekanntenkreis keinen, der erwerbslos ist. Das sind alles gestandene Männer, die oft mehr als 10 Stunden am Tag arbeiten. Was da immer in der Zeitung steht – das ist übertrieben."

Sonja, 13 Jahre:
„Mein Vater ist sehr traurig, seit er die Arbeit verloren hat. Manchmal tobt er herum, da verschwinde ich schnell. Mutter schimpft, daß Vater nur so herumsitzt und keine Hausarbeit machen will. In die Kneipe will er gehen, weil er da seine alten Kollegen trifft. Wir müssen sparen und bekommen weniger Taschengeld. Manchmal schäme ich mich, daß meine Eltern so sind. Wenn aber jemand sagt, mein Vater ist ein Versager, dann wehre ich mich. Hoffentlich hat er bald wieder Arbeit."

Es gibt wichtige Gründe für Erwerbsarbeit
– In unserer Gesellschaft müssen Erwachsene selbständig sein, um Geld zum Leben zu verdienen – um ihre Existenz zu sichern.
– Erwerbsarbeit gibt dem Menschen die Möglichkeit, Kräfte und Fähigkeiten zu entfalten. Sie ist für viele Menschen ein wichtiger Ort, wo sie das Gefühl haben, anerkannt und wertvoll zu sein.
– Erwerbsarbeit schafft die Möglichkeit, gemeinsam mit anderen oder allein etwas zu schaffen und damit einen Beitrag zur Gestaltung der Gesellschaft zu leisten.

Aufgaben

1 Stellt Gründe für die hohe Arbeitslosigkeit zusammen, die in dem Zeitungsartikel genannt sind.

2 Sprecht darüber, was die Erwerbsarbeit den Menschen bedeutet.

3 Stellt zusammen, was für Erwerbslose sehr schwer ist. Befragt Erwerbslose, die ihr kennt (s. Stichwort *Befragungstechniken*).

4 Versetzt euch in die Lage von Sonja. Was könnt ihr für Erwerbslose tun?

Arbeitsplätze in einer Bäckerei

... welche Entwicklung im Bäckerhandwerk stattgefunden hat.

... welche Arbeitsanforderungen und Arbeitsbedingungen in diesem Handwerk gestellt werden.

Betriebe, Beschäftigte und Umsatz im Bäckerhandwerk in Deutschland

Selbständige Betriebe und Filialen:	
1970	40 000
1994	46 349
davon Ostdeutschl.	6835
Beschäftigte:	
1970	200 600
1994	281 600
davon Ostdeutschl.	38000
Umsatz je Betrieb in DM:	
1970	242500
1994 (Westd.)	1 076 200
(Ostd.)	551 000

Hauptverband des deutschen Lebensmittel-Einzelhandels: Der deutsche Lebensmittel-Einzelhandel im Spiegel der Statistik 1983, Bonn 1983; Zentralverband des deutschen Bäckerhandwerks, Bad Honnef 1995

Bäckerei um 1965

Mehlzugabe aus einem 50-kg-Sack

Backofen von Hand zu bestücken

Mehlaustragung über eine Deckenwaage

Backschrank

Bäckerei um 1996

Anteile am Backwarenmarkt 1992

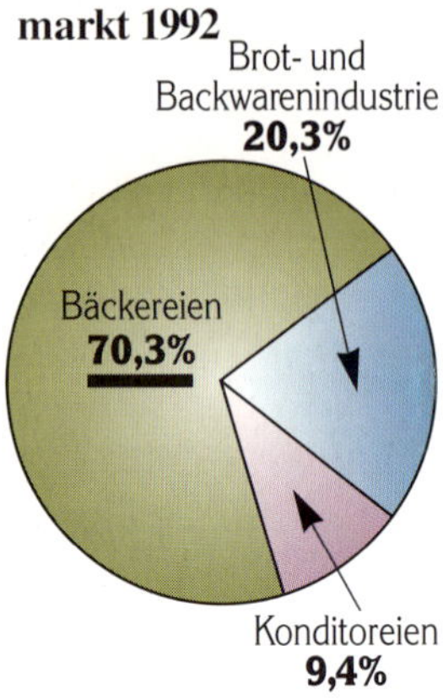

Stat. Bundesamt, Wiesbaden 1994

Auszug aus § 14 Jugendarbeitsschutzgesetz Nachtruhe
Jugendliche dürfen nur von 6.00 bis 20.00 Uhr beschäftigt werden.
In Bäckereien/Konditoreien dürfen 16jährige Jugendliche ab 5.00 Uhr, im Alter von 17 Jahren ab 4.00 Uhr beschäftigt werden.

Hinweise zu Arbeitsbedingungen und Anforderungen an eine(n) Bäcker(in)
Tätigkeit im Stehen und Gehen. Mittelschwere bis schwere Belastung, teilweise Einwirkung von Wärme (in Ofennähe), Kälte (Kühlräume, Gefrieranlagen), Mehlstaub.
Einwandfreier Stütz- und Bewegungsapparat, da erheblicher Anteil an statischer Arbeit. Gesunde Atmungsorgane (Mehlstaubasthma), keine Hautempfindlichkeit, da häufiges Händewaschen; keine Mehlallergie; kein Handschweiß (bei manueller Herstellung).
Normaler Geruchs- und Geschmackssinn, Finger- und Beidhandgeschick, Augenmaß, Bereitschaft zur Teamarbeit.

Claus Röder, Bäckergeselle, berichtet:

„Ich arbeite hier seit 5 Jahren. Der Betrieb läuft gut. Vor 2 Jahren bestand ich meine Gesellenprüfung und wurde übernommen. Die Arbeit gefällt mir. Ich durchschaue deren Ablauf und kann mal was Neues ausprobieren. Mein Freund arbeitet in einem Chemiewerk. Der verdient zwar etwas besser, aber er weiß gar nicht so richtig, welchen Sinn seine Arbeit hat. Außerdem ist mein Arbeitsplatz krisensicher.
Meine Arbeitszeit ist weniger gut. Ich arbeite von 4.00 Uhr bis 12.30 Uhr. Samstags geht es schon um 3.00 Uhr los. Da halte ich es abends mit Freunden nicht lange aus – auch wenn ich nachmittags versuche zu schlafen. Aber meine Nachmittage sind frei.

Morgens früh muß die Arbeit glatt von der Hand gehen. Das ist fast wie Akkordarbeit. Die Brötchen müssen pünktlich raus.
Wir sind zu viert in der Backstube. Jeder hat seinen eigenständigen Arbeitsbereich und trägt für das Arbeitsergebnis Verantwortung. Das ist gut. Ich überlege, ob ich mich später zum Lebensmitteltechniker weiterbilden soll. Eine technische Ausbildung ermöglicht auch eine Tätigkeit in anderen Bereichen. Unser Chef ist nicht mehr der Jüngste, Kinder hat er nicht. Vielleicht kann ich seinen Betrieb mal auf Leibrente übernehmen."

Möglichkeiten der Weiterbildung für Bäcker/innen

Fortbildung		Weiterbildung	
Tätigkeit	**Vorbildung**	**Tätigkeit**	**Vorbildung**
Teigmacher Ofenposten	Gesellen- oder Meisterprüfung	Fachlehrer Werkstattlehrer	Meisterprüfung
Ausbildungsleiter	Meisterprüfung	Brotprüfer Betriebsberater	Meisterprüfung oder Lebensmitteltechniker
Betriebsleiter	Meisterprüfung	Betriebsassistent	Lebensmitteltechniker
Betriebsinhaber	Meisterprüfung	technischer Betriebsleiter	Dipl. Ing. Nahrungsmittel-/Lebensmitteltechnologie

Bundesanstalt für Arbeit:
Blätter zur Berufskunde, Bäcker, Nürnberg 1987

Hans Reisig, Bäckermeister und Inhaber einer Bäckerei, berichtet:

„Den Betrieb habe ich seit 32 Jahren. Seitdem veränderte sich in der Backstube sehr viel. Die Technik hat die Arbeit erleichtert und rationalisiert. Heute muß ein Bäcker über umfangreiches technisches Können verfügen.
Der Verkauf nimmt an Bedeutung zu. Werbung und Verkaufsförderung sind sehr wichtig. Der Kunde muß durch eine attraktive Auslage der Waren zum Kauf angereizt werden. Durch Sonderangebote bringe ich Kunden an verkaufsschwachen Tagen ins Geschäft. Meine Frau und die Verkäuferinnen bemühen sich um gute Beratung.
Wir stellen uns schnell auf die Wünsche unserer Kunden ein. So haben wir in den letzten Jahren die Breite des Brotsortiments und den Anteil an Vollkornbroten erheblich gesteigert. Auch unser Kundensortiment wurde umfangreicher. Vor einigen Jahren richteten wir einen Stehimbiß und ein Kaffeedepot ein. Das ist gut angekommen. Die Leute lieben eine kleine Pause bei frischen Backwaren und Kaffee.
Einige Bäckereien mußten schließen. In einer richteten wir eine Filiale ein. Die Konkurrenz durch Supermärkte ist in den letzten Jahren größer geworden. In den meisten befindet sich eine Verkaufsstelle einer Bäckerei, eine sogenannte Shop-in-Shop-Bäckerei. Für mein Unternehmen sehe ich die Entwicklung optimistisch. Gute Beratung und beste Qualität – das ist unser Erfolgsrezept."

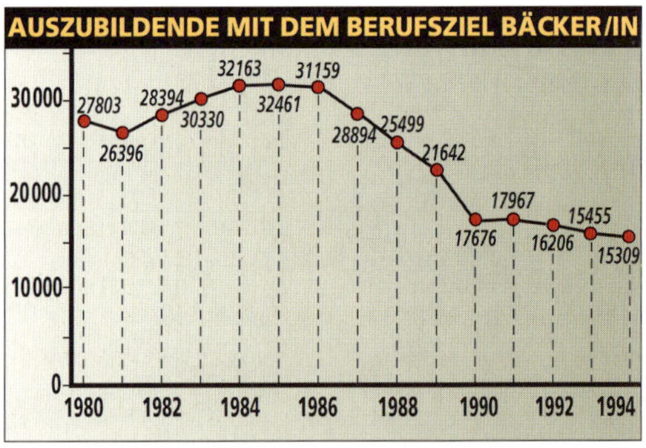

(ab 1991 einschl. neue Bundesländer)
Zentralverband des deutschen Bäckerhandwerks, Bad Honnef 1995

Aufgaben

1 Vergleicht die abgebildeten Bäckereien.
2 Kennzeichnet die Entwicklung im Bäckerhandwerk an Hand der Statistik.
3 Informiert euch über die Entwicklung der Ausbildung im Bäckerhandwerk. Nehmt Stellung zu den Berufsaussichten.
4 Sprecht über Möglichkeiten der Weiterbildung für Bäcker/innen.
5 Wie beurteilt Claus seine Arbeit?
6 Erörtert die Entwicklung am Beispiel der Bäckerei Reisig.
7 Erkundet in Bäckereien die Einrichtung des Verkaufsraumes, das Warenangebot und die Verkaufsförderung (s. Stichwort *Erkundung*).

Konflikte im Betrieb

... daß am Arbeitsplatz die verschiedensten Konflikte zwischen Kolleginnen entstehen.

...welche Möglichkeiten der Konfliktlösung es gibt.

1. Die Bestellung lief falsch

1

2

3

4

5

6

Konflikte können entstehen durch:
- persönliche Verhaltensweisen, z.B. Unzufriedenheit, mangelnde Konzentration, autoritäres Verhalten, mangelnde Gesprächsbereitschaft
- unzureichende Ausbildung
- mangelhafte Aufgabenbestimmung
- unzureichende betriebliche Organisation

Aufgaben

1 Sprecht darüber, wodurch der Konflikt in dem Fallbeispiel entstanden ist.

2 Beurteilt das Verhalten der beteiligten Personen.

3 Nennt Möglichkeiten einer (künftigen) Konfliktlösung.

Erprobt ggf. im Rollenspiel Lösungsmöglichkeiten.

2. Britta ist dauernd krank

Ein Betriebsrat kann in allen Betrieben mit mindestens 5 Arbeitnehmerinnen gewählt werden. Er vertritt die Interessen der Arbeitnehmerinnen des Betriebes. Wenden sich diese mit Beschwerden über andere Mitarbeiterinnen an den Betriebsrat, so sollte er in Verhandlungen mit der Arbeitgeberin für eine Beilegung des Konflikts sorgen.

Aufgaben

1 Sprecht über das Verhalten von Britta und das ihrer Kollegen.

2 Welche Funktion hat der Betriebsrat in diesem Konflikt?

3 Beurteilt die Argumente der Arbeitnehmer in der Kantine.
Führt ein Rollenspiel (s. Stichwort *Rollenspiel*) durch.

3. Rudi kann nicht mitziehen

1

2

3

4

5

Die Arbeitnehmervertretung in öffentlichen Unternehmen heißt **Personalrat.**
Sie hat ähnliche Rechte wie der Betriebsrat.
Die gesetzliche Grundlage bildet das Personalvertretungsgesetz.

Aufgaben

1 Besprecht das Verhalten der Müllwerkergruppe.

2 Beurteilt die Meinung der 4 Personalräte. Führt evtl. ein *Rollenspiel* (Stichwort) durch.

Landwirtschaft im Wandel

IHR KÖNNT LERNEN ...

... wie der Einsatz von Maschinen in der Landwirtschaft zur Entlastung der Menschen bei der Arbeit beiträgt.

... welche Auswirkungen der Einsatz technischer Produktionsverfahren auf die Umwelt haben kann.

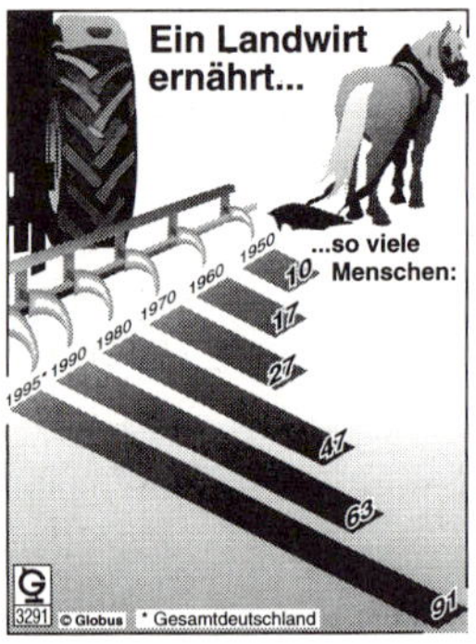

Arbeitskräfte[1] in der Landwirtschaft Deutschlands[2] (in 1000)

1970:	1526
1980:	987
1995 (West):	565
1995 (Ost):	129

Produktionswerte der Landwirtschaft Deutschlands[2] (in Mio. DM)

1980/81:	57027
1990/91 (West):	55981
1990/91 (Ost):	11785
1994/95:	61456

Anzahl landwirtschaftlicher Betriebe[2] (in 1000)

1970:	1059
1980:	797
1995 (West):	523
1995 (Ost):	30

[1] umgerechnet auf Vollzeitarbeitskräfte
[2] Zahlen bis 1980 nur für Westdeutschland

Bundesministerium für Ernährung, Landwirtschaft und Forsten: Agrarbericht 1996, Bonn 1996, S. 11, 13, 16

1. Auf dem Eichenhof hat sich die Arbeit verändert

Auf dem Eichenhof um 1910

Landwirt Karl Schulte berichtet

„Meine Frau, zwei Knechte, eine Magd, meine Schwägerin und ich verrichten die Arbeit auf dem Hof. Wir haben zwanzig Kühe, Jungvieh, fünfzig Schweine und Geflügel. Wir bauen viel Gemüse, Obst, Getreide und Feldfrüchte an.

Die Frauen sind für das Melken, die Arbeit im Hause und für den Gemüsegarten zuständig. Die Magd melkt z. B. 5 Kühe in 1 Stunde.

Die Männer machen die körperlich schwerste Arbeit, vor allem die Feldarbeit.

Die Frauen müssen sich jedoch auch daran beteiligen, vor allem bei der Ernte. Das Einkommen reicht, um einigermaßen gut zu leben. Ein 12-Stunden-Tag ist üblich."

Auf dem Eichenhof um 1996

Landwirt Karl Schulte jun. berichtet

„Meine Frau und ich erledigen die gesamte Arbeit. Wir sind **spezialisiert** auf Milchvieh und Schweinemast.

Mit der Melkmaschine melkt meine Frau 20 Kühe in einer Stunde. Ich befasse mich mit der Schweinemast sowie dem Einsatz und der Wartung der Maschinen. Meine Frau kann diese ebenfalls bedienen. Das Mähen und Dreschen des Getreides übernimmt ein Unternehmer.

Die hohe Produktivität unserer Arbeit wurde u.a. möglich durch den Einsatz von Maschinen und künstlichen Düngemitteln.

Wir haben etwas mehr Freizeit und ein besseres Einkommen als unsere Vorfahren."

Arbeitsproduktivität auf dem Eichenhof

Die Arbeitsproduktivität informiert über das Produktionsergebnis einer Arbeitskraft in einer bestimmten Zeit, z. B. 1 Stunde.

$$\text{Arbeitsproduktivität} = \frac{\text{Produktionsergebnis}}{\text{Arbeitseinsatz}}$$

Für das Melken der Kühe gilt folgendes:
1910: 1 Person in 1 Stunde ≙ 5 Kühe
1996: 1 Person in 1 Stunde ≙ 20 Kühe

Aufgaben

1 Begründet, warum können 2 Personen den Eichenhof 1996 bewirtschaften.

2 Kennzeichnet und begründet die Arbeitsteilung auf dem Eichenhof.

3 Überprüft die Arbeitsproduktivität beim Melken in den Jahren 1910 und1996. Annahme: gleiche Milchleistung der Kühe.

4 Kennzeichnet die Entwicklung in der Landwirtschaft.

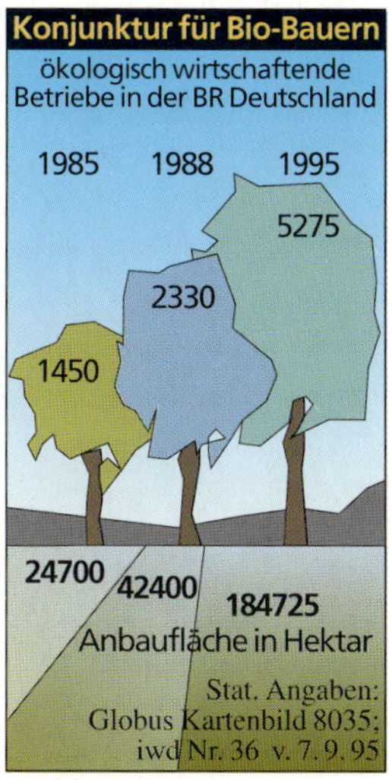

Ökologisch bewirtschaftete Betriebe
unterscheiden sich von den konventionell bewirtschafteten durch:
- vielseitigere Bodennutzung
- geringeren Viehbesatz
- niedrigere Hektarerträge infolge einer geringeren Bewirtschaftungsintensität
- höhere Erzeugerpreise
- erheblich geringeren Aufwand an Dünge- und Pflanzenschutzmitteln, aber einen wesentlich höheren Lohnaufwand

Pestizide
sind Schädlingsbekämpfungsmittel.

Antibiotikum
ist ein biologischer Wirkstoff, der Krankheitserreger bei Tier und Mensch abtötet.

Allergie
bezeichnet krankhafte Überempfindlichkeit auf körperfremde Stoffe.

Nitrat
ist ein Salz, das als Düngemittel verwendet wird. Gülle enthält einen großen Anteil an Nitraten.

Fruchtfolge
ist der jährliche Wechsel der angebauten Pflanzen auf einem Feld.

Monokultur
bezeichnet den Anbau der gleichen Pflanzenart über Jahre hinweg auf derselben Fläche.

2. Landwirt Gerstenhauer ist umgestiegen

Seit einigen Jahren nennt er sich „ökologisch wirtschaftender Bauer“. Er will bei der Produktion landwirtschaftlicher Erzeugnisse die Umwelt so gut wie möglich schützen. Wir – die Autoren – besuchten ihn auf seinem Hof.

Autor: „Herr Gerstenhauer, warum verzichten Sie auf Massentierhaltung oder Monokultur? Sie könnten sich moderne Geräte anschaffen, damit schneller und billiger produzieren und mehr verdienen.“

Gerstenhauer: „Das ist richtig. Aber Spezialisierung bringt auch Nachteile mit sich. Vor allem muß die Umwelt langfristig darunter leiden, und damit leiden auch die Menschen.“

Autor: „Können Sie mir das erklären?“

Gerstenhauer: „Ich bewirtschafte meine Felder in einer Fruchtfolge. Jede Art von Grün nimmt dem Boden ganz bestimmte Nährstoffe und gibt ihm dafür andere zurück. So kann ich natürlich düngen und weniger düngen, um den gleichen Ertrag wie in einer Monokultur zu erhalten.“

Autor: „Warum sind hochdosierte Mineraldüngemittel schlecht für die Umwelt?“

Gerstenhauer: „Weil sich Rückstände in den Nahrungsmitteln ablagern und ein Teil des Düngers vom Regen weggeschwemmt wird und in Flüsse und Seen gelangt. Dort fördert er das Wachstum der Algen, die den Fischen den Sauerstoff wegnehmen. Außerdem ist Kunstdünger teuer. Durch meine Produktionsweise schone ich die Umwelt und mein Portemonnaie.
Ich versuche, durch kleinere Felder dem Schädlingsbefall zuvorzukommen, um keine giftigen Pestizide einsetzen zu müssen. Auf großen Feldern könnte ich rationellere Maschinen einsetzen. Aber die Gefahr von Ungeziefer- und Schimmelbefall wächst.“

Autor: „Und wenn Sie sich auf Tierhaltung spezialisieren würden?“

Gerstenhauer: „Eine intensive Tierhaltung in einem großen Stall widerspricht artgerechter Aufzucht. Die Tiere werden anfällig für Krankheiten. Ich müßte Antibiotika ins Futter mischen, die der Fleischkonsument mit aufnimmt. Das kann zu Allergien und Krankheiten führen. Und wohin mit der Gülle?“

Autor: „Gülle ist gut für den Boden. Sie können damit die Flächen für Weidelandfutter düngen.“

Gerstenhauer: „... und überdüngen. Für die Menge von Gülle einer Großtierhaltung besteht kein Bedarf. In der Gülle sind für den Menschen gefährliche Nitrate enthalten. Wenn zu viel Gülle auf die Felder ausgebracht wird, gelangen diese Nitrate ins Grundwasser.“

Autor: „Muß die Landwirtschaft also umgestellt werden?“

Gerstenhauer: „Die Bauern unterliegen dem Konkurrenz- und Preisdruck. Auch die Verbraucher müßten sich umstellen, nicht immer nur die makellosen Früchte und das billigste Fleisch verlangen. Dann hätte die ökologische Landwirtschaft eine Chance. Viele Bauern würden gerne umweltverträglicher produzieren, doch bedenken Sie: Der geforderte Arbeitseinsatz ist höher, und die Erträge sind niedriger als bei einem herkömmlichen Betrieb. Das muß bei den Preisen berücksichtigt werden.“

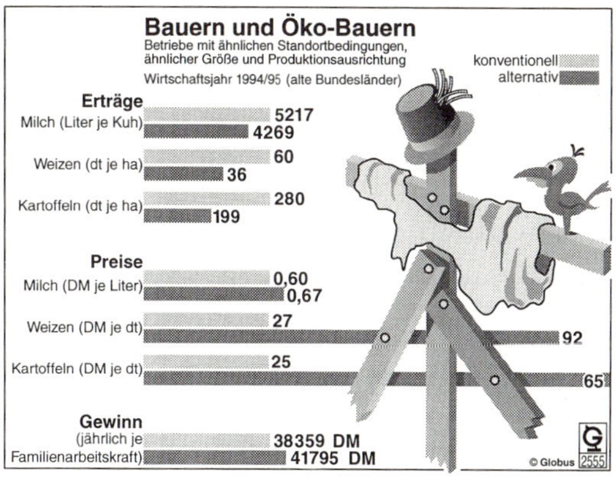

Agrarbericht 1996, S. 238, 240

Aufgaben

1 Was ist mit der Überschrift dieses Kapitels gemeint?

2 Erklärt den Zusammenhang zwischen Produktionsverfahren und Umweltbelastung in der Landwirtschaft.

3 Politiker diskutieren die Besteuerung umweltbelastender Stoffe. Bedenkt die Bedeutung für Produzenten und Verbraucher.

Frauenerwerbsarbeit

... welche Vorstellungen und Meinungen es über Arbeit gibt.

... Gründe für das geringere Einkommen von Frauen zu erörtern.

... welche Wünsche Frauen für ihre Lebensplanung haben.

1. Arbeit – Erwerbsarbeit – Hausarbeit

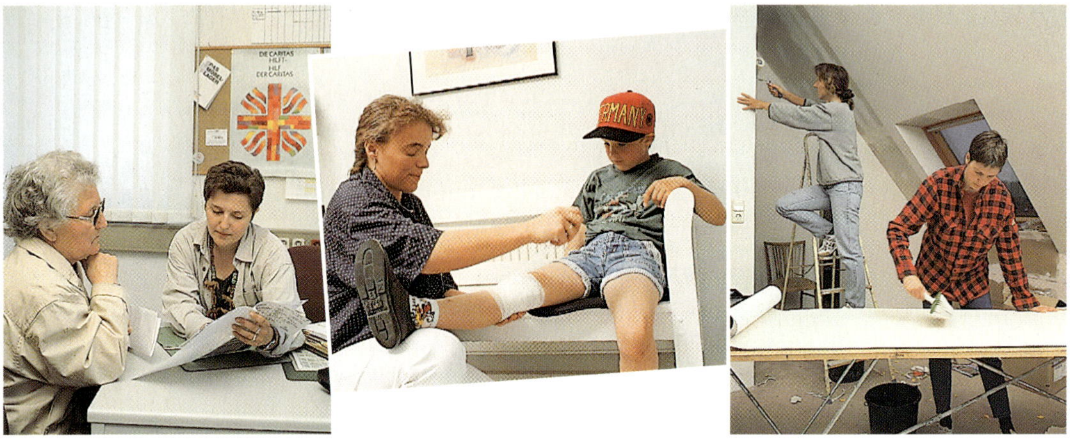

Arbeit
Arbeit umfaßt Erwerbsarbeit, Haus- und Familienarbeit und ehrenamtliche Arbeit. Arbeit sichert die Existenz des einzelnen Menschen und der Gesellschaft. Durch Arbeit treten wir mit anderen und der Umwelt in Beziehung. Durch Arbeit können wir unsere Kräfte entfalten und unserem Leben Sinn geben. Arbeit kann uns aber auch blockieren und belasten.
Erwerbsarbeit ist eine entgeltliche Arbeit, Haus- und Familienarbeit sowie ehrenamtliche Arbeit sind unentgeltlich.
Erwerbsarbeit ist verbunden mit einer eigenständigen sozialen Sicherung bei Krankheit, Unfall und im Alter.
Wer Hausarbeit und ehrenamtliche Arbeit leistet, ist nur über die Ehepartnerin gesichert.

Merke
Reiche Männer leisten sich
einen Diener,
einen Portier,
eine Sekretärin,
eine Raumpflegerin,
eine Wäscherin,
einen Koch –
arme Männer heiraten
einfach.

neue revue v. 3.8.1984

Eine andere Definition und andere Vorstellungen von Arbeit:

Arbeit
ist jede planmäßige körperliche und geistige Tätigkeit des Menschen, die auf ein wirtschaftliches Ziel gerichtet ist. Der Mensch wird heute durch den verstärkten Einsatz von Maschinen von körperlicher Anstrengung befreit, dafür aber mehr psychisch und nervlich belastet. Man unterscheidet selbständige Arbeit (Unternehmer, Ärzte, Rechtsanwälte, Einzelhändler) und unselbständige Arbeit, die auf Anweisung eines Arbeitgebers und unter seiner Aufsicht erfolgt (abhängige Erwerbstätige wie Arbeiter, Angestellte, Beamte). Umfang und Ausmaß der zu leistenden Arbeit wird in einem Arbeitsvertrag, bzw. in anderen Bestimmungen (wie Tarifverträgen) von den Tarifpartnern – Arbeitgebern und Gewerkschaften – geregelt.

Wirtschaft und Arbeit, Schülerlexikon, Verlag Schöningh, Paderborn 1980

Rudi: „Ich bin froh, daß ich gut verdiene. Meine Frau muß nicht arbeiten und kann sich in aller Ruhe um unsere 4 Kinder und meine Mutter kümmern."

Ulrich: „Seit die Kinder aus dem Haus sind, arbeitet Sylvia 20 Stunden die Woche bei einem Rechtsanwalt. Das Geld können wir gut gebrauchen. Viermal die Woche geht sie nachmittags für 4 Stunden in eine Wohnstätte für Behinderte und hilft dort. Ja, sie hat es gut! So ein Halbtagsjob und das bißchen Hausarbeit sind schon angenehm. Ich muß den ganzen Tag arbeiten – 38 Stunden die Woche."

Elke: „Die Arbeit in einem Haushalt mit mehreren Kindern kostet Energie und viele Fähigkeiten. Und das alles ohne eigenes Einkommen und ohne eigene soziale Sicherung. Ich hänge völlig von meinem Mann ab und darf gar nicht daran denken, wie ich dastehe, wenn wir uns trennen würden."

Meike: „Auf Erwerbsarbeit würde ich nie verzichten. Hausarbeit – was bedeutet das schon? Da singen die Politiker das hohe Lied vom Wert der Hausarbeit – verweigern jedoch den Frauen eine eigene soziale Sicherung.
Nein danke, ich liebe meinen Mann und die Kinder, aber Erwerbsarbeit ist mir wichtig. Ich schätze den Kontakt mit Kolleginnen und meine finanzielle Unabhängigkeit."

Aufgaben

1 Vergleicht die Definitionen von Arbeit.

2 Schaut euch die Fotos an. Welche Art von Arbeit leisten die Frauen? Könnt ihr genaue Aussagen darüber machen, ob es sich um Haus- oder Erwerbsarbeit handelt?

3 Beurteilt die Vorstellungen der vier Personen von Arbeit.

4 Stellt fest, welches Interesse mit den verschiedenen Meinungen über Arbeit verbunden sein könnte.

2. Ein Blick auf den Arbeitsmarkt: Gleichstellung von Frauen und Männern nicht erreicht

1994	
Bevölkerung weiblich:	41 830 000
Erwerbspersonen weiblich:	17 198 000
Erwerbspersonen männlich:	23 043 800
Erwerbsquote weiblich 15–65 Jahre:	62,3 %
Erwerbsquote männlich 15–65 Jahre:	81,3 %

Institut der deutschen Wirtschaft: Zahlen zur wirtschaftlichen Entwicklung. Köln 1995, S. 5–12

Also, wie Sie das schaffen – so allein mit Ihren drei Kindern! Dabei zahlen wir Ihnen doch eigentlich gar nicht so viel …

Auf den ersten Blick…

- Frauen machen weniger Erwerbsarbeit als Männer. Entsprechend geringer ist ihre eigenständige soziale Sicherung.
- Frauen arbeiten überwiegend auf Arbeitsplätzen mit geringen Einkommen, z. B. als Verkäuferinnen und Textilarbeiterinnen, im Reinigungsgewerbe oder als Arzthelferinnen und Erzieherinnen.
- Frauen besetzen nur in geringem Umfang hochqualifizierte Arbeitsplätze mit hohem Einkommen (Führungspositionen).
- Frauen machen mehr Teilzeitarbeit als Männer.
- Der Anteil von Frauen in ungeschützten Arbeitsverhältnissen (ohne soziale Sicherung und tarifvertragliche Regelungen) ist hoch.
- Frauen wird in den Betrieben in geringerem Maße als Männern Fort- und Weiterbildung angeboten.

Die mehrfache Last der Ausländerinnen

Die Schwierigkeiten, vor denen deutsche Frauen stehen, erhöhen sich für Ausländerinnen, u. a. wegen Vorurteilen, Problemen mit der deutscher Sprache und Verhaltensunsicherheit in einer fremder Kultur.
Ausländische Frauen befinden sich zu einem besonders hohem Anteil in sog. ungeschützten Arbeitsverhältnissen.

Ungeschützte Arbeitsverhältnisse: Frauen erwünscht!

Nach Schätzungen arbeiten rund 6 Mio. Frauen als „geringfügig Beschäftigte" in ungeschützten Arbeitsverhältnissen, vor allem im Reinigungsgewerbe, in privaten Haushalten, im Handel und in der Gastronomie.
Nach einer Untersuchung der Landesregierung in Rheinland-Pfalz sind drei Gruppen zu unterscheiden:

- junge, früher vollerwerbstätige Frauen, denen eine angemessene Kinderbetreuung fehlt,
- Frauen, die nach der Erziehung der Kinder keine sozialversicherungspflichtige Erwerbsarbeit finden,
- Rentnerinnen, die ihre Rente aufbessern.

Was steckt hinter der Ungleichheit? Argumente zu den „natürlichen" Fähigkeiten der Frau

Immer wieder wird behauptet, daß Frauen „von Natur aus" besser geeignet seien für: Hausarbeit, Kinderbetreuung, Arbeit im Bereich der sozialen Dienste (Erzieherin, Arzthelferin, Krankenschwester, Pflegerin), für Arbeiten in der Textil- und Elektronikindustrie, wo es um Fingerfertigkeit geht, oder im Reinigungsgewerbe.
An den Argumenten fällt auf:
Alle genannten Fertigkeiten werden gar nicht oder schlecht bezahlt. Auch ein Zahnarzt benötigt Fingerfertigkeit. Zahnärzte sind überwiegend Männer. Im Krankenhaus werden z. B. Oberärzte sehr gut bezahlt, Stationsschwestern jedoch vergleichsweise schlecht. Männer arbeiten nur zu einem geringen Teil als Krankenpfleger oder Artzthelfer.

Geschlechtsspezifische Arbeitsteilung

Gemeint ist die Arbeitsteilung in der Familie: Die Frau ist zuständig für Hausarbeit und Kindererziehung, der Mann für die Erwerbsarbeit. In einer Gesellschaft, in der die Bewertung eines Menschen vor allem durch die Stellung im Erwerbsprozeß erfolgt und in der mit einer lebenslangen Partnerschaft nicht mehr zu rechnen ist, benachteiligt solch eine Arbeitsteilung die Frau erheblich.

Strikte Arbeitsteilung – wozu kann das führen?

Wünsche nach Macht oder:
Wer das Geld hat, der hat auch das Sagen

Geld ist mit Macht verknüpft. Eine Hausfrau verdient kein eigenes Geld und verzichtet damit auf Macht.
Im Konfliktfall ist immer wieder von Männern zu hören: Ich verdiene das Geld und bestimme, wofür es ausgegeben wird.

Wünsche nach Abhängigkeit oder:
Kein Einkommen, keine Verantwortung

Frauen können es bequem finden, den Männern die Verantwortung für die Sicherung der Existenz zu überlassen. Liebe ist wichtiger als Geld – das sagen nicht nur Männer.

Und was vermissen Frau und Mann?…

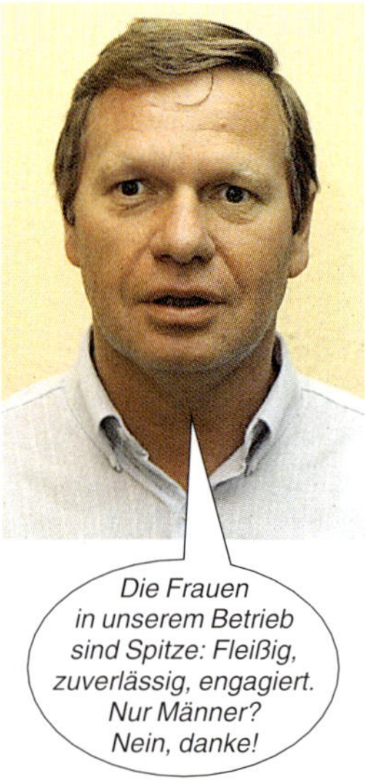

Erwerbstätige nach ausgewählten Berufsgruppen in Deutschland, April 1993	Beschäftigte in 1000	Frauen in %
Elektroberufe	892	5,3
Textilverarbeitung	232	90,5
Köche/Köchinnen	420	68,1
Techniker/innen	872	11,8
Verkaufspersonal	1561	81,5
Groß- und Einzelhandelskaufleute	874	43,4
Büroberufe	4908	70,7
Bürofachkräfte	1953	68,0
Ärzte/Ärztinnen Apotheker/Apothekerinnen	357	39,8
Krankenschwestern, -pfleger, Hebammen	704	86,4
Haus- und ernährungswirtschaftliche Berufe	222	95,9
Reinigungs- und Entsorgungsberufe	820	83,0

Stat. Jahrbuch 1995, S.113

Wertorientierungen von Frauen in Ost- und Westdeutschland. Ausgewiesen ist der prozentuale Anteil derer, die den jeweiligen Lebensbereich für „sehr wichtig“ halten. Verteilung in %		Eigene Familie und Kinder	Beruf und Arbeit
Frauen insgesamt	West	74	35
	Ost	86	60
Frauen mit Kindern	West	87	34
	Ost	92	68
Frauen ohne Kinder	West	62	36
	Ost	79	51
Erwerbstätige Frauen	West	67	37
	Ost	87	68
Nichterwerbstätige Frauen	West	79	38
	Ost	84	48

Fünfter Familienbericht, a.a.O., S.173 (Auszug)

Wichtigster Grund für die Berufstätigkeit von erwerbstätigen Frauen. Verteilung in %	Verheiratet ohne Kinder unter 16 Jahren	Verheiratet mit Kindern unter 16 Jahren
ich muß zum Lebensunterhalt beitragen, mir den Lebensunterhalt verdienen	33	37
wir möchten uns mehr leisten können	12	13
berufliche Tätigkeit macht mir Freude	17	15
ich bin gerne im Beruf mit anderen Menschen zusammen	10	10
Hausarbeit allein füllt mich nicht aus	3	5
ich möchte meinen erlernten Beruf auch ausüben	3	4
ich will für meine Rente vorsorgen	7	3
ich bin dadurch unabhängig/selbständig	3	4
ich würde sonst den fachlichen Anschluß verlieren	1	1
für mich ist es selbstverständlich zu arbeiten	11	8

Fünfter Familienbericht,
Unterricht. durch die Bundesregierung,
Bundestags-Drucksache 12/7560,
Juni 1994, S.170 (Auszug)

Aufgaben

1 Untersucht und erklärt die Statistiken und Grafiken.

2 Nennt Gründe für die geringere Erwerbsarbeit von Frauen.

3 Erklärt das geringere durchschnittliche Einkommen von Frauen.

4 Befragt eure Mütter, Nachbarinnen usw. nach ihren Erfahrungen mit der Erwerbsarbeit (s. Stichwort *Befragungsmethoden*).

Textilgewerbe, Bundesländer West April 1995

Stat. Bundesamt, Fachserie 16, Reihe 2.1., April 1995, S. 67, 75, 114

Durchschnittliche Bruttomonatsverdienste der kaufm. Angestellten nach Leistungsgruppen

Leistungsgruppen	Frauen DM	Männer DM
II	6093	7145
III	4343	5184
IV	3512	4361
V	3099	3426
(Mittelwert) zusammen	4020	5591

Anteil der Angestellten an den Leistungsgruppen

Leistungsgruppen	Frauen %	Männer %
II	7,9	28,8
III	42,3	53,5
IV	38,5	16,4
V	11,3	1,3

Bruttostundenverdienste der Arbeiter und Arbeiterinnen nach Leistungsgruppen

Leistungsgruppen	Arbeiterin DM	Arbeiter DM
I	19,28	23,30
II	17,65	21,49
III	16,63	19,24
(Mittelwert) zusammen	17,58	22,10

3. Frauen wollen beides: Erwerbs- und Hausarbeit

Artikel 3 Abs. 2 GG
Männer und Frauen sind gleichberechtigt.
Der Staat fördert die tatsächliche Durchsetzung der Gleichberechtigung von Frauen und Männern und wirkt auf die Beseitigung bestehender Nachteile hin.

(Änderung des Grundgesetzes durch das 2. Gleichberechtigungsgesetz von 1994)

Was sich Mädchen heute wünschen:
Aus Untersuchungen wird deutlich, daß die überwiegende Zahl der Mädchen beides will: Erwerbsarbeit und Familienarbeit. Die Mädchen wünschen, daß ihr Partner sich ebenso wie sie an der Familienarbeit beteiligt. Trotz dieses Wunsches müssen sie jedoch damit rechnen, daß Männer Familienarbeit nur „nebenbei" leisten wollen – die Erwerbsarbeit hat auf jeden Fall Vorrang. Männer wollen eine Teilzeitarbeit nicht in ihr Leben einplanen. Sie befürchten Nachteile für ihre Karriere.
Eine gleichberechtigte Beteiligung von Frau und Mann an der Familienarbeit erfordert die **Abkehr vom Leitbild der männlichen Normalbiographie**. Sie ist gekennzeichnet durch eine Phase der Kindheit, Schul- und Berufsausbildung/Studium, 30 – 40 Jahre Vollerwerbsarbeit, Alter ohne Erwerbsarbeit. Für Teilzeitarbeit und Unterbrechung der Erwerbsarbeit ist kein Raum. Unternehmen planen bei der Einstellung eines Mannes meistens ein, daß er jederzeit mehr arbeiten kann und keine Verpflichtungen zu Hause hat, z. B. bei der Pflege Alter und Behinderter, bei der Erziehung der Kinder oder bei langwieriger Krankheit der Ehepartnerin.

**Es geht auch anders:
Familienfreundliche Arbeitszeiten bei den Dräger-Werken, Lübeck**

Als Kind saß sie oft auf der kleinen Kiste neben der Werkbank. Und redete mit ihrem Vater, dem Uhrmachermeister. Der hatte seine Werkstatt zu Hause und hatte immer ein offenes Ohr für die Tochter. Das war es, was sie sich später für die eigenen Kinder wünschte: eine enge Beziehung auch zum Vater, Zeit, Familie und Beruf gelassen verbinden. Der Wunsch wurde inzwischen von der Realität eingeholt (...)
Rund 180 verschiedene Zeitmodelle – Schichtbetrieb inklusive – gibt es im Werk Lübeck mit ca. 4000 Beschäftigten. 60 Varianten allein in der Teilzeit. Aktuell liegt die Kernarbeitszeit für alle Beschäftigten zwischen 10 und 13:30 Uhr plus Ansparmöglichkeit bis zu zwölf Stunden pro Monat. Das Zwölf-Stunden-Konto kann durch das Abbuchen von mehreren halben und einem ganzen Tag „geplündert" werden. Die maximale Tagesarbeitszeit liegt bei 10 Stunden.
Job-sharing, Heimarbeit, Reduzierung der täglichen Arbeitszeit. Oder nur am Ende bzw. Anfang eines Monats oder einer Woche am Arbeitsplatz auftauchen, verlängerte Mittagspausen, eine Wochenarbeitszeit vereinbaren und die Arbeitstage individuell festlegen..., der Phantasie sind keine Grenzen gesetzt. Die Puzzle-Stücke, mit denen das ganz persönliche Vereinbarkeitsmosaik gelegt werden kann, beinhalten auch sogenannte Langzeitspeicher für die leitenden Angestellten. Die können unbegrenzt 15 Tage des Jahresurlaubs ansparen.

Frankfurter Rundschau v. 23.7.94

**1000 Jahre Patriarchat –
ohne Frauenförderung geht es (vorerst) nicht, z. B.**
- Abbau von diskriminierenden Bewertungen von Frauen, z. B. durch Frauenförderpläne und Frauenquoten
- Verstärkte Einrichtung von Ganztagskindergärten und -schulen – wie in den meisten Staaten der EU
- Gleichwertige Berücksichtigung von Erwerbsarbeit und Kinderbetreuung bei der sozialen Sicherung
- Gleichwertigkeit von Teilzeit- und Vollzeitarbeit bei den Tarifverträgen
- Verstärkte Anpassung der Arbeitszeit an die Erfordernisse der Kinderbetreuung
- Verstärkte Förderung von Frauen und Männern, die nach einer Pause der Kinderbetreuung Erwerbsarbeit leisten wollen

**Konflikt um die Kinderbetreuung:
Ausgangssituation**
Björn und Regine hatten vor der Geburt ihres ersten Kindes vereinbart, daß beide sich in gleichem Maße um die Erziehung kümmern und die Erwerbsarbeit auf je 20 – 25 Stunden verringern würden.
Nach der Geburt reicht Regine ihrem Unternehmen einen entsprechenden Antrag ein, der bewilligt wird. Sie erwartet von Björn, daß er ebenfalls einen entsprechenden Antrag stellt. Björn zögert ein paar Wochen lang und stellt dann fest: „Ich weiß zwar, daß ich gesagt habe, daß ich auf Teilzeitarbeit gehe, aber es geht nicht. Die haben mir gesagt, daß ich verringern kann, wenn ich das will. Aber sie ließen durchblicken, daß ich nicht mehr zu besonderen Fortbildungen geschickt würde und meine Karrierewünsche an den Nagel hängen sollte. Das kannst du nicht von mir verlangen. Das mußt du verstehen. Und irgendwie denke ich auch, daß Kinderbetreuung eher Frauensache ist."
Regine ist entsetzt: „Ich bestehe auf Gleichberechtigung – bei der Erwerbsarbeit und der Familienarbeit. Ich erwarte von dir, daß du ab sofort Teilzeitarbeit machst – wie vereinbart. Ich will ebenso Karriere machen, und ich will gleichzeitig, daß unser Kind gut betreut wird."

Aufgaben

1 Sprecht über eure Wünsche zur Erwerbs- und Familienarbeit.

2 Sprecht über mögliche Maßnahmen zur Förderung der Frauenerwerbsarbeit.

3 Löst den Konflikt um die Kinderbetreuung im Rollenspiel (s. Folgeseite).

4. Methode: Rollenspiel

Aufgabe der Lehrerin:
Die Lehrerin hat die Aufgabe einer Moderatorin. Sie regt vor allem an, alternatives Verhalten zu erproben. Die Lehrerin soll möglichst nicht in das Spiel eingreifen, jedoch darauf achten, daß wichtige Beobachtungen zur Sprache kommen.
Sie achtet darauf, daß sie sich selbst und die Schülerinnen mit Bewertungen wie gut, schlecht, Mist, wunderbar, unmöglich, unfähig u. a. m. zurückhalten.

Norm:
Von einer großen Mehrheit erwartetes Verhalten.

Wichtig:
Beobachtungen immer in der Ich-Form mitteilen. Es handelt sich um subjektive, persönliche Wahrnehmungen und nicht um allgemeine Aussagen.
Manche Wahrnehmungen können für die Spielerinnen ganz neu sein. Sie sollen als hilfreich und nicht als abwertend und verletzend erlebt werden.

Ziele

Das Rollenspiel zielt in erster Linie darauf ab, den Umgang mit konflikthaften Situationen zu trainieren. Es geht um die Einübung einer grundlegenden Fähigkeit im Zusammensein in der Familie, mit Freunden und in der Schule. Erfolgreiche Arbeit in Politik und Wirtschaft erfordert ebenfalls Konfliktfähigkeit.
Im einzelnen geht es darum,
- Konflikte zu erkennen und als notwendiges Element im Zusammensein mit Menschen zu verstehen,
- in konflikthaften Situationen die eigenen Interessen und die anderer wahrzunehmen und anzuerkennen sowie Lösungen zum Interessensausgleich zu finden,
- Folgen sozialen Handelns abzuschätzen,
- eigene und fremde Bewertungen zu erkennen, kritisch zu überprüfen und ggf. das eigene Verhalten zu verändern,
- das Austragen von Konflikten mit einer anderen Schülerin im Spiel zu trainieren und ggf. ein neues Verhalten zu erproben.

Rollenhandeln

Ein angemessenes Rollenhandeln erfordert,
- die eigenen Bedürfnisse, Wünsche und Erwartungen so äußern können, daß die Partnerin sie versteht,
- die übernommene Rolle mit Abstand betrachten, andere Normen hinterfragen und neu bestimmen zu können,
- sich in die Gedanken, Gefühle und Normen der Spielpartnerin einfühlen zu können,
- gegensätzliche Ziele, Bewertungen und Verhaltensweisen aushalten zu können, ohne den Kontakt aus Angst vor Verlust des eigenen Standorts abbrechen zu müssen.

Arten von Rollenspielen

In einem **offenen Rollenspiel** ist eine konflikthafte Situation vorgegeben. Die handelnden Personen sind nicht näher gekennzeichnet. Die Schülerinnen deuten die Rolle der beteiligten Personen nach ihrem Vorverständnis und erproben eine Konfliktlösung.

Alternative: Die Schülerinnen haben in der Schule, zu Hause oder im Freundeskreis eine konflikthafte Situation und erproben eine Konfliktlösung im Spiel.

Beispiel: Claudia hat im Betriebspraktikum einen Konflikt erlebt. Er wird nachgespielt.

Im **geplanten Rollenspiel** ist die konflikthafte Situation gekennzeichnet. Für die Rollenspieler liegen auf „Rollenkarten" Rollenbeschreibungen vor, an die sich die Spielerinnen halten sollen. Im Rahmen dieser Rollenanweisungen können sie dann den eigenen Vorstellungen gemäß spielen.

Ablauf eines Rollenspiels

Informationsphase
- Konfrontation mit der konflikthaften Situation, ggf. Lesen einer Informationskarte
- Aufwärmen der Gruppe (Bereitschaft zum Spiel wecken)

Vorbereitung auf das Spiel
- Auswahl der Teilnehmerinnen
- Planen von Szenenaufbau und Sitzordnung
- Rollenspielerinnen lesen ihre Rollenkarte
- Beobachterinnen stimmen sich auf ihre Aufgabe ein; sie lesen ggf. eine „Informationskarte" für die teilnehmende Beobachtung
- Verteilung von Beobachtungsaufgaben

Durchführung des Spiels
- Rollenspielerinnen spielen
- Beobachterinnen beobachten die Spielerinnen und machen sich ggf. Notizen

Diskussion des Spiels
- Spielerinnen berichten über ihre Wahrnehmungen und Gefühle
- Beobachterinnen teilen ihre Beobachtungen mit
- Spielerinnen und Beobachterinnen prüfen, ob die Spielerinnen sich realitätsgerecht verhalten haben

Alternative spielen
Ggf. neues Rollenspiel, in dem ein neues Verhalten erprobt wird – entweder durch die „alten" Spielerinnen oder durch neue

Ergebnis
Festhalten des Ergebnisses; Aussagen über „richtiges" oder „falsches" Verhalten sind meist nicht möglich, da jede so spielt, wie sie die Rolle versteht – jedoch Alternativen bedenken.

Transfer
Übertragung des Gelernten auf andere Situationen

Worauf Beobachterinnen achten sollten:
- Sind die Argumente schlüssig, sachgerecht, fehlerhaft?
- Ist die Sprache leise, laut, klar, zögerlich, manipulativ?
- Spricht eine der Spielerinnen deutlich länger als die andere?
- Ist das Verhalten der Spielerinnen beherrschend, kooperativ, zurückhaltend, wohlwollend, aggressiv, unterwürfig?
- Schneidet jemand der anderen immer wieder das Wort ab?
- Läßt sich jemand in die Ecke drücken?
- Steht die Körpersprache im Widerspruch bzw. im Einklang zum Wort?
- Welche Gefühle sind wahrnehmbar?
- Welche Gefühle wurden bei der Beobachterin ausgelöst?

Bekleidungsfertigung in Handwerk und Industrie

... welche Arbeitsschritte bei der Herstellung von Bekleidung wichtig sind.

... die Vor- und Nachteile von Hand- und Maschinenproduktion zu unterscheiden.

... wie sich berufliche Anforderungen bei handwerklicher und maschineller Produktion durch den Einsatz neuer Technologien verändern.

... wie sich die Automatisierung auf die Anforderungen bei der Arbeit und die Zahl der Arbeitsplätze auswirkt.

1. Arbeitsteilung in der Schneiderwerkstatt Wibbelt

Die Maßschneiderei Wibbelt hat sich auf die Anfertigung von Herrenoberbekleidung spezialisiert. Daneben werden auch Änderungen durchgeführt. Bei Schneidermeister Wibbelt arbeitet der Geselle Kern. Wie sie sich die Arbeit aufteilen, könnt ihr im folgenden kennenlernen.

Herr Karl möchte sich einen Anzug anfertigen lassen. Dieser soll möglichst seinen Haltungsfehler verdecken. Herr Karl nennt erste Vorstellungen zu Stoff, Schnitt und Farbe.
Wibbelt zeigt Schnittmodelle und Stoffe. Er berät, nimmt Maß und kalkuliert einen Preis. Ferner stimmt er den Liefertermin sowie den Termin für die 1. Anprobe ab.
Ständig sind in der Werkstatt einige Kleidungsstücke in Arbeit. Wibbelt nimmt den Auftrag in den Arbeitsplan auf.
Er stellt den Schnitt her, berechnet Stoffe und Zutaten (Garn, Knöpfe, Futter usw.) und bestellt entsprechend. Später schneidet er den Anzug zu und bespricht die Arbeit mit seinem Mitarbeiter. Dieser reiht (vorläufig nähen) die Einzelteile für die 1. Anprobe zusammen, damit sie ggf. ohne Stoffbeschädigung wieder aufgetrennt werden können.
Wibbelt führt die 1. Anprobe durch. Notwendige Änderungen steckt er ab. Er vereinbart eine 2. Anprobe.
Kern näht den Anzug. Dabei berücksichtigt er die abgesteckten Änderungen.
Wibbelt führt eine 2. Anprobe durch. Falls nötig, steckt er weitere kleine Änderungen ab.
Kern näht den Anzug fertig und bügelt ihn.
Wibbelt übergibt den Anzug an Herrn Karl gegen Zahlung des vereinbarten Preises.

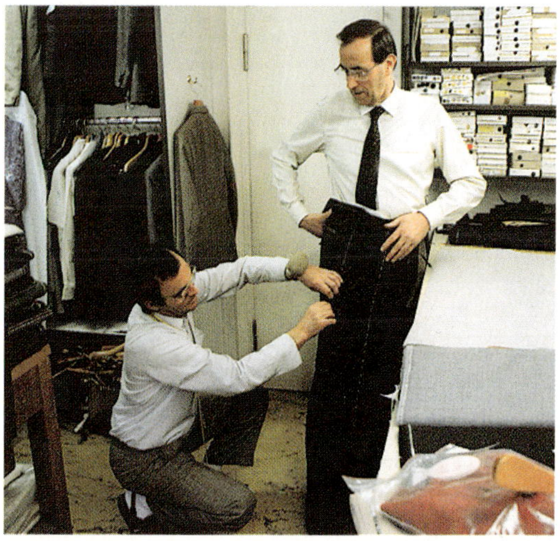

Siehe Stichwort *Werkstattfertigung.*

Aufgaben

1 Nennt Tätigkeiten, die ausgeübt werden, und erörtert Gründe für die Arbeitsteilung.

2 Sprecht über den Anteil, den Maschinen bei der Produktion haben.

2. Bekleidungsfertigung in einer Fabrik 1975

STUFENAUSBILDUNG IN DER BEKLEIDUNGSINDUSTRIE

Zwischenprüfung für die nächste Stufe oder Abschlußprüfung als

Bekleidungsnäher/ Bekleidungsnäherin

1. Ausbildungsjahr (1. Stufe)

Zwischenprüfung für die nächste Stufe oder Abschlußprüfung als

Bekleidungsfertiger/ Bekleidungsfertigerin

2. Ausbildungsjahr (2. Stufe)

Abschlußprüfung als

Bekleidungsschneider/ Bekleidungsschneiderin

3. Ausbildungsjahr (3. Stufe)

Los
bezeichnet die Stückzahl eines Produktes, das ohne Unterbrechung hintereinander auf einer Maschine in Serienfertigung bearbeitet werden kann (z. B. Mantel gleicher Größe, gleichen Schnitts, gleichen Stoffs).

Modelle entwickeln

Bekleidungsgestalter/innen entwerfen Modelle nach Entwurfsskizzen und fertigen Schnittmuster (aus Pappe) an.
Bekleidungsschneider/innen stellen im Musteratelier Modellkleidungsstücke her. (Verkäufer besuchen mit Modellen Bekleidungsgeschäfte und Messen, um Aufträge zu erhalten.)

Zuschneiden

Zuschneider/innen (Bekleidungsschneider/innen) zeichnen Modelle und Größen nach Schnittmustern auf Papierbahnen. Sie legen Stoffe nach Bedarf in bis zu 20 Lagen, legen Papierbahnen mit Schnittumriß auf die Lagen und kleben sie durch Bügeln auf. Dann schneiden sie die einzelnen Teile aus.

Nähen

Einrichter/innen (Bekleidungsschneider/in) teilen größere Lose zum Nähen ein und leiten sie mit einem Transportsystem (Band) an die Arbeitsplätze.
Bekleidungsnäher/innen fertigen einfache Einzelteile wie Taschen, Kragen und Ärmel. Sie bringen Knopflöcher und ggf. Ziernähte an.
Bekleidungsfertiger/innen nähen Taschen, Kragen, Ärmel und das Futter ein.
Angelernte Bügler/innen bügeln Nähte zwischen den einzelnen Arbeitsgängen aus.
Diese Arbeiten teilen sich z. B. bei einem Mantel 6–8 Kräfte.

Akkordlohn:
Beim **Stückgeldakkord** wird für eine bestimmte Arbeitsmenge ein fester Geldbetrag gezahlt.
Beim **Stückzeitakkord** wird ein fester Geldbetrag für eine bestimmte Arbeitszeit bezahlt.
Wer weniger (mehr) schafft, erhält einen geringeren (höheren) Lohn.

Zum Preisvergleich zwischen handwerklicher und industrieller Fertigung 1995:
Karl zahlt für den Maßanzug bei Wibbelt 4000 DM.
Karl würde im Bekleidungsgeschäft für einen in Serie gefertigten Anzug bei vergleichbarer Stoffqualität 1000 DM bezahlen.

Arbeitsstunden pro Anzug
bei *handwerklicher Fertigung:* 40 Stunden;
bei *industrieller Fertigung* um 1975: 3 Stunden;
bei *teilautomatisierter Fertigung* (s. Folgeseiten) 1995: 2 Stunden.

Bügeln

Bügler bügeln fertige Mäntel mit der Hand-Fuß-Maschine.

Kontrollieren

Abnehmer (Bekleidungsnäher) kontrollieren die Arbeit und führen kleinere Änderungen durch.

Lagern und Versenden

Angelernte Kräfte hängen die Fertigware nach Größe, Farbe, Muster und Schnitt auf. Sie verpacken und versenden bestellte Ware.

Arbeitnehmer beurteilen ihre Arbeit

Klaus B., 45 Jahre, berichtet:
„Nach der Volksschule ging ich zu Schneidermeister Dietrich in die Lehre. Nach der Gesellen- und Meisterprüfung führte ich 15 Jahre lang den Betrieb meines Vaters. Aber immer weniger Menschen wollten teure Maßanzüge kaufen. Durch die Massenproduktion wurde die Kleidung in den Kaufhäusern immer preiswerter. Von Änderungen und Reparaturen allein konnte ich kaum leben.
Ich gab meine Selbständigkeit auf und bewarb mich bei dieser Fabrik. Ich kontrolliere die Kleidungsstücke vor dem Versand.
Ich mußte mich sehr umstellen. Im Vergleich zu meiner selbständigen Tätigkeit ist die Arbeit recht eintönig. Aber ich habe eine geregelte Arbeitszeit und muß nicht wie früher bei Terminarbeit oft bis spät in die Nacht arbeiten. Ich verdiene gut. Sorgen macht mir, daß die Konkurrenz aus dem Ausland und die technische Entwicklung viele Arbeitsplätze kosten."

Brigitte S., 30 Jahre, berichtet:
„Nach der Hauptschule habe ich hier ohne Ausbildung angefangen. Ich wollte schnell Geld verdienen. Meine Eltern waren einverstanden. ‚Mädchen heiraten ja doch bald', meinten sie. An diesem Arbeitsplatz, den eigentlich eine Näherin ausfüllt, bin ich 4 Wochen angelernt worden. Wir arbeiten im Akkord – nur Frauen. Die Löhne sind niedriger als in den Industrien, wo vor allem Männer arbeiten, z. B. in der Automobilindustrie.
Ich fertige zur Zeit einen Gürtel in 2 Minuten – bei gleicher Körperhaltung 8 Stunden am Tag. Immer dieselben Handgriffe. Nach der Arbeit fühle ich mich oft abgespannt. Die Eintönigkeit ist zermürbend. Für einfache Näharbeiten, wie ich sie mache, soll es schon Nähautomaten geben. Doch daran mag ich gar nicht denken. Denn arbeitslos werden ist noch schlimmer. Aber ich möchte gerne etwas Interessanteres tun, doch da müßte ich mich weiterbilden. Ob ich das noch schaffe? Vielleicht bleibt mir ja nichts anderes übrig. Meiner Tochter rate ich dringend eine gute Ausbildung."

Aufgaben

1 Vergleicht die Arbeitsteilung und die Arbeitsanforderungen im Industriebetrieb mit der Werkstatt.

2 Erklärt die Preisdifferenz für Anzüge zwischen der Schneiderwerkstatt und einem Bekleidungsgeschäft.

3 Sprecht über die Meinungen von Klaus B. und Brigitte S.

3. Flexible Teilautomatisierung in der Bekleidungsfertigung 1995

CIM:
Computer **I**ntegrated **M**anufacturing/ Computerintegrierte Fertigung.

Automatisierung:
Vollständige Technisierung der Produktion. Es wird keine menschliche Arbeitskraft mehr benötigt.

Umrüstzeiten:
Zeiten für das Einstellen der Maschinen, z.B. beim Wechsel der Konfektionsgröße.

Die **EDV** erlangt für den Entwurf, die Herstellung und den Versand von Bekleidung zunehmende Bedeutung. Die Unternehmen versuchen, bei den hohen deutschen Löhnen wettbewerbsfähig zu bleiben und schnell und flexibel auch kleine Losgrößen herzustellen. Hier bietet sich **CIM** zur Automatisierung von Teilarbeiten an. Dabei unterstützt ein **Computer** durch die Bereitstellung von Daten für alle rechnergesteuerten Arbeitsplätze den **gesamten Prozeß**:
- Entwicklung der Modelle
- Einkauf
- Disposition
- Fertigung
- Lagerhaltung und Verkauf

Derzeit unterstützt bzw. steuert CIM nur Teilbereiche. Zunehmend werden „Automatisierungsinseln“ miteinander verbunden, durch Computer vernetzt.

Die **Forderungen des Marktes** nach
- größerer Modellvielfalt,
- geringen Stückzahlen pro Modell,
- kürzeren Lieferzeiten und
- hoher, gleichbleibender Qualität

lassen sich mit CIM besser verwirklichen.

Diese Technologie ermöglicht geringere Umrüstzeiten der Maschinen.

Die folgenden Beispiele zeigen Einsatzmöglichkeiten.

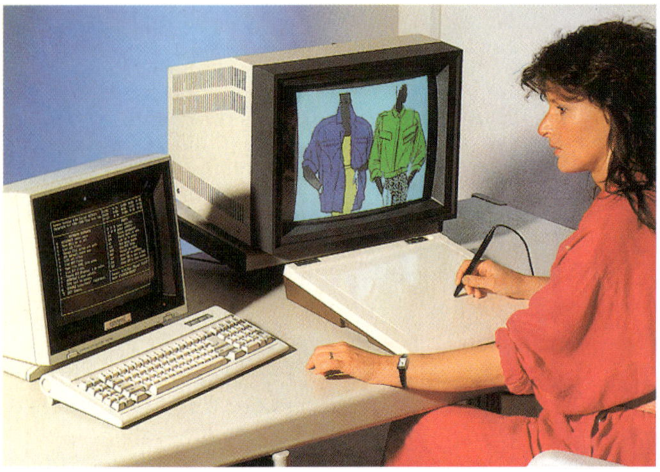

Modellentwurf

Schnitterzeugung

Modelle entwickeln und Zuschneiden

Designer entwerfen Modelle über ein Grafiktablett mit Kontaktstift. Die Entwürfe erscheinen auf dem Bildschirm, können beliebig verändert und farbig gestaltet werden. Über Videokamera lassen sich graphische Elemente, wie Stoffmuster und Farben, eingeben. Es können über Datenleitungen Entwürfe mit Kunden diskutiert und Kataloge vorbereitet werden.

Teilweise wird die Arbeit der **Bekleidungsgestalter** und der **Zuschneider** von dem Designer übernommen. Dabei werden mit Hilfe des Computers Schnitte erzeugt. Nach einer Weiterbearbeitung in der computergestützten Konstruktion zeichnet ein Plotter die fertigen Schnittbilder. Diese sind für alle gewünschten Größen möglich.

Die Daten können auf computergesteuerte Legemaschinen und (Laser-)Zuschneidemaschinen übertragen werden. Der Computer berechnet die Geometriedaten für die beste Stoffausnutzung. Das ermöglicht Materialeinsparungen bis zu 6 %.

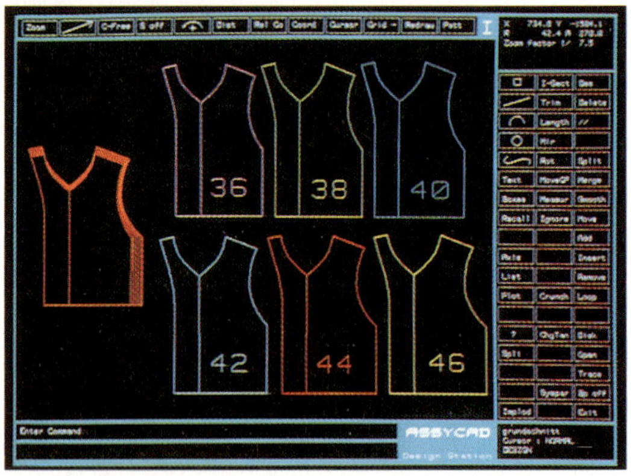

fertige Schnittbilder auf dem Bildschirm

Plotter

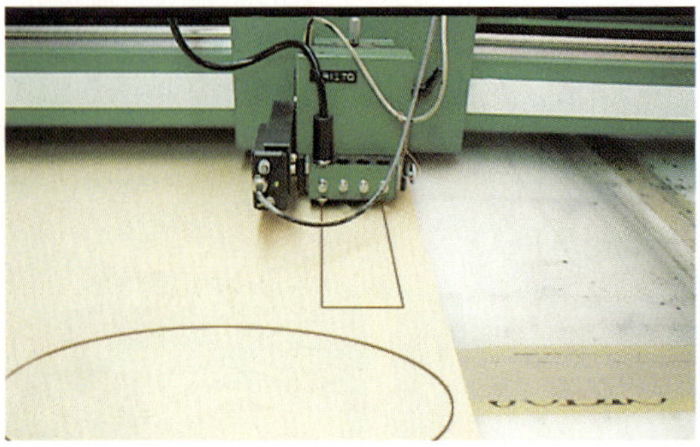

Siehe Stichwort
Roboter,
maßgeschneiderte Jeans

Aufträge mehrerer Kunden mit verschiedenen Größen und Farben werden mit Stücklisten zu Losen zusammengefaßt. Dabei ist die Berücksichtigung von Lieferterminen möglich. Für die einzelnen Abteilungen kann die Auslastung elektronisch gesteuert werden.
Die computergesteuerte Konstruktion unterstützt auch den Herstellungsprozeß, bei dem aus den zweidimensional zugeschnittenen Einzelteilen dreidimensionale Kleidungsstücke zusammengefügt werden.

Herstellungsprozeß

Transport des Nähgutes

Computergesteuerte Hängeförderer erlauben es, das Transportgut nicht vom Transportmittel zu lösen. Die Nähteile können beliebig durchgesteuert werden, z. B. für eine veränderte Reihenfolge der Arbeitsplätze. An den einzelnen Arbeitsstationen kann erfaßt werden, was in welcher Zeit bearbeitet wurde (s. auch Foto zu **Lagern** und **Versenden** auf der übernächsten Seite).
Die Mitarbeiterin schiebt bei Beginn und Arbeitsende ihre Codekarte ein. Die Daten können z. B. für die Lohnabrechnung und zur Kontrolle der Maschinenlaufzeit genutzt werden. Von der Endkontrolle kann fehlerhafte Ware an den verursachenden Arbeitsplatz zurückgeschickt werden. Der Steuercomputer enthält alle Informationen, z. B., an welchen Arbeitsplätzen sich welche Stücke befinden. Das sichert kurze Durchlaufzeiten.

Nähen

Für jeden Arbeitsgang gibt es eine Spezialnähmaschine oder einen Halbautomaten. Das Nähprogramm wird beim Einnähen eines Ärmels in der Basisgröße hergestellt. Die Spiegelung linker-rechter Ärmel erfolgt durch Tastendruck. Der Halbautomat kann auf dem Mikrocomputer schnell auf unterschiedliche Ärmelweiten programmiert werden. Die dialogorientierte Bildschirmführung sichert kurze Programmier- und Anlernzeit.

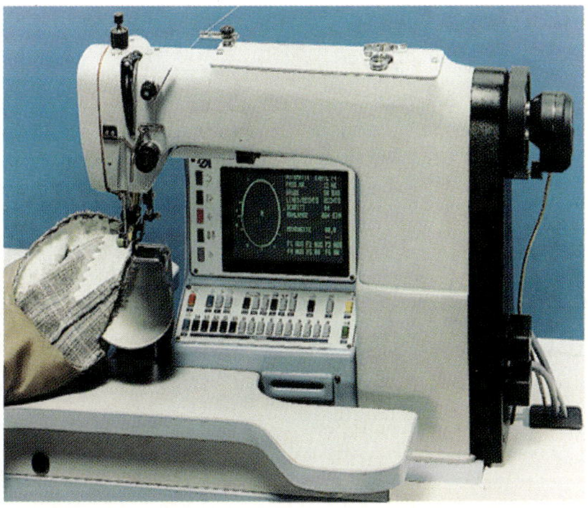

Nähroboter ersetzen die traditionelle stationäre Nähmaschine
Erhebliche Rationalisierungsmöglichkeiten
Nähautomaten – das sind auf mehrachsige Roboter montierte Stepp- und Kettenstichmaschinen, die mit hoher Präzision und Geschwindigkeit ihre Nähte ziehen – haben in der Automobilzulieferindustrie und in der Flugzeugindustrie Fuß gefaßt. Denn während die herkömmliche stationäre Nähmaschine in einer Arbeitsschicht nur zu 25 Prozent ausgelastet ist, erreicht man mit Robotern Maschinenlaufzeiten, je nach der Komplexität des zu nähenden Teils, zwischen 50 und 85 Prozent.
Beispielsweise hat die Philipp Moll Automatische Nähsysteme GmbH in Alsdorf bei Aachen einen Roboter entwickelt, der in der Lage ist, in drei Schichten mit drei Arbeitskräften 4050 Stück eines komplizierten dreidimensionalen Teils – etwa die Hüllen von Kopfstützen – zu nähen. Mit herkömmlichen Industrienähmaschinen hätten in zwei Schichten 13 Näherinnen für die gleiche Stückzahl arbeiten müssen. Hinzu kommt, daß bei herkömmlichen Maschinen jede Näharbeit eine Längenverschiebung verursacht und damit das Nähen hochpräziser Formteile nur schwer möglich ist. (...)
Der „Robosew" besteht aus einem Drehtisch mit Handhabungs- und Steuerungselementen sowie aus einem Rechner. Die eigentliche Näharbeit wird von zwei mehrachsigen Robotern erledigt, die sich unabhängig voneinander um das schon fertig geformte Teil herumbewegen. Da die zugeschnittenen und auf die Form gespannten Stoffteile sich durch den Einsatz der neuen Nähtechnik nicht mehr verschieben können, sitzen die Nähte präzise; Größenabweichungen werden vermieden. (...)
Der Automat kostet 1,1–1,5 Mio. DM. Er ist in der Lage, unterschiedliche Stoffe zu verarbeiten. Die Formteile, die zugeschnittene Stoffteile von unten in die Form bringen und dort festhalten, sind mit Nadeln gespickt, die während des Arbeitsganges ausgefahren werden. (...)
Für die Textil- und Bekleidungsindustrie (...) könnte der Einsatz des Nähautomaten einen Umschwung bedeuten. Wenn Textilien nicht mehr wegen zu hoher deutscher Lohnkosten in Billigländern hergestellt würden, sondern mit reduziertem Arbeitskräfteeinsatz in Verbrauchernähe, könnten sogar Arbeitsplätze geschaffen werden.
Durch die immer gleiche Nähgeschwindigkeit von Nährobotern, die fünf Meter Stoff in der Minute in „überlappendem Einsatz" leisten können, sind erhebliche Leistungssteigerungen bei geringem Personaleinsatz möglich. (...) So können Anlagen dieser Art beispielsweise 3 000 Sakkorümpfe in drei Schichten nähen; lediglich sechs Arbeitskräfte wären erforderlich. Der lohnabhängige Kostenanteil der Produktion sinkt (...) dadurch auf ein Zehntel, und sie wäre damit auch in Deutschland konkurrenzfähig möglich.
F. A. Z. v. 17. 3. 95

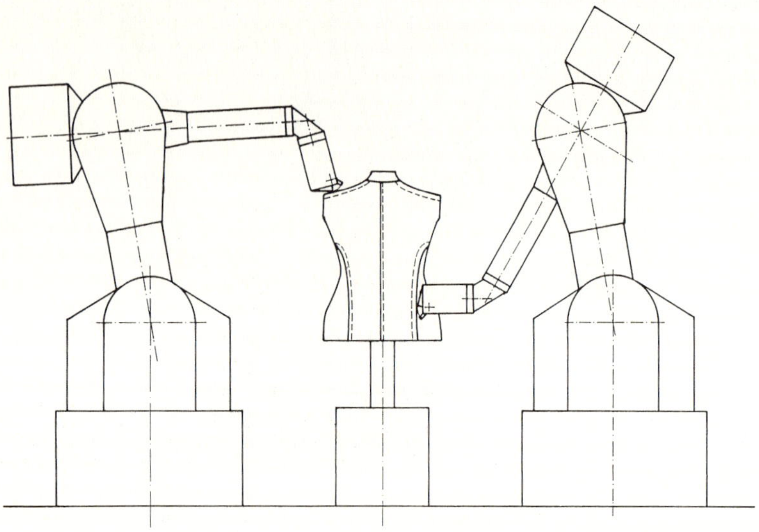

Merkmale und Vorteile des Robosew

- Kompakte und leichte Nähmaschine
- Nähmaschine wird von einem Roboter auf beliebiger, programmierbarer dreidimensionaler Bahn geführt
- Volumen der genähten Hüllen ist stets konstant
- Nähte sind sehr gleichmäßig und von hoher Qualität
- richtige Weitenverteilung
- bedeutende Leistungssteigerung
- Senkung der Fertigungskosten

Ist die Näherin ein Auslaufmodell?

Betrachtet man kritisch die bekannten Entwicklungs- und Forschungsergebnisse, so kann heute die Aussage gemacht werden, daß es eine Alternativ-Technologie zum Nähen nicht geben wird. Die Herstellung von Bekleidung, bei der aus zweidimensional geschnittenen Textilien (...) dreidimensional modisch und paßformgerechte Kleidungsstücke zusammengefügt werden, ist ein denkbar komplizierter Montagevorgang, der, wie in keinem anderen Industriezweig, auf den Menschen angewiesen ist. Die Näherin ist geradezu ideal ausgestattet, um Formen, Farben und Musterkombinationen sowie alle erdenklichen Materialien zu erfassen und (...) in den Näh- und Handhabungsvorgang einfließen zu lassen. Sie verfügt über ein überdimensionales Gedächtnis als Informationsspeicher. Damit kann sie auf jede Nähteilsituation reagieren. Des weiteren verfügt die Näherin über visuelle Sensoren, die jeden Zustand auf einen Blick erfassen und auswerten. Sie kann über ihre genialen Hände auf jeden Zustand entsprechend richtig reagieren. Ihre Finger tasten, steuern, regeln und formen.

Würde man jetzt versuchen, über fotoelektrische Sensoren und Mechanik dieses auszugleichen, so ist es leicht vorstellbar, welchen technischen Aufwand eine solches automatisches Gegensteuern erforderte. Unabhängig von der technischen Machbarkeit würde sich eine solche Investition unter betriebswirtschaftlichen Gesichtspunkten selbst in den Hochlohnländern nicht rechnen.

Die Entwicklung geht dennoch weiter. Bestehende Konstruktionskonzepte und -verfahren werden unter Verwendung modernster Elemente aus dem Bereich der Elektronik und des Maschinenbaues sowie der Arbeitsplatzgestaltung eine Neuauflage erfahren. Die Spezialnähmaschinen, Nähautomaten und Nähanlagen der neueren Generation werden sein:

- form-, material- und anwendungsflexibel;
- zuverlässig und wartungsfreundlich ...;
- bedienerfreundlich, d.h. ausgestattet mit selbstjustierenden Elementen und einer Intelligenz, die eine einfache Handhabung durch den Anwender gestatten;
- verkettungsfähig mit offenen mechanischen und elektronischen Schnittstellen.

Eine neuere Betriebsmittelgruppe sind die flexiblen Fertigungszellen. Das Nähmaterial wird in einen Nähguthalter eingespannt, und in automatischer Reihenfolge werden eine Reihe von Teilarbeitsgängen bewerkstelligt, wie Falten, Nähen und Zuführen von Teilkomponenten, z.B. von Reißverschlüssen.

Thesing, W: Verarbeitungstechnologie in der Bekleidungsindustrie, in: Jahrbuch für die Bekleidungsindustrie, Berlin 1994, S. 23–26

Außenhandel mit Bekleidung 1994

Export: 7,6 Mrd. DM
Import: 21,9 Mrd. DM

Bundesverband Bekleidungsindustrie (1995): Die deutsche Bekleidungsindustrie 1994/95, Tabellenteil S. 17

Entwicklung der Inlandsproduktion

von 1980–1994:
Minus 48 Prozent

Gewerkschaft Textil–Bekleidung 1995

Importdruck in der Bekleidungsindustrie

Wegen Kosten und Verfalls der Preise verlagerte die Bekleidungsindustrie ihre Produktion (...) ins Ausland.

- In der westdeutschen Bekleidungsindustrie wurden ca. 45% des Absatzes durch sog. passive Lohnveredelung im Ausland bearbeitet (insbes. Osteuropa).
- Ca. 35% des Absatzes mit sog. Vollimporten aus Zukäufen und mit Waren aus eigenen Produktionsstätten im Ausland realisiert.
- Nur ca. 20% des Absatzes im Inland gefertigt. (...)

Ursächlich für die nachlassende Wettbewerbsfähigkeit (...) waren unfaire Handelsbedingungen. (...)

Preisdumping

- Zum Beispiel Exportsubventionen in der Türkei.

Sozialdumping

- Zum Beispiel werden in chinesischen Zwangsarbeitslagern Bekleidungswaren für den Export produziert
- In der (...) indischen und pakistanischen Teppichindustrie arbeiten Hunderttausende von Kindern.

Ökodumping

- Zum Beispiel werden preiswerte Chemikalien und Farbstoffe, die in Deutschland nicht mehr eingesetzt werden dürfen, (...) im Ausland bei Waren eingesetzt, die für den Export nach Deutschland bestimmt sind.
- Zum Beispiel betragen die Abwassergebühren in Frankreich 15–20% des westdeutschen Niveaus. (...)

Design-/Musterdiebstahl

- Angesichts der zunehmenden Design- und Kollektionskosten (...) ein erheblicher Kostennachteil (...)

[Wir sind] für freien Handel, fordern aber die politisch Handelnden (...) auf, gegen unfaire Handelspraktiken (...) vorzugehen. Ab 1994 gilt eine Verordnung, nach der Bettwäsche bestimmte, bei uns bei der Herstellung verbotene gesundheitsschädigende Farbstoffe nicht enthalten darf. Die GTB tritt für eine effektive Kontrolle ein. Ferner fordert sie Beihilfen, besonders für ostdeutsche Betriebe, um den Standort Deutschland zu schützen.

Gewerkschaft Textil–Bekleidung 1995, S. 2–5

Bügeln

Bügeldruck, -temperatur und -dauer werden in Abhängigkeit von Stoff und Modell von der Bügelmaschine elektronisch gesteuert.

Beschäftigte und Arbeitslose im Bekleidungsgewerbe (in 1000)

	Beschäftigte	Arbeitslose
1991	161	42
1994	113	57

Bundesverband Bekleidungsindustrie (1995): Die deutsche Bekleidungsindustrie 1994/95, Tabellenteil, S. 2

Kosten einer Arbeiterstunde in der Industrie einschl. Lohnnebenkosten (1993 in DM)

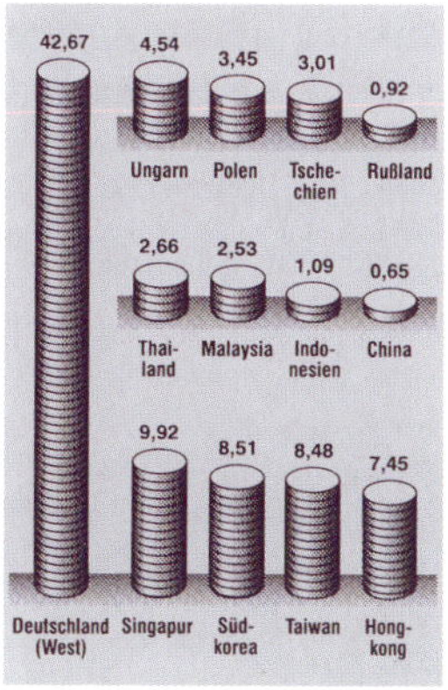

nach: E. Schmidt Zahlenbild 630360

Bügelei - wie die Entwicklung weitergeht

In der Endbügelei werden sich Fertigungslinien durchsetzen. Eine Anzahl von Einzelbügelmaschinen wird über ein Transportsystem und digital programmierbare Rechner verbunden sein. Das Bekleidungsteil bleibt auf dem Bügel und wird über einen Lift aufgenommen und automatisch in die folgenden Bügelstationen für Vorderteil links und rechts sowie Rückenteilformen abgesenkt. Die Bedienperson muß nur noch positionieren. Die Informationsdaten für Druck, Preßzeit, Kühldauer und andere Werte können automatisch vom Organisationssystem an den Rechner vermittelt werden. Ebensogut ist eine manuelle Eingabe bei der ersten Station möglich, und der Computer wird den folgenden Bügelstationen diese Daten weitergeben.
Diese neue Generation von Bügelanlagen wird mit Schnittstellen für die Hard- und Software ausgestattet sein, die eine Einbindung in ein Gesamtsystem gewährleisten.

Thesing, W. a.a.O., S. 27

Lagern und Versenden

Im Lager wird jeder fertiggestellte Auftrag nach Kundennummern mit einer computergesteuerten Fördereinrichtung an einem bestimmten Platz abgelegt. Die vom Computerdrucker erstellte Kundenkarte informiert die Lagerarbeiter z. B. über den Kundennamen, die Größe und Stückzahl.
Über den Bildschirm kann der Bestand des Lagers nach Produktnummern ermittelt werden und können Lagerzu- und -abgänge verwaltet werden. Es ist genau bekannt, wo im Lager sich eine bestimmte Ware befindet. Für die Auslieferung ist es möglich, Waren regional bzw. nach einer vom Kunden gewünschten Versendungsart oder nach einem Liefertermin zusammenzufassen .
Lager, Verkauf und Buchhaltung tauschen über Computer Daten aus. So führt die Auslieferung an Kunden zum Schreiben und Versenden der Rechnung.

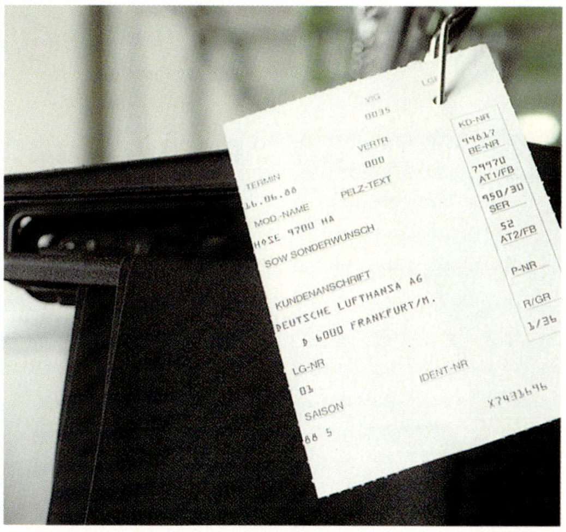

Aufgaben

1 Sprecht über die Arbeit beim Entwurf eines Modells am Bildschirm. Vergleicht mit herkömmlicher Entwurfstechnik.

2 Vergleicht das Zuschneiden bei computergesteuerter Fertigung mit dem gleichen Arbeitsschritt in der Schneiderwerkstatt und der Bekleidungsfertigung 1975.

3 Begründet das Zusammenfassen gleichartiger Aufträge zu Losen.

4 Nennt Vorteile der Teilautomatisierung für das Nähen, Bügeln, Lagern und Versenden.

5 Sprecht über Möglichkeiten des geplanten erweiterten Einsatzes computergesteuerter Maschinen und Nähroboter in der Bekleidungsfertigung.

6 Diskutiert die These: „Menschen sind bei flexibler Teilautomatisierung nur Lückenbüßer."

7 Vergleicht berufliche Anforderungen auf den dargestellten Technisierungs- bzw. Automatisierungsstufen bei der Bekleidungsfertigung.

8 Erörtert Probleme der internationalen Wettbewerbsfähigkeit der Bekleidungsindustrie.

Wirtschaftliche Entwicklung im Rückblick

... daß die Herstellung von Gütern für den Menschen existenznotwendig ist.
... wie sich Arbeitsteilung durch verschiedene Fähigkeiten der Menschen entwickelte.
... daß durch die Arbeitsteilung Berufe entstanden sind.
... welche Bedeutung die technische und organisatorische Entwicklung der Produktion für Lebens- und Arbeitsbedingungen besitzt.

1. Jäger und Sammler werden seßhafte Bauern

Auf der Entwicklungsstufe der Menschen als Jäger und Sammler leistete jeder die lebensnotwendige Versorgung selbst. Dazu zählten das Sammeln und Zubereiten von Nahrung, das Herstellen von Kleidung und Wohnraum. Zum Schutz vor Gefahren, aber auch zur Jagd bildeten sich Gruppen. Die gemeinsame Jagd von Tieren führte zu ersten Formen der **Spezialisierung.**

Jagdszene aus der Altsteinzeit (ca. 12 000 v. Chr.)

Es kam zur Erfindung von Handwerkszeugen, die z. B. das Erlegen der Tiere und die Zubereitung der Nahrung erleichterten. Diese Spezialisierung führte zu Zeitersparnis. Die freie Zeit konnte beispielsweise dazu genutzt werden, Vorrat anzulegen.
Als Ackerbau und Viehzucht entwickelt wurden, konnten die Menschen als Bauern seßhaft werden. Es entstanden feste Verbände, die in den Dörfern wohnten. Die Anbaumethoden und Geräte wurden verbessert, aus Tonerde z. B. Töpfe und Geschirr geformt und gebrannt.
Einige Dorfbewohner **spezialisierten** sich aufgrund ihrer **Geschicklichkeit** auf bestimmte Tätigkeiten wie Kleider nähen und Schuhe herstellen.
Diese Spezialisierung erleichterte die lebensnotwendige Arbeit und verbesserte die Lebensbedingungen. Es mußte nicht jeder alles können. Die erforderliche **Arbeit** wurde **aufgeteilt** (**Arbeitsteilung**).
Als sich die Siedlungen ausweiteten und der **Tauschhandel** reger wurde, übten einige nur noch ihre handwerkliche Tätigkeiten aus. Sie wurden zum **Beruf**. Es entstanden die ersten **Grundberufe** wie Baumeister, Metzger, Schneider, Müller, Bäcker, Schmied und Schuhmacher.
Gefördert wurde diese Entwicklung durch die Entdeckung von Eisenerz, das verhüttet und zu Waffen und Werkzeugen verarbeitet wurde. Damit gewann die Tätigkeit des Schmiedes große Bedeutung. Die rasche Spezialisierung dieses Berufs verdeutlicht die Zeichnung.

Schmiede und Schlosserei

Aufgaben

1 Informiert euch darüber, was die Menschen als Jäger und Sammler leisten mußten, um sich selbst am Leben zu erhalten.

2 Begründet an Beispielen den Sinn von Spezialisierung und Arbeitsteilung.

3 Findet ein Beispiel für die Entwicklung: Spezialisierung – Arbeitsteilung – Beruf.

2. Entwicklung von Handwerk und Manufakturen

Mit der Entstehung von Städten entwickelte sich auch das **Handwerk**. Der Wohlstand vermehrte sich vor allem bei Kaufleuten und Grundherren. Für den Bau von Herrenhäusern, Bürgerhäusern, Klöstern und Kirchen wurden immer mehr Spezialisten benötigt.
Es entstanden größere und unterschiedliche Bedürfnisse nach z.B. Kleidung, Nahrung, Ausstattungsgegenständen für Haushalt und Wohnung, aber auch Arbeitsgeräten und Transportmitteln. Das förderte eine weitere Spezialisierung. In Nürnberg gab es 1363 schon 10 Arten von Schmieden.
Zur Anerkennung und zum Schutz schlossen sich die Handwerksmeister eines Gewerbes zu **Zünften** zusammen. Sie wohnten meist in enger Nachbarschaft, oft in einer Straße, benannt nach ihrem Gewerbe.
Die Lehrlinge lebten in der Familie des Meisters. Teilweise mußte Lehrgeld gezahlt werden. Gesellen und Lehrlinge waren abhängig vom Meister. Das Können des Mitarbeiters bestimmte den Grad der Selbständigkeit bei der oft individuellen Arbeit. Der Verdienst war gering. Gesellen konnten keine Familie gründen.
Die Zunft regelte die Ausbildung, Zulassung zum Gewerbe sowie Zahl der beschäftigten Gesellen und Lehrlinge. Sie überwachte Preise, Menge und Qualität der Waren. Jeder Meister sollte ein standesgemäßes Auskommen haben. Wettbewerb war verboten.
Im Laufe der Jahrhunderte wurde es für die Handwerker schwieriger, den zunehmenden Bedarf der Bevölkerung zu decken. Neue Produktionsformen wurden entwickelt. Reiche Fürsten und Kaufleute entschlossen sich, neue Produktionsstätten, die **Manufakturen**, zu gründen.
Während die Handwerker auf **Bestellung** und meist individuell fertigten, wurde in den Manufakturen **auf Vorrat** produziert.
Die Einrichtung und Führung einer Manufaktur erforderte neben viel Geld eine angemessene Planung und Organisation.
In der Manufaktur arbeiteten viele Handwerker in einem Arbeitshaus nebeneinander Hand in Hand. So wurden z.B. in einer Kutschenmanufaktur die Kutschen in einem durchgehenden Arbeitsgang hergestellt. Jeder Handwerker brauchte nur bestimmte Arbeiten auszuführen. Er spezialisierte sich und schaffte mehr als früher. Die Arbeit wurde jedoch eintöniger und einseitiger. Der Zeitdruck nahm zu, weil sich zwischen den Manufakturen Wettbewerb entwickelte und die Unternehmer an Gewinnen interessiert waren.

Aufgaben

1 Vergleicht die Arbeit im Handwerk mit der in einer Manufaktur.

2 An das Zunftwesen erinnern Handwerkskammer sowie Industrie- und Handelskammer. Informiert euch über deren Aufgaben.

Webstühle in der englischen Tuchmanufaktur (um 1840) (Ausschnitt)

3. Entwicklung der Industrialisierung – Konsequenzen für die Berufsarbeit

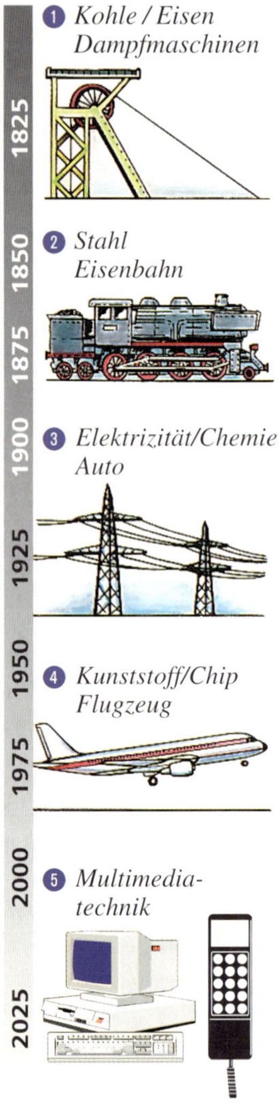

Ab 1850 wurden technische Erfindungen vermehrt wirtschaftlich genutzt. Diese **Industrialisierung** war mit der Veränderung bestehender und dem Entstehen neuer Berufe verbunden. Arbeits- und Betriebsorganisation wandelten sich. In **Phasen** der Anwendung neuer Techniken wuchs die Wirtschaft stark. Sie schwächte sich ab, wenn alte Strukturen neuen Entwicklungen angepaßt wurden.

❶ Die Verbreitung der Dampfmaschine, z. B. im Steinkohlenbergbau, und des mechanischen Webstuhls waren bedeutsam.

❷ Es folgte die Entwicklung der Stahlindustrie, die breite Nutzung der Dampfmaschine und der Ausbau des Eisenbahnwesens. Wichtig war die Beseitigung von Zollschranken zwischen den kleinen Staaten, um die in größerer Anzahl erzeugbaren Güter zu vermarkten. Die sogenannte **industrielle Revolution** führte dazu, daß die vom Land in die Städte drängende Bevölkerung bei einem Überangebot an Arbeitskräften unter elenden Bedingungen für geringen Lohn arbeiten mußte. Gesundheitsschädigende Kinderarbeit war üblich.

❸ Die weitere Entwicklung wurde vor allem von der Elektrizität, der Chemie und dem Automobil getragen. Die industrielle Arbeitsorganisation bestimmte eine stark zerteilte Fließbandarbeit. Massenprodukte konnten zu für viele erschwinglichen Stückkosten gefertigt werden.

❹ Kunststoffindustrie, Flugzeugbau, Elektronik, Steuerungstechnik und die Entwicklung der Unterhaltungsindustrie gewannen an Bedeutung. Parallel dazu entwickelte sich die Infrastruktur, z. B. das Straßennetz. Die Facharbeiter übten stark spezialisierte Tätigkeiten aus. Die Produktivität stieg erheblich. Breite Bevölkerungsschichten konnten am Konsum teilhaben.

❺ Eine weitere Phase zeichnet sich ab. Neuerungen erfolgen in immer kürzeren Abständen; technisches Wissen veraltet schneller. Gegenwart und Zukunft aller Wirtschaftsbereiche und des privaten Lebens bestimmen **neue Technologien** und Techniken, u. a. Mikroprozessortechnik, Informationstechnik wie Satelliten- und Glasfaserkommunikation, Bio- und Gentechnik, Sensortechnik, Lasertechnik, Robotertechnik, neue Werkstoffe. Produktionsprozesse werden automatisiert und computergesteuert. Immer weniger menschliche Arbeit ist produktionsnotwendig. Die Kunden fordern vermehrt Produkte und Problemlösungen, die auf ihre Bedürfnisse zugeschnitten sind. Auch große Betriebe werden in der Produktion wieder flexibler.

Stahlwerk um 1900

Modernes Stahlwerk

Arbeitsplätze und Arbeitsorganisation verändern sich stetig. Der Trend geht zu **Lean Production** (schlanker Produktion). Bei der Facharbeit werden am Arbeitsplatz wieder verschiedene Tätigkeiten zusammengefaßt, für die meist eine Gruppe verantwortlich ist. Moderne Betriebe können Kundenbedürfnisse gezielt befriedigen. Auch kleine Stückzahlen lassen sich wirtschaftlich fertigen. Eine große Produktvielfalt wird möglich. Vom einzelnen werden **Schlüsselqualifikationen** verlangt mit der Fähigkeit, Produkte und Produktionsverfahren dauernd zu verbessern.

Die Entwicklungen gelten nicht für alle Betriebe. Immer gab und gibt es z. B. herkömmlich arbeitende Handwerksbetriebe, und weiterhin produzieren Industriebetriebe arbeitsteilig am Fließband. Aber die Organisationsentwicklung schreitet in der gekennzeichneten Richtung voran. Das Schaubild zeigt, wie durch Lean Production die Vorteile handwerklicher und industrieller Fertigung gesichert und die Nachteile vermieden werden können.

Siehe Stichwort *Facharbeiter, neue Anforderungen*

Automation: Vollständige Technisierung der Produktion. Menschliche Arbeitskraft entfällt.

Glasfaserkommunikation: Übertragung aller Nachrichten mit Hilfe von Lichtwellen über Leiter aus Glas. Genutzt z. B. von der Telekom, die neue Telefonstrecken als Lichtwellenleiter verlegt.

Biotechnik:
Technische Nutzbarmachung biologischer Vorgänge, z. B. durch Tier- und Pflanzenzüchtung oder Produktion von Eiweiß mit chemischen Verfahren.

Gentechnik:
Bestimmung von Trägern des Erbguts und deren Neuprogrammierung durch Anwendung biologischer, chemischer und physikalischer Methoden, z. B. Veränderung einer biologischen Eigenschaft, wie Frostbeständigkeit bei Pflanzen; Produktion von Hormonen mit Bakterien.

Sensortechnik:
Abtasten von Werkstoffen, z. B. bei der Steuerung automatisierter Produktion.

Lasertechnik:
Nutzung von gebündeltem Licht, z. B. zur Nachrichtenübermittlung, zum Schmelzen von Werkstoffen, in der Medizin.

Neue Werkstoffe:
z. B. Motorbauteile aus sehr hitzebeständiger Keramik.

Schlüsselqualifikationen:
Bildung, die befähigt, in anspruchsvollen Tätigkeiten selbständig zu handeln und technische und organisatorische Veränderungen der Arbeit zu bewältigen und zu gestalten. Dazu gehören grundlegende berufsbezogene Techniken und Arbeitsmethoden. Informations- und Lerntechniken, fachliche Zusammenhänge des Berufes zu angrenzenden Bereichen sowie persönlichkeitsbezogene und soziale Qualifikationen, wie Team- und Kommunikationsfähigkeit.

Elektronikforschung: Glasfaserummantelung zum Telefonkabel

Parallel dazu wird in der Europäischen Union der Binnenmarkt vollendet und der Welthandel ausgeweitet. Das fördert internationalen Wettbewerb und ständigen Strukturwandel. Der Anteil der Erwerbstätigen im produzierenden Gewerbe sinkt und steigt im Dienstleistungsbereich (s. Tab.).
Immer waren mit der Entwicklung Hoffnungen und Ängste verbunden. Diese betrafen vor allem die Entwicklung der Arbeitsplätze, die Qualifikation der Berufstätigen, die Arbeitsbedingungen, den Wohlstand und die Auswirkungen der Technik auf das Zusammenleben. Als zentrales ungelöstes Problem stellt sich seit Jahren die zunehmende Arbeitslosigkeit heraus. Die Sorge um die Erhaltung der Umwelt erfordert, technische und organisatorische Entwicklungen human und umweltverträglich zu nutzen.

Aufgaben

1 Sprecht am Beispiel der Abbildungen zur Stahlerzeugung über die Entwicklung der Arbeitsteilung und Berufsanforderungen.

2 Erörtert an weiteren Beispielen, wie sich die Arbeitsteilung durch technische Entwicklungen verändert.

3 Nennt Berufe, die durch Industrialisierung entstanden bzw. die sich durch technische Entwicklungen stark wandelten.

4 Setzt die technische Entwicklung und die Bedeutung beruflicher Bildung in Beziehung.

5 Besprecht Chancen und Risiken der technischen und wirtschaftlichen Entwicklung.

Erwerbstätige nach Wirtschaftsbereichen

von je 100 arbeiten in folgenden Bereichen	1960	1994
Land- und Forstwirtschaft	14	3
Produzierendes Gewerbe	48	36
Handel, Verkehr, Nachrichtenübermittlung, Kreditinstitute, Versicherungen	20	25
Übrige private und öffentliche Dienstleistungen	18	38

Institut der deutschen Wirtschaft. Zahlen zur wirtschaftlichen Entwicklung der Bundesrepublik Deutschland. Köln 1995. Tab. 3

Wichtige Daten der Technikgeschichte

1767	Spinnmaschine
1762–75	Dampfmaschine
1786	Mechanischer Webstuhl
1807	Dampfschiff
1814	Lokomotive
1854	elektrische Glühlampe
1861	Telefon
1876	Otto-Motor
1885	Kraftwagen
1895	Röntgenröhre
1897	drahtlose Telegraphie
1903	Motorflugzeug
1913	Rundfunk
1919	Tonfilm
1924	Fernsehen
1938	Uranspaltung
1944	Elektronenrechner
1949	Halbleitertransistoren
1956	Atomkraftwerk
1961	bemannte Raumfahrt
1964	integrierte Mikrobauelemente
1967	Farbfernsehen in Deutschland
1972	standardisierte Speicherchips
1973	Veränderung von Genen durch Einschleusen fremder Erbsubstanzen (Gentechnik)
1977	Personalcomputer
1983	Gentechnisches Produkt (Insulin)
1986	Werkstoffe für widerstandsfreien Stromfluß oberhalb von −273 °C
1990	Modell optischer Computer
1991	ICE Hochgeschwindigkeitsbahn
1992	Wohnhaus, nur mit Sonnenenergie
1993	64-Megabit-Chip, Speicherkapazität 6000 Druckseiten
1994	Eurotunnel
1995	Durchbruch des Internet

Hinweise zu Betriebserkundungen

... wie eine Betriebserkundung vorzubereiten, durchzuführen und auszuwerten ist.

... Erkundungsschwerpunkte festzulegen.

... ein Betriebspraktikum zu planen.

... einen Praktikumsbericht anzufertigen.

Siehe Stichwörter *Berufe, Anforderungsmerkmale; Berufserkundung; Schlüsselqualifikationen; Facharbeiter, neue Anforderungen*

Mit Hilfe dieses Arbeitsbuches gewinnt ihr erste Kenntnisse über die Arbeitswelt. Das kann nicht **gezielte Erkundungen** ersetzen. Ein tieferer Einblick in die Arbeitswelt ist nur möglich, wenn ihr in Betriebe geht, Arbeitsplätze und Produktionsprozesse beobachtet, Berufstätige gezielt befragt und im Betriebspraktikum selbst in einem Betrieb mitarbeitet. Solche Erfahrungen sind auch wichtig für erste Überlegungen zur **Berufswahl**.
Die folgenden Abschnitte geben euch Anregungen, wie ihr eine Betriebserkundung vorbereiten könnt.Ihr findet Fragestellungen, die unter verschiedenen Aspekten helfen, einen Betrieb erkunden.
Weil ihr nicht alles erfragen könnt, solltet ihr eine Auswahl treffen.

Schülergruppe bei einer Betriebserkundung in der Pflanzenforschung eines chemischen Industriebetriebes

Erkundung eines Arbeitsplatzes

Körperliche Anforderungen
- Ist sitzend oder stehend zu arbeiten?
- Wie ist das Arbeitstempo festgelegt?
- Werden Körperteile einseitig belastet?
- Ist Handgeschick erforderlich?

Geistige Anforderungen
- Werden dauernd wiederkehrende oder verschiedene Tätigkeiten verrichtet?
- Ist schnell zu reagieren?
- Ist selbständig oder nach Anweisung zu arbeiten?
- Muß der Arbeitsablauf geplant werden?
- Sind Maschinen oder Produkte zu kontrollieren?
- Sind sprachlicher bzw. schriftlicher Ausdruck wichtig?
- Ist wichtig, räumlich zu denken, Farben zu unterscheiden, Sinn für Formen zu haben?
- Welcher Schulabschluß wird verlangt?

Soziale Anforderungen
- Wird allein oder in Gruppen gearbeitet?
- Besteht Kontakt zu Kunden?
- Sind Mitarbeiter zu führen?

Umweltbedingungen
- Welche Bedeutung haben Lärm, Kälte, Hitze, Zugluft, Gerüche, Gase, Dämpfe, Feuchtigkeit, Schmutz?
- Wird im Freien oder in geschlossenen Räumen bei Tages- oder Kunstlicht gearbeitet?
- Ist besondere Arbeits- oder Schutzkleidung vorgesehen?
- Entsteht Termin- oder Zeitdruck?
- Ist Schichtarbeit/Nachtarbeit zu leisten?

Erkundung des Betriebsablauf

Organisation
- In welche Abteilungen/Aufgabenbereiche ist der Betrieb gegliedert?
- Welche Entscheidungen werden von der Unternehmensleitung, welche von den Abteilungen getroffen?
- Wie ist die Zusammenarbeit geregelt?
- In welchem Maße werden Mitarbeiter/ Arbeitsgruppen an Entscheidungen beteiligt?

Leistungserstellung
- Was wird produziert, oder welche Dienstleistung wird erbracht?
- Welche Werkstoffe und Betriebsmittel werden benötigt?
- Wie läuft die Fertigung ab? Sind die Arbeitsschritte einsichtig?
- Wie ist die Arbeitsteilung organisiert? Welche Bedeutung hat Einzel-/Gruppenarbeit?
- Welche Probleme gibt es an den Arbeitsplätzen?
- Wurde die Arbeitsorganisation durch Rationalisierung/Automatisierung, Einführung von Teamarbeit/Produktionsinseln verändert? Wie wirkte sich das auf die Beschäftigung aus?
- Welche Maßnahmen sind geplant?

- Welche Maßnahmen zum Arbeitsschutz/ Umweltschutz wurden durchgeführt?
- Welche Rückstände entstehen bei der Produktion?

Erkundung unter sozialem Aspekt

Beschäftigung/Entlohnung
- Wie viele Beschäftigte hat der Betrieb?
- Hat sich die Zahl verändert? Warum?
- Welchen Anteil haben gelernte und ungelernte Arbeitnehmer?
- Für welche Arbeiten werden diese eingesetzt?
- An welchen Arbeitsplätzen arbeiten Behinderte?
- Gibt es betriebliche Maßnahmen zur beruflichen Fortbildung?
- Wie hoch sind der Tariflohn, das Weihnachts- und Urlaubsgeld?
- Wird Gehalt, Stundenlohn oder Akkord gezahlt? Wird über Tarif gezahlt?
- Wie sind Arbeitszeit und Pausen geregelt?
- Wieviel Urlaub wird gewährt?

Für die Auswertung siehe auch die Stichwörter *Erkundung, Einzelhandel; Gruppenarbeit, Spielregeln; Gruppenbeziehungen, Beobachtungspunkte; Feedback, Regeln.*

Soziale Einrichtungen
- Gewährt der Betrieb Essenszuschüsse?
- Besteht eine Kantine? Welcher Anteil der Mitarbeiter nimmt sie in Anspruch?
- Welche weiteren sozialen Einrichtungen bestehen?

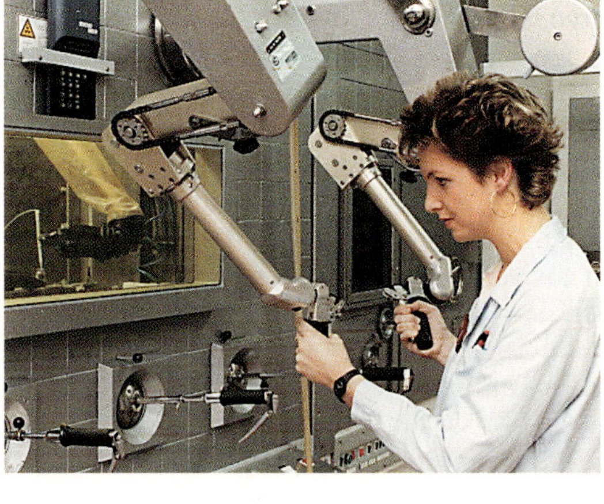

Robotertechnik im Umgang mit radioaktiv markierten Substanzen in einem radiochemischen Labor

Interessenvertretung
- Welcher Anteil der Arbeitnehmer gehört einer Gewerkschaft an?
- Gibt es einen Betriebsrat, eine Jugendvertretung? Wie sind sie zusammengesetzt? Sind die Mitglieder Gewerkschafter?
- Ist ein Mitglied des Betriebsrates für seine Aufgaben freigestellt?
- Wie arbeiten Betriebsrat und Betriebsleitung zusammen?
- Welche Betriebsvereinbarungen über betriebliche Sonderleistungen bestehen?
- Welche Probleme wurden in letzter Zeit behandelt?

Erkundung unter ökonomischem Aspekt

- Welche Überlegungen waren für die Standortwahl ausschlaggebend (z.B. Arbeitskräfte, Transportwege, Absatzmärkte)?
- Was bedeutet der Betrieb für die Stadt?
- Wie ist die Auftragslage?
- Gab es (einen Abbau von) Überstunden, Einstellungen, Kurzarbeit, Entlassungen?
- Welche Bedeutung haben Rohstoff- und Energiepreise?
- Wie hoch ist der Anteil der Arbeitskosten?
- Welche Hauptkonkurrenten gibt es?
- Welche Entwicklungen der Branche sind für die Zukunft von Bedeutung?
- Was plant der Betrieb, um weiter am Markt zu bestehen?

Organisatorische Aspekte

Planung
- Erkundungsschwerpunkt festlegen
- Betrieb auswählen
- Nach Vorbesprechung durch Lehrer bzw. Planungsgruppe im Betrieb besondere Kenntnisse über den Betrieb erarbeiten
- Zeit und Verkehrsmittel planen
- Ablauf des Erkundungsganges für Gruppen festlegen
- Erkundungsbogen und Beobachtungsaufgaben erarbeiten
- Interviewer, Protokollführer auswählen; Verhalten im Betrieb besprechen

Durchführung
- Einführung durch Betriebsangehörige
- Erkundungsgang vornehmen und Arbeitsaufträge erledigen
- Abschlußgespräch führen

Auswertung
- Ergebnisse in Gruppen aufbereiten
- Erfahrungen bewerten
- evtl. Mitschüler(innen) informieren
- Betrieb Rückmeldung geben

M3

Umverteilung fängt bei den Brötchen an

Von Vera Gaserow

Nee, das läßt Attila sich nicht nehmen. Wenn die „Mädels" auf dem Berliner Fruchthof anrücken, dann ist er mit seinem Gabelstapler zur Stelle: „Ehrensache!" Die „Mädels" sind reputierliche Damen und gehen stramm auf die Vierzig zu. Zweimal die Woche kramen sie zwischen den Obst- und Gemüsepaletten herum und ziehen, Attilas Gabelstapler sei Dank, vollbepackt mit Pfirsichen, Tomaten und Salatköpfen von dannen.

Zehn Minuten später öffnet sich die Sicherheitsschranke des Flughafens Tegel für den Lieferwagen der „Mädels". „Heute müßt ihr bestimmt zweimal kommen", grinst das Lufthansa-Küchenpersonal und öffnet triumphierend die schwere Kühlhaustür. Da quellen die belegten Brötchen schon aus den Kisten heraus. An die tausend werden es wohl sein, allesamt hygienisch sauber in Zellophan verschweißt, übriggeblieben vom Bordfrühstück der Fluggäste, normalerweise der Müllkippe geweiht.

Im Hotel „Interconti" ist vom vorabendlichen Bankett das halbe Sortiment eines Delikatessenladens stehengeblieben. In ein paar Stunden werden deshalb einige etwas abgerissen wirkende Menschen mit Heißhunger „Prager Schinken in Brotteig und zartgeräucherte Forellenfilets" verspeisen. Vorerst jedoch wird alles im weißen Kombi der „Mädels" verstaut. Der wird sich im Laufe des Tages rasch wieder leeren: zwei Paletten Obst für die Suppenküche des Pfarramts St. Marien, zehn Kisten mit belegten Brötchen für die 300 obdachlosen Gäste der „barmherzigen Schwestern der Mutter Theresa" im Kreuzberger Kloster, zwei Säcke Brot für die Nichtseßhaften-Mission am Hauptbahnhof, ein Stapel Extra-Klasse-Frühstück der Lufthansa für die Redaktion der Obdachlosenzeitung MOB.

Alltag einer bisher einmaligen Umverteilungsaktion in Deutschland, tägliche Notbremse gegen den ganz gewöhnlichen Skandal: Lebensmittel wandern jeden Tag tonnenweise auf den Müll. Gleichzeitig stehen landauf, landab Menschen in Suppenküchen nach Eßbarem an.

Das Frauenprojekt „Berliner Tafel" sammelt seit eineinhalb Jahren Lebensmittel bei denjenigen ein, die vor lauter Überfluß nicht wissen, wohin, und bringen sie zu denen, die nicht wissen, woher: Umverteilt werden Paletten mit Joghurtbechern, deren Verfallsdatum nahe ist, so daß sie aus den Regalen der Supermärkte fliegen, Obst und Gemüse, das nicht noch einen Tag länger gelagert werden könnte, Brötchen, die für verwöhnte Gaumen nicht mehr knusprig genug sind, und überzähliges Essen aus Kantinen.

Rund tausend Menschen versorgt die „Berliner Tafel" auf diese Weise jeden Tag – Menschen in Obdachloseneinrichtungen, Frauenhäusern, Suppenküchen oder Selbsthilfeprojekten von Aidskranken. „Und dabei", sagt Reina Mehnert, Präsidentin und Initiatorin der „Berliner Tafel", „sind wir doch eigentlich ein kleiner Popelverein."

Entstanden ist die „Berliner Tafel" aus der Initiativgruppe *Berliner Frauen e.V.*, in der sich anläßlich des Golfkrieges fünfzig Frauen aus unterschiedlichen gesellschaftlichen Kreisen zusammengeschlossen haben. Nach einem Vortrag der Berliner Sozialsenatorin Ingrid Stahmer über die wachsende Obdachlosigkeit in der Stadt überlegten die Frauen, wie sie helfen könnten: „Das vernünftigste wäre, Wohnungen zu besorgen", sagt Reina Mehnert, „aber das ist eine Nummer zu groß für uns."

Getragen wird die „Berliner Tafel" – Vorbild war das New Yorker Projekt „City Harvest" – von insgesamt zwölf ehrenamtlichen Helferinnen, nur eine Fahrerin ist festangestellt. Für Reina Mehnert und Sabine Werth ist dieses Engagement oftmals ein Fulltime-Job. Im Schnitt sind beide rund zwanzig Stunden in der Woche mit Koordination, Verwaltung und Auslieferung beschäftigt. Für den eigentlichen Beruf bleibt ihnen häufig nur in den Nachtstunden Zeit. Beide Frauen sind Unternehmerinnen, die eine, gelernte Sozialarbeiterin, betreibt einen privaten Familienpflegedienst, die andere managt einen eigenen Veranstaltungsservice.

Bei der Suche nach Sponsoren für die „Berliner Tafel" kamen Reina Mehnert und Sabine Werth schnell voran: der eine spendierte säckeweise Kartoffeln, der andere jede Menge Brötchen am Tag. Zwei Berliner Luxushotels kochten den Winter über sechzig Extraportionen, eine Haustechnikfirma stellte einen neuen Lieferwagen zur Verfügung, eine Hausverwaltung stiftete einen VW-Transporter. Zwanzig ständige und achtzig gelegentliche Sponsoren stehen inzwischen auf der Unterstützerliste, unter ihnen auch etliche Prominente. Ungezählte Hilfsangebote kommen von den Angestellten der Firmen. „Die sind immer froh, wenn wir kommen", meint Sabine Werth, „denn das tut doch jedem weh zu sehen, daß die Dinge auf den Müll wandern."

Die Zeit Nr. 31 vom 29.7.94

Mitarbeiterinnen der „Berliner Tafel" sortieren Obst und Gemüse auf dem Berliner Großmarkt

M4

Frauen lernen anders

Kaufentscheidungen – und was dahinter steckt

… wovon das Kaufverhalten abhängt.

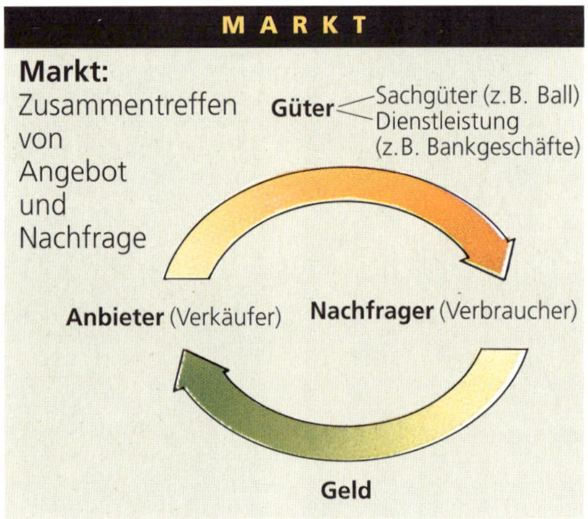

Nach dem **Marktmodell** ist der Markt ausgeglichen, wenn das Güterangebot (in DM) genau der kaufkräftigen Nachfrage der Verbraucherinnen (in DM) entspricht. Das ist der Idealfall. In der Wirklichkeit ist das nie der Fall. Unternehmen bieten Güter an, die die Verbraucherinnen nicht kaufen wollen. Verbraucherinnen wollen Güter kaufen, die von Unternehmen nicht angeboten werden bzw. nicht zu teuer sind.

Der Begriff des **Marktgleichgewichts**, d.h. des Ausgleichs von Angebot und Nachfrage, hat nichts mit dem Begriff der Gerechtigkeit zu tun. So kann z.B. der (Teil-)Markt für Schuhe, Reisen, Wohnen oder Autos ausgeglichen sein, obwohl für einen großen Teil der Verbraucherinnen ein Mangel besteht. Sie können sich notwendige Güter wegen ihres geringen Einkommens nicht kaufen.

Aufgaben

1 Stellt Gründe zusammen, die in den Fallbeispielen für die Kaufentscheidung besonders wichtig sind.

2 Beurteilt das Entscheidungsverhalten der Verbraucherinnen auf den Abbildungen.

3 Untersucht das eigene Kaufverhalten unter folgenden Aspekten:
- regelmäßige/einmalige Käufe
- Käufe mit hohem/niedrigem Risiko
- Änderung des Kaufwunsches nach Betreten des Geschäftes

4 Kennzeichnet die abgebildeten Märkte.

Supermarkt: Vorsicht, Käuferfallen!

... Verkaufsstrategien im Supermarkt zu erkennen.

... selbstbestimmtes Kaufverhalten einzuüben.

Strategien für selbstbestimmten Einkauf

- Was du bequem erreichen kannst, muß nicht das Beste und Günstigste sein.
- Wenn du nach einem bestimmten Gut greifst, nimm nicht auch, was dir sonst noch in den Blick fällt.
- Prüfe Sonderangebote. Laß dich nicht von großen Plakaten blenden. Preis und Qualität müssen nicht günstig sein.
- Bei verderblichen Waren kaufe nur Mengen, die du frisch verbrauchen kannst.
- Beachte an der Kasse deine Reaktionen auf Kaufanreize beim Warten.
- Plane deinen Einkauf so, daß du bestimmte Artikel nicht kaufen mußt, falls sie sehr teuer sind.

Aufgaben

1 Das Geschäft bietet große Einkaufswagen an. Sprecht über die Gründe.

2 Überlegt, warum Pyramiden oft im Weg stehen, Waren Henkel haben und Schilder vielfach handgeschrieben sind.

3 Im Regal befinden sich oft Grifflücken. Stellt Vermutungen an über deren Bedeutung.

4 Verkaufsstrateginnen haben festgestellt, daß rechts vom Kundenweg angeordnete Ware sich besser verkauft. Warum wird dort teure Ware plaziert, die nicht zum täglichen Bedarf gehört?

5 Denkt darüber nach, warum Ware in Schüttkörben sich oft besser verkaufen läßt als Ware im Regal.

6 Verkaufsstrateginnen haben herausgefunden, daß der gleiche Artikel in Augenhöhe 100mal, in Griffhöhe 70mal und in Kniehöhe 20mal gekauft wird.
Warum gehört der Artikel, nach dem sich die Kundin bückt, zum täglichen Bedarf bzw.
Warum hat er einen kleineren Preis?

7 Begründet, warum Musik gespielt wird und weshalb Produkte über Lautsprecher angeboten werden könnten.

8 Auf welche Angaben sollte bei Sonderangeboten für Frischprodukte, hier z. B. Joghurt, geachtet werden?

9 Sprecht darüber, warum eine Frau hier persönlich verkauft.

10 Überprüft, welche Art von Waren an den Kassen angeboten wird und warum man sie dort plaziert.

11 Sprecht über Willys Verhalten in der Karikatur.

12 Sprecht über die Strategien für selbstbestimmten Einkauf.

13 Sprecht darüber, warum manche Käuferinnen mehr als geplant kaufen.

14 Berichtet, ob ihr auch schon einmal Dinge gekauft habt, die ihr eigentlich nicht kaufen wolltet.

15 Beobachtet unauffällig das Kaufverhalten einer Kundin im Supermarkt.

Vorteile durch Preis- und Qualitätsvergleich

... wie man mit Hilfe der Zeitschrift „test" Preise und Qualität vergleicht.

... eine Markterkundung vorzubereiten, durchzuführen und auszuwerten.

... Interessen von Verbrauchern und Händlern zu vergleichen.

1. Sonja will einen CD-Player kaufen

Das könnte Sonja tun: eine Verbraucherberatungsstelle aufsuchen. Dort kann sie z.B. die Testergebnisse im ausführlichen Testbericht der Zeitschrift „**test**" nachlesen. Für die getesteten 22 Geräte in der Preisklasse von 299 bis 599 DM ist im folgenden eine Auswahl aufgelistet.
Im Test findet ihr auch Angaben zur Ausstattung und zu technischen Merkmalen, die nicht in die Bewertung eingehen.

test Tragbare CD-Player

	Aiwa XP-33	Sony D-220	Sony D-828 K	Philips AZ 6821	Sanyo CDP45A	Intersound CD400P	Quelle Universum
Tonqualität	gut	gut	gut	zufriedenst.	zufriedenst.	mangelhaft	mangelhaft
Technische Prüfung	gut	gut	gut	gut	gut	gut	zufriedenst.
Laufzeit/ Batteriekosten	gut	gut	zufriedenst.	zufriedenst.	mangelhaft	mangelhaft	gut
Fehlerkorrektur	zufriedenst.	zufriedenst.	zufriedenst.	gut	mangelhaft	sehr mangelhaft	zufriedenst.
Handhabung	zufriedenst.	gut	gut	zufriedenst.	zufriedenst.	zufriedenst.	zufriedenst.
test Qualitätsurteil	GUT	GUT	GUT	ZUFRIEDENST.	ZUFRIEDENST.	MANGELHAFT	MANGELHAFT
Preis in DM ca.	299,–	369,–	550,–	259,–	199,–	199,–	gut

Bewertet wurden im einzelnen:
Tonqualität:
Signal/ Rauschabstand am Kopfhörerausgang; Signal/ Rauschabstand am Verstärkerausgang; Dynamikbereich; Klirrfaktor; Frequenzgang; Hörtest.
Technische Prüfung:
Mittlere Zugriffszeit; Ausgangsspannung am Verstärkerausgang; Innenwiderstand am Verstärkerausgang; Mechanischer Aufbau; Abstrahlverhalten der Kopfhörer nach außen; Laufgeräusche
Laufzeit/Batteriekosten:
Batteriebetrieb: Laufzeit/Kosten pro h ohne elektronische Stoßkompensation; Laufzeit/Kosten pro h mit elektronischer Stoßkompensation;
Akkubetrieb: Laufzeit ohne elektronische Stoßkompensation; Laufzeit mit elektronischer Stoßkompensation;
Fehlerkorrektur:
Wiedergabe fehlerhafter Platten;
Betrieb beim Gehen und Laufen: ohne elektronische Stoßkompensation; mit elektronischer Stoßkompensation;
Handhabung:
Gebrauchsanleitung; Platte einlegen und entnehmen; Grundfunktionen; Bedienungselemente; Anzeige(n); Fernbedienung; Sitz des Kopfhörers

test Heft 1, 1995

STIFTUNG WARENTEST
test
Die Zeitschrift für den Verbraucher
- prüft Waren und Dienstleistungen kritisch und neutral
- vergleicht Preise und bringt Übersichten über das Marktangebot
- gibt Ratschläge und Tips für den Einkauf
- warnt vor unseriösen Verkaufspraktiken

Jährlich werden in „**test**" mehr als 110 Warentests, zahlreiche Dienstleistungsuntersuchungen, Reports in den Bereichen Umwelt, Gesundheit und Ernährung sowie viele nützliche Verbraucherinformationen veröffentlicht.

Monatlicher Verkauf 1996
ca. 1 Mio. Hefte
und viele Sonderpublikationen.

Aufgaben

1 Sonja liest zuerst den Test. Danach fällt ihr ein, daß ihre Freundin Theres sich vor ein paar Wochen bei Hifi-Schneider einen Radiorecorder gekauft hat. Von der guten Beratung und Bedienung war Theres sehr überzeugt. Daraufhin entschied sich Sonja, den gleichen zu kaufen.
Vergleicht das Verhalten der Freundinnen.

2 Welches Gerät würdet ihr Sonja nach dem „test" empfehlen. Begründet eure Entscheidung.

3 Fragt eure Eltern, wie sie eine größere Entscheidung vorbereiten.

4 Erörtert die Bedeutung kritischer und neutraler Verbraucherinformation.

2. Vorschläge für eine Markterkundung

Sonja kann sich aufgrund des „test“ nicht entscheiden. Deshalb will sie sich im Fachhandel beraten lassen und die Preise vergleichen. Solch eine Markterkundung kostet Zeit, kann aber Geld und Ärger ersparen.
Ihr könnt euch in Sonjas Situation versetzen und eine solche Erkundung vorbereiten, durchführen und auswerten.

Beachtet noch folgendes

- Neuesten „test“ lesen (viele Schulen beziehen „test“). Vorauswahl der Marken treffen, die erkundet werden sollen.
- Erkundungsschwerpunkte setzen (z. B. Ausstattung der Geräte, technische Begriffe, Preis, Einschätzung der Qualität durch Verkäufer, Kundendienst).

BEISPIEL FÜR EINEN ERKUNDUNGSBOGEN

Marke	besondere Ausstattung	Empfehlung Verkäufer	Preis	Kundendienst	
				ja	nein

- Bei der Erkundung evtl. Prospekt- und Werbematerial zu den Geräten besorgen.
- Auswertung vorbereiten (Gesamtübersicht über die Ergebnisse der Erkundungsgruppen zu den einzelnen Marken anfertigen).
- Preise mit „mittlerem Preis“ in „test“ vergleichen (prüfen, ob die Verbraucherberatungsstelle einen örtlichen Preisvergleich durchgeführt hat).
- Verkäuferempfehlungen mit Testergebnis vergleichen.
- Ggf. Informationen in Werbebroschüren auswerten und mit „test“ vergleichen.
- Bedeutung neutraler Verbraucherinformation für Verbraucherinnen bewerten.
- Wichtige Produktinformationen und Marktübersicht für Mitschülerinnen vorbereiten.

Was ihr noch tun könnt

- Eigenen CD-Player testen. (Oft sind getestete Geräte nicht mehr im Handel.)
- die „test“ testen, z. B.:
  - Enthält „test“ Werbung?
  - Sind Tests für Schülerinnen „lesbar“?
  - Welche Produkte sollten noch getestet werden?
- Ausstellung der Ergebnise für alle Schülerinnen der Schule vorbereiten und durchführen.

3. Interessengegensätze am Markt

Sonja will im Geschäft „Hifi-Klang“ den tragbaren CD-Player Aiwa XP-33 kaufen. Sonja und der Verkäufer haben unterschiedliche Interessen:

So könnte es weitergehen

- Herr Klang betrachtet den Preis von 299 DM als fest.
  - Sonja überdenkt noch einmal ihre Preisvorstellung. Sie kauft für 299 DM.
  - Sonja kauft nicht bei Klang. Sie erkundet in weiteren Geschäften und kauft das Gerät bei Radio-Dautel für 289 DM.
- Herr Klang zögert beim Preis.
  - Sonja verhandelt mit Herrn Klang.
  - Beide einigen sich auf 290 DM.

Die Interessen von *Käufer* & *Händler*

Interessen des Käufers (Nachfragers):	Interessen des Herstellers (Anbieters):
• niedriger Verkaufspreis • gute Qualität • lange Gewährleistung (Garantie) • guter Kundendienst • Zufriedenheit mit dem Kauf	• hoher Verkaufspreis • hoher Gewinn • guter Absatz • geringe Kosten durch Gewährleistung und Kundendienst • Arbeitsfreude • zufriedene Kunden

Aufgaben

1 Sprecht über die genannten Interessen von Käufern und Händlern und ergänzt diese.

2 Nennt Güter, deren Preis in der Regel fest/nicht fest ist. Erörtert Gründe.

3 Sprecht mit euren Eltern über Erfahrungen beim Verhandeln über den Preis.

4 Berichtet über einen Kauf, den ihr allein mit eurem ersparten Geld getätigt habt. Was waren eure Interessen? Konntet ihr diese durchsetzen?

4. Methode: Befragungstechniken

Es gibt verschiedene Befragungsmethoden mit unterschiedlichen Zielsetzungen. Zu unterscheiden sind u. a.:
Einzelinterview, Gruppeninterview, strukturiertes und offenes Interview, offene und geschlossene schriftliche Befragung.
Bei einem **strukturierten Interview** überlegt sich die Interviewerin vorher genau, welche Gesichtspunkte sie ansprechen will. Für spontane Einfälle bleibt kein Raum. Die Befragte soll zielstrebig auf das eingehen, was die Befragerin wissen will. Bei einem **offenen Interview** läßt sich die Interviewerin von den Einfällen der Befragten leiten. Es kommt darauf an, herauszufinden, was die andere fühlt und denkt. Eigene Vorstellungen muß die Interviewerin zurückstellen.
Eine Mischform ist das teilstrukturierte Interview.

Quelle: Öko-Test Mai 1994, S. 52–56 (Auszug)

ÖKOLABEL AUF DEM PRÜFSTAND

		Was wird ausgezeichnet?	Wichtigste Anforderungen	Einschätzung
Empfehlenswert				
Eco Cotton	Hennes + Mauritz	Bekleidung	Alle Kleidungsstücke bestehen aus kontrolliert organisch angebauter Baumwolle. Chemische Mittel werden nicht eingesetzt. Kleidungsstücke sind ungefärbt und nur mit Wasser und Seife gewaschen.	Anerkennenswert hoher Anspruch
Eingeschränkt empfehlenswert				
Green cotton	Novotex	Bekleidung	Baumwolle wird ohne chemische Entlaubungsmittel geerntet, umweltfreundliches Färbeverfahren, chlorfreie Bleiche.	Nur ein Teil der Baumwolle kommt aus biologischem Anbau, beim Rest können Pestizide verwendet werden. Auf Pestizidrückstände wird nicht ständig kontrolliert.
Weniger empfehlenswert				
Future Collection	Otto	Textilien aus Naturfasern	Öko-Tex Standard 100 und zusätzlich Verzicht auf optische Aufheller und Chlorbleiche.	Verbesserter Öko-Tex Standard 100.
Nature Calling	Hennes + Mauritz	Bekleidung	Nur natürliche Materialien, Baumwolle „mit geringem Einsatz an Chemikalien“ angebaut und ohne Chemieeinsatz geerntet. Kleidung nicht gebleicht und umweltfreundlich gefärbt. Keine Verwendung von Chlor, Nickel, Chrom, PCP, Formaldehyd.	Gute Ansätze, die Kriterien sind jedoch etwas vage und weniger anspruchsvoll wie die von Eco Cotton aus demselben Haus.
Nicht empfehlenswert				
MST Markenzeichen schadstoffgeprüfte Textilien	Verein für verbraucher- und umweltfreundliche Textilien	Bekleidung	Keine krebserregende Farben, Kontrolle von Schwermetallen und Pestiziden.	Reine Schadstoffprüfung des fertigen Produkts, Chemiefasern werden nicht problematisiert. Baumwolle kann mit Pestiziden angebaut werden.

Beispiele für strukturierte Interviews

Die Gruppe „Umwelt und Verbrauch“ befragt Herrn Anger am 15. März in der Fußgängerzone:

I: „Dürfen wir Ihnen ein paar Fragen zum Einkauf stellen?“
A: „Wenn's nicht zu lange dauert, gerne.“
I: „Sie kommen gerade aus dem Textilhaus Reuter. Haben Sie Kleidung gekauft?“
A: „Ja, ein Hemd und Sweat-Shirt.“
I: „Worauf achten Sie beim Einkauf?“
A: „Ich achte darauf, daß die Kleidung modisch und zu einem hohen Anteil aus Naturfasern besteht, z. B. Baumwolle.“
I: „Baumwolle ist aber zum Teil sehr stark behandelt.“
A: „Da haben Sie recht. Ich vermeide es, solche Ware zu kaufen. Das ist nicht gut für meine Haut und die Umwelt.“
I: „Wie erkennen Sie unbelastete Ware ?“
A: „Ja, ...das ist nicht so einfach.“
I: „Kennen Sie diese Ökolabel für Textilien?“
A: „Nein, noch nie gesehen. Zeigen sie mal her, interessiert mich! Empfehlen Sie Kleidung mit diesen Labels?“
I: „Das kommt darauf an. Leider ist die Kennzeichnung zum Teil ungenau. Ein Öko-Institut hat das näher geprüft. Vergleichen Sie z. B. mal Eco Cotton und Nature Calling.“
A: „Das ist ja interessant. Kann ich den Zettel behalten? Ihre Informationen sind gut. Da hat sich das Warten gelohnt.“
I: „Dürfen wir Ihnen diesen Zettel über unsere Organisation geben? Vielleicht haben Sie Lust, uns zu unterstützen?“
A: „Mal sehen, danke!“

Das Marketing-Institut Novolux befragt Herrn Reder am 15. März in der Fußgängerzone:

I: „Dürfen wir Ihnen einige Fragen zum Einkauf stellen?“
R: „Bitte, aber nicht zu lange.“
I: „Gehen Sie gerne in der City einkaufen?“
R: „Ja, ich treffe da immer nette Leute.“
I: „Sie kommen gerade von Reuter. Haben Sie dort Textilien gekauft?“
R: „Ja, eine Hose und ein Hemd.“
I: „Was ist Ihnen beim Einkauf wichtig?“
R: „Der Preis und die Modefarbe.“
I: „Haben Sie auf Waren der Firma ‚Clat‘ geachtet? Die haben jetzt das neue Sortiment ‚Hemd 2000 preiswert und modisch‘ herausgegeben.“
R: „Ist ja interessant. Hab ich nicht drauf geachtet. Ich kaufe meistens Hemden von ‚Rubilex‘.“

I: „Hier haben Sie einen Zettel mit Informationen über die Qualität des neuen Sortiments. Betont sportlich für den modernen Mann."
A: „Danke, werde ich mir ansehen. Für gute Informationen bin ich immer zu haben."
I: „Darf ich Ihre Adresse notieren? Sie können dann an einem Gewinnspiel teilnehmen und einen Gutschein für ‚Clat-Textilien' im Wert von DM 200 gewinnen."
A: „Gerne, ich schreibe sie auf."
I: „Ich hoffe, Sie haben Glück. Tschüs!"

Die Gruppe „Umwelt und Verbrauch" hatte sich für das Interview folgende Gesichtspunkte notiert:
- zentrale Gesichtspunkte beim Einkauf von Textilien
- ökologische Gesichtspunkte
- Kenntnis von Ökolabeln
- Informationen über die Aussagefähigkeit der Ökolabel
- Infozettel über Ökolabel austeilen
- Unterstützung der Gruppe ansprechen

Schriftliche Befragung

Für eine schriftliche Befragung wird oft ein Fragebogen entwickelt, den ausgewählte Personen anonym (ohne Nennung des Namens) beantworten. Durch diese Befragungstechnik ist es möglich, die **Meinung vieler Menschen** zu bestimmten Problemen herauszufinden. Bei sogenannten repräsentativen Befragung kommt es darauf an, daß die Auswahl der befragten Personen nicht einseitig erfolgt, sondern die Gesellschaft oder eine Teilgruppe angemessen widerspiegelt.
Beispiel: Wenn ich die Meinung von Schülerinnen und Schülern einer Schule befragen will, ist es z. B. wichtig, darauf zu achten, daß die verschiedenen Klassenstufen, Kurssysteme, Mädchen und Jungen berücksichtigt sind. Soll die Meinung von Schülerinnen und Schülern einer großen Stadt erhoben werden, müssen nicht alle Schulen befragt werden, sondern einer Auswahl von repräsentativen Schulen. Bei der Auswahl muß ich darauf achten, daß die Schulen die Struktur der Gemeinde und des Schulsystems widerspiegeln, z. B. Schulstufen, Schulformen, verschiedene Stadtviertel.
Zu unterscheiden sind **offene und geschlossene Fragen**.
Bei geschlossenen Fragen wird nur angekreuzt oder markiert, bei offenen Fragen müssen die Interviewten die Antwort selbst formulieren. Geschlossene Fragen sind leichter und schneller auszuwerten, bei offenen Fragen können eher die Gründe für bestimmte Meinungen festgestellt werden.
Bei vielschichtigen Problemen hat vor allem das Interview den Vorteil, die Beweggründe des Handelns und der Bewertungen näher zu erfassen. Eine Kombination beider Befragungstechniken kann vorteilhaft sein.

Fragebogen zum Thema Geld und Geschlecht

Eine 8. Klasse wollte herausfinden, ob Mädchen und Jungen verschiedene Meinungen zum Thema Geld haben.
Nachdem alle Schülerinnen und Schüler einen Fragebogen, den die Lehrerin entwickelt hatte, anonym ausgefüllt hatten, wurde das Ergebnis aufgelistet. Es gab viel Erstaunen und eine heiße Diskussion.
Füllt den Fragebogen aus, und sprecht über das Ergebnis. Überlegt, ob das Ergebnis bei den einzelnen Aspekten (Fachwort: Items) eindeutig ist. Braucht ihr evtl. eine weiterführende Befragung, z. B. ein offenes Interview?
Überlegt, wo ihr weitere Informationen haben möchtet.

FRAGEBOGEN: GELD UND GESCHLECHT

Sind die mit „A" bis „S" bezeichneten Personen Mann oder Frau? Kreuze bitte an.

Bist du ein ○ Mädchen oder ○ Junge?	Frau	Mann	weiß nicht
A plant das Haushaltsgeld sorgfältig	○	○	○
B hält Liebe für wichtiger als Geld	○	○	○
C ist es peinlich, viel zu verdienen	○	○	○
D hat ihren/seinen Lottogewinn rasch verpraßt	○	○	○
E will nichts mit dreckigem Geld zu tun haben	○	○	○
F Geld macht ihn/sie richtig sexy	○	○	○
G ist zu vernünftig, um das „Geld auf den Kopp zu hauen"	○	○	○
H versteht es, allen das Geld mit Charme aus der Tasche zu ziehen	○	○	○
K legt sein/ihr Vermögen in Aktien an	○	○	○
L wählt nur sichere Geldanlagen	○	○	○
M brüstet sich gerne mit ihrem/seinem hohen Einkommen	○	○	○
O kennt nur eines: Geld und Macht	○	○	○
P arbeitet aus Liebe und nicht für Geld	○	○	○
R liebt schnelle, riskante Geldgeschäfte	○	○	○
S hat Gewissensbisse, wenn er/sie sich etwas Teures leistet	○	○	○

Aufgaben

1 Überprüft, ob die Gruppe „Umwelt und Verbrauch" alles abgefragt hat, was sie wollte.

2 Welche Gesichtspunkte hatte sich wohl das Marketing-Institut Novolux notiert?

3 Informiert euch bei der Verbraucherberatungsstelle oder im Ökotest-Magazin über Ökolabels für Textilien.

4 Überlegt, ob ihr eine schriftliche Befragung an der Schule durchführen möchtet. Bedenkt auch, wie sie ausgewertet werden soll.

Hilfen für Verbraucher

... bei welchen Fragen die Verbraucherberatungsstelle hilft.

... daß der Verbraucher geschützt werden muß.

Kostenlose Standardangebote der Verbraucherberatungsstellen:

Rechtsberatung in Fragen des Verbraucherrechts

Produktberatung

Energieberatung

Umweltberatung

Ernährungsberatung

In einigen Städten bietet die Verbraucherberatungsstelle **zusätzliche entgeltliche Beratungsbereiche** (Küchen- und Wohnberatung ...) an. Reklamationen werden gegen Aufwendungsersatz bearbeitet.

1. Verbraucherinformation und -beratung

In den vorhergehenden Kapiteln konntet ihr bereits an Beispielen erfahren, welche Hilfen ihr durch die Verbraucherberatungsstellen beim Preis- und Qualitätsvergleich bekommt. Auch in den beiden nebenstehenden Fällen hilft die Verbraucherberatungsstelle mit Informationsbroschüren oder einem persönlichen Beratungsgespräch.

Fall 1

Fall 2

Manfred und Gisela haben endlich eine kleine Wohnung gefunden und überlegen, wie sie sich einrichten sollen. Zuerst schauen sie viele Möbelprospekte durch und besuchen dann mehrere Einrichtungshäuser. Doch sie kommen zu keinem gemeinsamen Schluß, da sie die Vielfalt der Angebote verwirrt und sie bei manchen Fragen unterschiedlicher Meinung sind. Worauf müssen sie achten, um sich zweckmäßig, praktisch, sicher, kostengünstig und dabei auch gemütlich einzurichten?

Verbraucher-Zentrale NRW kritisiert:

Handel bietet zu wenige Produkte aus der Region

Ob Kartoffeln oder Küchen – der Kauf von Produkten aus der näheren Umgebung reduziert umweltschädlichen Transport. Damit die „regionale Vermarktung" in Schwung kommt, fordert die Verbraucher-Zentrale NRW den Handel jetzt auf, mehr Erzeugnisse von nebenan ins Sortiment aufzunehmen und die Herkunft präzise zu deklarieren.
(...)
Denn bislang plazieren vor allem die zehn größten Handelsketten der Republik, mit einem Marktanteil von 50 Prozent, fast nur noch Waren in ihren Filialen, die sie en gros und damit zu günstigsten Konditionen einkaufen und bundesweit vertreiben.
(...) Der Professor für Landbau Hans-Ulrich Hensche von der Universität-Gesamthochschule Paderborn beobachtet „ein beachtliches Beharrungspotential" des Handels für eine standardisierte und zentrale Beschaffung auch verzehrfertiger Lebensmittel. Erdbeeren sollen das ganze Jahr angeboten werden. So kommen die Früchte aufgrund langfristiger Verträge auch während der Saison hierzulande oft aus Italien oder Spanien.
Blumen werden aus Kolumbien, Trauben aus Südafrika, Steaks aus der Pampa eingeflogen. Aus dem Allgäu karren Spediteure Fleisch in nord- und westdeutsche Märkte, auch wenn auf Münsterländer und Holsteiner Weiden schlachtreife Rindviecher grasen. (...)

Kleinere Anbieter von Säften wie von verzehrfertigen Lebensmitteln haben da kaum eine Chance. Sie drehen oft mit Verkaufswagen ihre Runden, stehen auf Wochenmärkten oder kommen direkt zum Endverbraucher. Landwirte organisieren Gemüseabos. Der Konsument ordert seine monatliche Überraschungskiste. Der Bauer füllt sie mit Gemüse und Obst je nach Saison, im Herbst mit Möhren, Kartoffeln und Pflaumen, winters mit viel Kohl, und karrt die Wunderkiste zum Kunden. Sogenannte Food-Kooperativen – mal zehn Nachbarn, mal hundert Haushalte – kaufen in großen Mengen meist bei nahen Biobauern und in Bäckereien und verteilen die Lebensmittel in Eigenregie.
(...)
Dennoch ist die gezielte Vermarktung von Produkten aus einer Region in der Region bisher die Ausnahme. Und solange Transportkosten als betriebswirtschaftliche Größe so wenig ins Gewicht fallen wie heute, „wird sich daran auch kaum was ändern", meint Friederike Farsen, Umweltfachfrau der Verbraucher-Zentrale NRW. (...)

Verbraucher aktuell März 1996

Beispiele aus dem Ratgeberangebot der Verbraucher-Zentrale

2. Erkundung einer Verbraucherberatungsstelle

Wenn ihr mit eurer Klasse die Verbraucherberatungsstelle erkunden wollt, müßt ihr sorgfältig planen.
Es ist sinnvoll, **Schwerpunkte** zu setzen und die Erkundung in **Gruppen vorzubereiten**.
- Frühzeitig Termin und Dauer vereinbaren.
- Erkundungsschwerpunkt und geplanten Verlauf abstimmen.
- Überlegungen schriftlich festhalten.

Aufgaben

1 Erörtert, was die Ernährungsberaterin raten würde.

2 Wo können Manfred und Gisela Rat suchen?

3 Erkundigt euch nach Anschrift, Telefonnummer und Öffnungszeiten der nächstgelegenen Verbraucherberatungsstelle.

4 Lest den Text aus „Verbraucher aktuell". Erörtert die Bedeutung solcher Informationen für den Verbraucher.

5 Sprecht mit euren Eltern darüber, bei welchen Problemen sie die Verbraucherberatung in Anspruch genommen haben.

6 Ruft den automatischen Fernsprech-Ansagedienst der Verbraucher-Zentrale an. Sprecht über deren Verbraucher- und Einkaufstips.

7 Kontrolliert Radio- und Fernsehprogramme auf Verbraucherthemen. Prüft dazu Programmzeitschriften.

8 Schlagt im Anschriftenverzeichnis dieses Buches nach, wo sich der Verbraucher noch informieren kann.

Eine wichtige Informationsquelle, einzusehen in jeder Verbraucherberatungsstelle, test – Zeitschrift der Stiftung Warentest – unabhängig, verbraucherorientiert

Beispiel für einen Erkundungsschwerpunkt: Güterinformation und -beratung

Vorbereitung
- Legt fest, für welche Kaufentscheidung ihr Informationen wünscht.
- Fertigt dazu einen Erkundungsbogen an.

Durchführung
- Bittet darum, euch in die Nutzung der in der Verbraucherberatungsstelle vorhandenen Informationen einzuführen.
- Tragt die Ergebnisse in euren Erkundungsbogen ein.
- Stellt Fragen, wenn nicht alle Informationen vorliegen.
- Erarbeitet, zu welchen weiteren Gütergruppen ihr Informationen erhalten könnt.

Auswertung
- Konntet ihr euch ausreichend informieren?
- Zu welchen Produktgruppen lagen viele/wenige/keine Informationen vor?
- Welche Gründe könnte das haben?
- Beurteilt die Qualität des Informationsmaterials.
- Faßt eure Ergebnisse schriftlich zusammen.
- Tragt die Gruppenergebnisse in der Klasse vor und sprecht darüber.
- Entwerft ein **Informationsblatt für eure Mitschüler** und **Eltern.**
- Sprecht mit euren Mitschülern und Eltern über eure Erfahrungen.

Werbung – Informieren oder Verführen?

... wie die Werbung Gefühle und Gedanken beeinflußt.

... wie man sich dem Einfluß der Werbung entziehen kann.

... mit welchen Mitteln heute geworben wird.

... Werbefernsehen zu problematisieren.

Siehe auch Stichwörter *Absatzpolitik, Marketing*

1. Werbestrategien

Die Verhaltenswissenschaften untersuchen, wie man Menschen beeinflussen, überzeugen, prägen und erziehen kann. Diese Erkenntnisse nutzt die Werbewirtschaft. Sie setzt bestimmte Werbetechniken zur Erreichung ihrer Werbeziele ein.
Bei den vielfältigen Werbemaßnahmen werden wenige Grundmuster benutzt, z. B.

- die Wirkung bestimmter Farben auf das Verhalten;
- das Wecken von Aufmerksamkeit durch spezielle Musikuntermalung.

Beeinflussung der Gefühle

Der Kauf von Produkten hängt oft davon ab, welches Gefühl wir damit verbinden.
Die Werbung will deshalb angenehme Gefühle in Verbindung mit bestimmten Gütern erzeugen.
Folgende Gefühlsbereiche werden oft angesprochen:

- Liebe, Sexualität
- Genuß, z.B. beim Essen und Trinken
- Glück und Anerkennung, z.B. in der Familie
- Naturerlebnisse
- Angst und Unsicherheit

Wir brauchen die Zugehörigkeit zu Gruppen. Von diesen möchten wir anerkannt werden. In der Gruppe erwarten Freunde und Spielgefährten ein bestimmtes Verhalten. Vielfach sind wir bereit, uns den Erwartungen anzupassen, weil wir nur dann die gewünschte Anerkennung erhalten. Oft sind Gruppenführer Meinungsführer. Auch Stars wirken so.

Beeinflussung der Gedanken

Viele Verbraucher schließen vom Namen eines Produkts oder von der Produktmarke auf die Eigenschaften und den Gebrauchswert. So heißt z.B. ein Weichspüler „Kuschelweich".
Die Werbung bevorzugt Eigenschaftswörter mit starker Wertung, z. B. „herzhafter Käse". Auch ein positives Image hilft verkaufen, z.B. „vitaminreich". Die Werbeveranstalter berücksichtigen auch Wertvorstellungen der Zielgruppe, z.B. bei Bezeichnungen wie „umweltfreundlich".

Oft werden Fortschritt und Veränderung betont, z.B. „Technik von morgen für dynamische Menschen von heute". Wichtig ist auch der Unterhaltungswert, z. B. Wortspiele, technische Effekte, Starauftritte.
Werbende nutzen viele Tricks, z. B.:

Übertreibungen
„superfrische Eier",
„vollmundige Frische".

Hervorhebungen
„Deutschlands beliebtester Käse",
„international anerkannt".

Vergleichsformen
„Liebevoller kann man nicht schenken",
„keiner mundet herzhafter".

Marketing für Kinder

...ständig werden neue Marketingformen geschaffen, die sich unauffällig als Teil der sozialen und kulturellen Umwelt von Kindern darbieten. Werbemanager haben erkannt, daß man die Kinder da erreichen muß, wo sie sich aufhalten. Unter dem Vorwand einer „guten Sache" verschaffen sich verschiedenste Branchen in Bildungseinrichtungen Zutritt: Von Produkttests über Wettbewerbe bis zu Promotionveranstaltungen reicht das Repertoire:
McDonald's Clown Ronald führt verschiedene pädagogische Unterhaltungsshows im Kindergarten auf. Coca Cola hat eigens für Schulen PR-Aktivitäten entwickelt, die vorgeben, die Kommunikation zwischen Schülern, Schule und Eltern zu verbessern. Unter dem Banner „Cok'n talk" wurde z. B. an einer Schule ein Anti-Drogen-Tag durchgeführt, mit zahlreichen Experten und dem TV-Moderator Harald Schmidt.
Weil bei den vertrauensbildenden Maßnahmen meist keine direkte Produktwerbung erfolgt, entsteht der Eindruck, daß die anbietende Wirtschaft nur ein pädagogisch wichtiges Anliegen vertritt.

Verbraucher Rundschau 1–2/1996, S. 16, 17

Aufgaben

1 Untersucht die Werbeabbildungen. Folgende Fragen können euch helfen:
- Welche Gefühle werden angesprochen?
- Um welche Zielgruppe geht es?
- Welche Informationen erfolgen zum Produkt? Welche sind für Verbraucher wichtig, welche unwichtig und welche fehlen?
- Welche Gruppenerlebnisse werden angesprochen?
- Ist die Gruppe für euch attraktiv?
- Wie wirkt die Starwerbung auf euch?
- Wie bewertet ihr die Werbung?

2 Sammelt Werbeabbildungen, die Gefühle ansprechen. Um welche Gefühle geht es?

3 Nennt Stars und Produkte, für die sie werben. Wovon geht die Werbewirkung aus?

4 Wählt Werbebeispiele aus, die
- von der Marke Schlüsse auf Eigenschaften des Produkts nahelegen,
- bewertende Eigenschaftswörter verwenden,
- Wertvorstellungen ansprechen,
- Übertreibungen erkennen lassen,
- einen Vergleich vornehmen.

5 Sprecht über Marketing für Kinder mit der „guten Sache".

6 Was haltet ihr davon, wenn
- Fußballvereine die Namen ihrer Sponsoren tragen?
- Konsalik in seinen neuen Roman Werbespots einbaut?
- private Rundfunk- und Fernsehsender von der Werbung leben?

7 Sprecht an einem Beispiel über das Schaubild zu den Stufen der Werbewirkung.

8 Wie kann man sich vor Nachteilen der Wirkung der Werbung schützen?

2. Werbefernsehen = Kinderprogramm?

Werbefernsehkosten pro 30 Sekunden 1994:
Der Einschaltpreis ist abhängig vom Sender und der Einschaltquote. Beispiel RTL: 20000 DM bei 1,42 Mio. Zuschauern. Die Produktionskosten liegen zwischen 50000 und 150000 DM.

nach: Deutscher Sparkassenverlag: Werbung, Stuttgart 1995, S. 16

Durch Verkabelung und über Satellit können wir viele verschiedene Programme empfangen. Der Fernsehkonsum von Kindern ist groß. Besonders zur Hauptfernsehzeit zwischen 18 und 20 Uhr, wenn viele Werbesendungen laufen, vermischt mit Mini-Serien, Action und Abenteuer. Aber Werbung wird auch beim Abendprogramm massiv in Filme eingestreut.

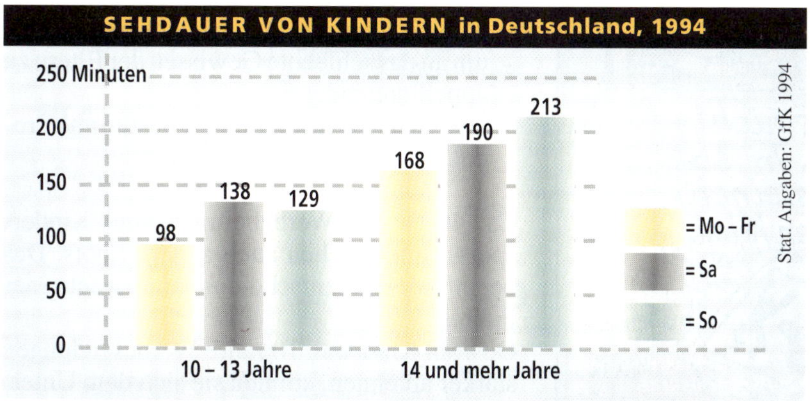

Stat. Angaben: LfR 1994

Einstellung befragter Eltern
- 6 % diskutieren Werbespots mit ihren Kindern
- 54 % geben an, ab und zu mit ihren Kindern über Fernsehwerbung zu reden
- 35 % reden nie mit ihrem Kind über Fernsehwerbung
- 8 % sind gegen eine Reglementierung der Werbung
- 71 % sprechen sich für eine starke Kontrolle der Fernsehwerbung aus
- 12 % fordern ein generelles Verbot der Werbung für Kinder

Verband Privater Rundfunk- und Telekommunikation: Werbeakzeptanz in Deutschland, Bonn 1995

Freiwillige Verhaltensregeln der Werbetreibenden für die Werbung mit und vor Kindern im Werbefunk und Werbefernsehen
(Fassung von 1992, Auszug)
- Keine direkten Aufforderungen zu Kauf oder Konsum,
- Kinder sollen nicht angeregt werden, andere zum Kauf zu veranlassen,
- Werbung soll nicht besonderes Vertrauen ausnutzen, das Kinder zu bestimmten Personen haben,
- Preisausschreiben, Verlosungen sollen nicht irreführen bzw. Spielleidenschaft ausnutzen.

Zentralausschuß der Werbewirtschaft: Kinder, Kinder. Über das Unbehagen der Werbung, Bonn 1994, S. 40, 41

Werbung braucht Grenzen

... wie Verbraucher gegen irreführende Werbung geschützt sind.

... wie Verbraucher ihre Interessen gegen Verkaufspraktiken der Anbieter wahrnehmen können.

1. Werberecht und Verbraucherinteressen

Abmahnreif, weil keinerlei Begründung für „ökologisch und umweltschonend produziert".

Stiftung Verbraucherinstitut: Umweltbezogene Werbung, Berlin 1995, S.54

Wer wirbt, muß bestimmte **Regeln** einhalten. Er darf Werbebilder, Rundfunk- und Fernsehspots, aber auch sonstige Absatzstrategien nicht beliebig gestalten.

Damit soll **Irreführung** und **Benachteiligung** der Verbraucher verhindert werden.

Wichtig ist auch, daß durch Werbung nicht der Wettbewerb der Anbieter untereinander verfälscht wird.

Nach dem **Gesetz gegen unlauteren Wettbewerb** und dem **Lebensmittelgesetz** ist irreführende Werbung verboten.

Bei Lebensmitteln gilt gesetzlich als **Irreführung**, wenn falsche oder nicht beweisbare Behauptungen über Wirkungen, Eigenschaften, Gebrauchswert usw. aufgestellt worden sind.

Gerichte stellten fest, daß in folgenden Fällen **keine Irreführung** vorliegt:

- Werbung darf einen „marktschreierischen Charakter" haben. Der Verbraucher muß in Kauf nehmen, daß mit Werbeaussagen **Übertreibungen** verbunden sein können.
- Werbung darf weniger auf den Gebrauchswert als auf den Zusatznutzen (Genuß, Prestige, Zufriedenheit) zielen.
- **Verschweigen** gilt nicht als Irreführung. So darf z. B. die bei Lebensmitteln bedeutsame Kennzeichnung von verpackter Ware (Zutatenliste, Mindesthaltbarkeit) in den Werbetexten fehlen.

Die Werbewirtschaft will schärfere Gesetze verhindern. Sie hat freiwillige Selbstbeschränkungen untereinander vereinbart. Diese kontrolliert der Deutsche Werberat, ein Verband der Werbewirtschaft.

Die **Verbraucherverbände** fordern, daß das Werberecht Verbraucherinteressen stärker berücksichtigt. Besonders wichtig bei Werbemaßnahmen ist für sie:

- Festlegung genauerer Kriterien für den Tatbestand der Irreführung
- Rücktritt vom Kauf und Anspruch auf Schadenersatz bei Irreführung
- Verbot der Werbung für Arzneimittel
- Verbot der Werbung für Alkohol
- Erweiterung der Informationspflicht über wichtige Produkteigenschaften

Verbraucher können sich direkt oder über die Verbraucherberatungsstellen an den Verein zum Schutz gegen den unlauteren Wettbewerb **(Verbraucherschutzverein)** wenden, wenn sie glauben, daß eine **Werbung gesetzwidrig** ist.

Der Verein prüft den Fall. Er kann den Werbetreibenden auffordern, die umstrittene Werbung nicht mehr zu verwenden **(Abmahnung)**. Andernfalls kann das Unternehmen vor Gericht von den Verbraucherverbänden verklagt werden.

Mit dem Aufkleber-Trick gehen unsere Ladenhüter weg wie die warmen Semmeln.

Aufgaben

1 Begründet die Notwendigkeit einer gesetzlichen Regelung.

2 Nennt und begründet Interessengegensätze von Werbewirtschaft und Verbrauchern.

3 Sammelt Werbung und prüft, ob Übertreibungen und Verschweigen vorliegen.

2. Irreführung durch Verkaufspraktiken?

Bei Haustürgeschäften, auf einer Kaffeefahrt, auf der Straße und bei Ratenkaufverträgen gilt ein **Widerrufsrecht** von einer Woche.
Ausnahmen:
Geschäfte bis 80 DM, die sofort bezahlt werden.

Buch- und Zeitschriftenwerbung

Hallo, junger Mann, darf ich Ihnen ein paar Fragen stellen? ... Bitte bestätigen Sie mir, daß ich Sie befragt habe. Das ist für mein Institut. Es verpflichtet Sie zu nichts!

Nach 14 Tagen wird dem Befragten ein Lexikon mit einer Rechnung geliefert.

Oft wird bei Vertreterbesuchen an der Haustür an das **Mitleid** appelliert (z. B. der Bezug einer Zeitung diene behinderten Kindern). Auch Geschenke werden manchmal versprochen.

Zeitschriftenabonnements oder Verträge über Lexika, die in einzelnen Teilen (etwa Band für Band) geliefert werden, oder die sog. „Mitgliedschaft" in einem Buchclub sind zumeist Dauerlieferungs-Verträge.
Sie können wie bei Abzahlungsgeschäften innerhalb einer Woche widerrufen werden.

Nach: Verbraucherschutzverein: Faltblatt, Berlin, o. J.

Gewinnspiele – Preisausschreiben

Preisausschreiben sollen Ihnen vorgaukeln, Sie könnten das große Los gewinnen. Autos, Goldbarren, Traumreisen sollen dabei Ihre Phantasie anspornen.
Um an Preisrätseln mitzuwirken, müssen Sie oft Etiketten, Teile der Packung oder Warenquittungen beifügen. Manchmal erscheint später ein Vertreter, der Ihnen den Gewinn überbringt.
In anderen Fällen wird der Verbraucher, z. B. durch Preisausschreiben, veranlaßt, sich an das Verkaufsunternehmen zu wenden. Im Text versteckt kann eine Kauferklärung enthalten sein, die Sie unbewußt unterschreiben, oder es liegt eine Rechnung bei. Oder aber es wird die Teilnahme an Preisausschreiben von einer Bestellung abhängig gemacht.

Nach: Verbraucherschutzverein: Faltblatt, Berlin, o. J.

Elektrohändler Schlau geht auf Kundenfang

Aufgaben

1 Worauf sollte man bei der Teilnahme an Preisausschreiben achten?
Zusatzinformation: Es ist verboten, die Teilnahme von einer Bestellung abhängig zu machen.

2 Beurteilt die Interessen von Elektrohändler Schlau.
Zusatzinformation: Sonderangebote müssen tatsächlich vorhanden sein.

3 Wie sollten sich Verbraucher verhalten, wenn sie so behandelt werden.

4 Das Ansprechen von Leuten auf der Straße zu Werbezwecken ist als belästigende Werbung verboten.
Was kann der „Lexikonkäufer" tun, wenn er eine Zeugin hat?

5 Sprecht über das Verhalten gegenüber Vertretern an der Haustür.
Zusatzinformation: Mitgliedswerbung ist verboten, weil davon ein psychologischer Kaufzwang ausgehen kann.

6 Begründet, welche Bedeutung für den Widerruf die Abschrift der Verkaufsurkunde mit Verkaufsdatum hat.

7 Befragt eure Eltern zu Erlebnissen mit solchen Verkaufspraktiken, und sprecht im Unterricht darüber.

Verpackung – was geht mich das an? Projektvorschlag

... welche Funktionen Verpackungen haben.

... wie Verpackungsgestaltung absatzfördernd wirken kann.

1. Ideen produzieren

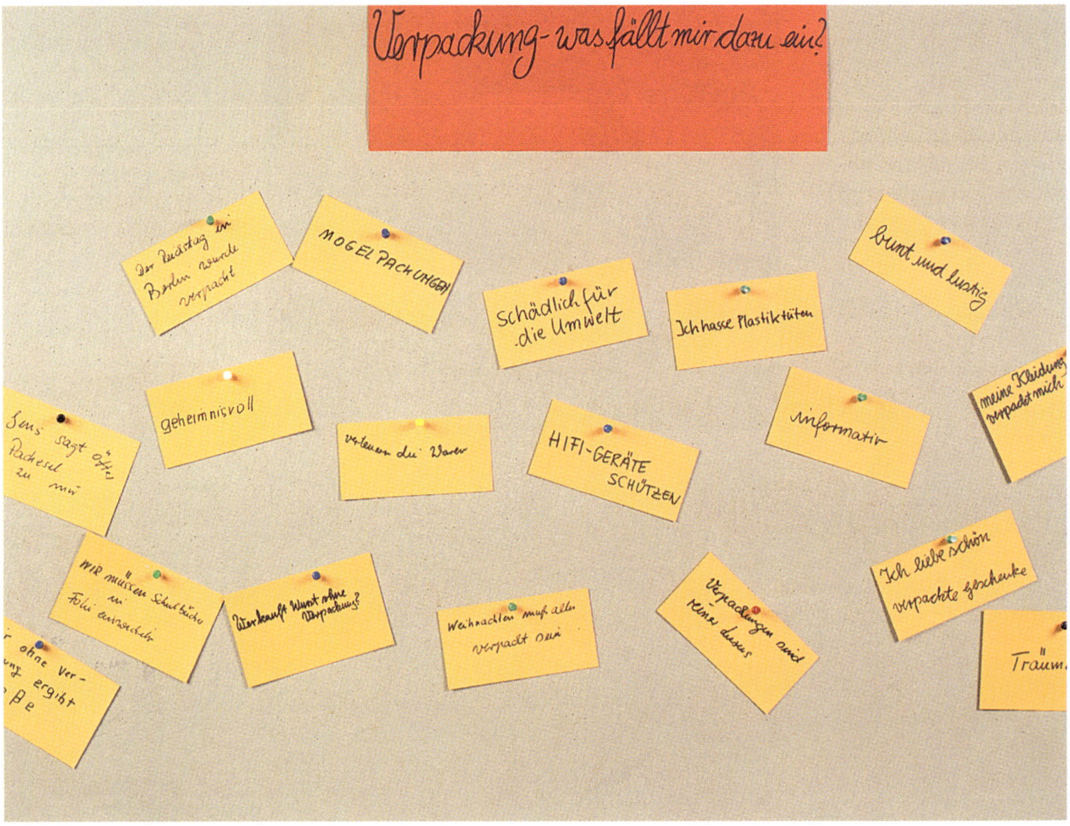

Ausschnitt aus der Wandtafel der Klasse 8a

Zur Technik der Ideenproduktion
(Kartentechnik)
Kreativität ist eine wichtige Voraussetzung für die Produktion von Ideen. Sie kann durch eine bestimmte Vorgehensweise (Methode) gefördert werden.
Wichtig ist, daß alle spontan Ideen ohne irgendeine Bewertung nennen können. Nichts ist gut, nichts ist schlecht – alles wird aufgeschrieben und an die Wandtafel geheftet. Jede Idee ist erwünscht und dient zu Anregung weiterer Ideen. Spinnen und Phantasieren ist erlaubt und notwendig. Ungewöhnliches veranlaßt neue Ideen.
Zum Vorgehen:

Verpackung – was fällt mir dazu ein?
1. Schritt:
Jede Schülerin erhält 5–10 Kärtchen (DIN A6) und schreibt auf jedes Kärtchen kurz und knapp mit dickem Filzstift einen Einfall – groß genug, daß er an der Wandtafel lesbar ist. Das Ganze dauert höchstens 10–15 Minuten. Die Kärtchen werden unsortiert an die Wandtafel geklebt oder die Pinnwand geheftet. Alle schauen sich die Ideen ruhig an.

2. Schritt:
Die Klasse ordnet die Ideen und heftet sie neu an.
Die Klasse 8a hatte die Idee, die Kärtchen zunächst nach folgenden Gesichtspunkten zu ordnen:
- Verpackung zu Hause
- Verpackung in der Schule
- Verpackung in Wirtschaft und Gesellschaft

Nach der neuen Zuordnung entscheidet die Klasse, ob weitere Unterteilungen sinnvoll sind.

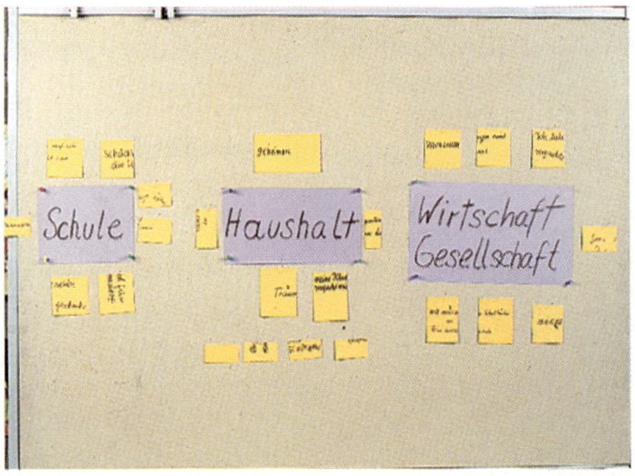

Die Ideenkarte wird geordnet

2. Informationen sammeln

Eine Woche später:
Die Schülerinnen der Klasse 8a haben drei Gruppen gebildet:
- die Gruppe Haushalt,
- die Gruppe Schule,
- die Gruppe Wirtschaft/Gesellschaft.

Jede Gruppe hat zu ihrem Bereich Informationen und Material gesammelt. Folgendes kam zuammen:
- Texte und Abbildungen aus Zeitungen/Zeitschriften
- Abbildungen aus der Zeitschrift „test" zur Mogelpackung des Monats
- Auszüge aus gesetzlichen Bestimmungen, kopiert bei der Verbraucherberatungsstelle und bei der Stadtverwaltung (Referat für Abfallbeseitigung)
- Einen ganzen Tisch voller Originalverpackungen
- selbstgemachte Fotos über den Einsatz und Verbleib von Verpackungen in Schule und Haushalt

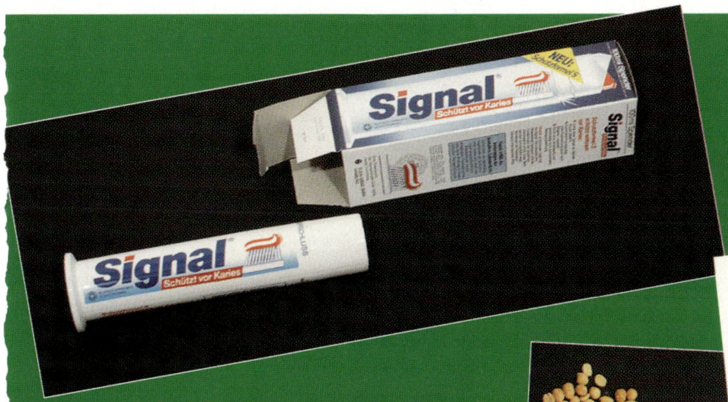

Weniger Abfall: Altpapier ersetzt Styropor!

Packende Ideen

Gastronomie unter Druck:

Das gute Geschirr für Bratwurst und Burger

Verbraucherschützer kritisieren die Verpackungssteuer der Kommunen

Seit Jahren wird sie kontrovers diskutiert. Nun steht die kommunale Verpackungssteuer in vielen Gemeinden auf der Tagesordnung. Imbißstuben, Hotels und Restaurants droht die Abgabe, sofern sie Snacks und Getränke weiterhin per Einwegpappe und Wegwerfplastik servieren. Experten der Verbraucher-Zentrale NRW sehen in einem solchen steuerpolitischen Flickenteppich aber allenfalls die zweitbeste Lösung.

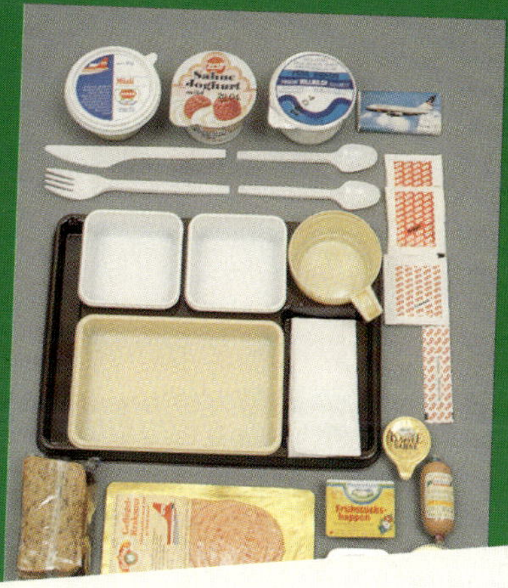

Verbraucher-Zentrale NRW kritisiert:

Alu-Sammlung an Schulen forciert Verpackungswut

Pennäler wetteifern um Prämie von 45000 Mark

Düsseldorf (W.S.). Gebrauchte Dosen und Folien läßt einer der größten Fabrikanten von Aluminiumverpackungen an Schulen wieder einsammeln. Die Verbraucher-Zentrale NRW brandmarkt die Aktion als „Verkaufsförderung für Alupacks".

Verpackungsverordnung

BUND kämpft gegen Dosenbierschwemme

MÜLLPACKUNG DES MONATS

Verordnung über die Vermeidung von Verpackungsmüll (§ 1 Abs. 2 Nr. 1): Abfälle aus Verpackungen sind dadurch zu vermeiden, daß Verpackungen nach Volumen und Gewicht auf das zum Schutz des Füllgutes und auf das zur Vermarktung unmittelbar notwendige Maß beschränkt werden.

Zur Rubrik »Kleinvieh macht auch Mist« zählt der Abfall, den so kleine Pralinenpackungen verursachen wie die der Firma Asbach in Rüdesheim. Eine Mogelpackung ist sie allerdings nicht, denn für Pralinen gilt leider immer noch die Pralinenrichtlinie, nach der ein Verhältnis Verpackung zu Inhalt von 6:1 erlaubt ist.

test 5/95

MOGELEI DES MONATS

Verbot von Mogelpackungen gemäß § 7 Abs. 2 Eichgesetz: Fertigpackungen müssen so gestaltet und befüllt sein, daß sie keine größere Füllmenge vortäuschen, als in ihnen enthalten ist.

Ob Zitronen-, Nuß-, Rühr- oder Sandkuchen oder aber Biskuitteig – die Umkartons dieser Gloria-Kuchenmischungen sind allesamt zu groß. Die Firma Gloria Mühlenwerke in Bad Oldeslohe könnte den in der Größe einheitlichen Umkarton für alle Produkte (siehe Foto) auf das für den Innenbeutel notwendige Maß verkleinern.

test 10/95

LEBENSMITTEL IN FERTIGPACKUNGEN

„Diese Kennzeichnungselemente müssen an einer in die Augen fallenden Stelle angebracht sein!“

Lebensmittel in Fertigpackungen dürfen nur dann verkauft werden, wenn sie auf dem Etikett zu erkennen sind...

Wie sie heißen	**Verkehrsbezeichnung**
Wie lange die Haltbarkeit garantiert wird	**Mindesthaltbarkeitsdatum**
Was sie **enthalten**	**Zutatenverzeichnis** (wenig genau)
Woher sie kommen	**Name** oder **Firma** und **Anschrift** des Herstellers, Verpackers oder Verkäufers
Wieviel sie enthalten	**Mengenkennzeichnung**

„Auch bei überschrittenem Mindesthaltbarkeitsdatum sind sie meistens nicht verdorben und dürfen noch verkauft werden.“

„Bedauerlich, niemand weiß den Energie- und Nährstoffgehalt!“

Gesetzliche Grundlagen

Fertigpackungen müssen so gestaltet sein, daß sie keine größere Füllmenge vortäuschen, als in ihnen enthalten ist.

Eichgesetz §17

Die Umverpackung darf nicht größer sein als technisch erforderlich, um Innenverpackung , z. B. Zahlpastatube, aufzunehmen. Ausnahme: Luxuswaren, die sehr teuer sind.

Richtlinien für Packungen mit kosmetischen Erzeugnissen

Bei Pralinenpackungen darf für 1 g Füllmenge 7 ml Leervolumen zur Verfügung stehen.

Richtlinien für Pralinenpackungen

Verbraucher fordern: Weg mit dem grünen Punkt! Dadurch wird der Müll nicht weniger

3. Problemlösung

Verpackungen bei mir zu Hause sollen verringert werden – ich selbst fange damit an

Nach der Sammlung vieler Informationen, die für alle an der Wandtafel sichtbar sind, folgt die Phase der Problemlösung: konkrete Schritte zur Verbesserung der Lage sind nun angezeigt. Die Klasse 8a entscheidet sich, Möglichkeiten zur Verringerung von Verpackungen zu Hause herauszufinden.

Vor einer weiteren Sammlung von Lösungsvorschlägen entscheidet sich die Klasse 8a dafür, genauer die Vor- und Nachteile von Verpackungen und die Folgen einer hohen Verpackungsmenge zu untersuchen. Das soll helfen, realitätsnahe Lösungen zu finden.

1. Schritt
Pro-Contra-Debatte
Verpackung pro – Verpackung contra

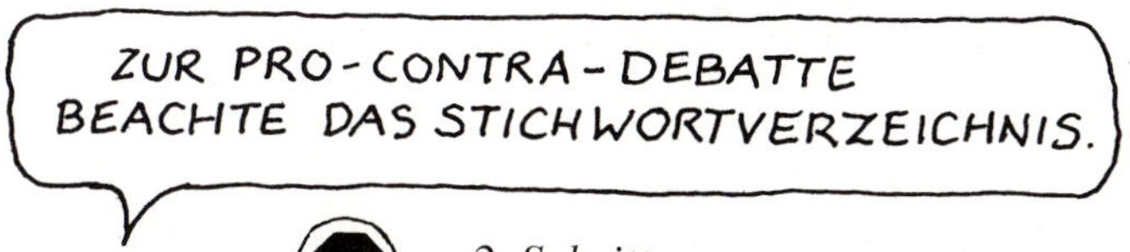

2. Schritt
Die Pro-Contra-Debatte hat deutlich gemacht, daß die Schülerinnen noch nicht genug über die **Folgen der großen Verpackungsmenge** informiert sind.

Folgende Gruppen bilden sich:

1. Gruppe: Erkundungen bei verschiedenen Umweltgruppen einholen
2. Gruppe: Erkundungen bei der Verbraucherberatung einholen
3. Gruppe: Information aus „test" und „ökotest" zusammenstellen
4. Gruppe: Befragung mit dem Recorder in der Fußgängerzone

   Frage: „Wie beurteilen Sie die Folgen des hohen Anteils an Verpackungsmaterial?"
   Vorher überlegen, welche Art der Befragung erfolgen soll (s. Stichwort *Befragungsmethoden*).

Gruppen dokumentieren ihre Ergebnisse.
Auswertung und Diskussion der Gruppenergebnisse.

3. Schritt
Vorschläge zur Verringerung bzw. Vermeidung von Verpackungen entwickeln
(Methode der Kartentechnik)
Die Vorschläge können z.B. so geordnet werden:

Verpackung vermeiden z.B. beim Kleiderkauf Tasche mitnehmen und auf Verpackung verzichten
⋮
Vorschlag vermutlich leicht durchführbar
⋮
Vorschlag kostet wenig Geld
⋮
Verpackung vermeiden z.B. Zahnpaste mit geringer Verpackung kaufen
⋮
Vorschlag vermutlich schwer durchführbar
⋮
Vorschlag kostet viel Geld
⋮

4. Schritt
Zu Hause konkrete Vorschläge zur Veränderung des Kaufverhaltens machen. Mit allen Haushaltsmitgliedern darüber sprechen, was verändert werden kann. Zeitrahmen setzen, nach dem das Ergebnis besprochen wird

4. Eine Ausstellung vorbereiten

Ergebnisse dokumentieren, mit anderen besprechen und Verhaltensänderungen anregen

Möglichkeiten
- Fotodokumentation mit eigenen Fotos
- Videodokumentation
- Ergebnis der Befragung in der Fußgängerzone
- Bereitstellung einer Wandtafel, auf der die Teilnehmerinnen der Ausstellung neue Lösungsvorschläge machen können.
- Presseleute zur Ausstellung einladen
- die Ausstellung an anderen Orten zeigen z.B. in der Volksbücherei, bei einem Stadtteilfest

Wandzeitung mit Bildern

Eine Wandzeitung wird aufmerksam gelesen, wenn sie übersichtlich gestaltet ist. Die Betrachterin hat Schwierigkeiten, sich den Text zu merken, wenn alles gleich wichtig erscheint.

Überlegt z.B.:
- Was soll groß/klein und was dick bzw. dünn sein?
- Was soll unterstrichen/eingerahmt sein?
- Welcher Text wird durch ein Bild anschaulicher oder klarer?
- Ist ein farbiger Hintergrund gut?
- Sind selbst angefertigte Zeichnungen möglich?

Fotodokumentation

Interessant sind für die Betrachterin Fotos aus dem Alltag – der Schule, eines Haushalts, der Gemeinde.
- Kann eine der Schülerinnen gut fotografieren?
- Wie groß müssen die Fotos sein?
- Können sie durch Zeichnungen ergänzt werden?

Beachtet auch hier: Unterschiede gestalten.

Materialien zum Problemfeld: Verkaufsformen und Konsum

M5 Leitbilder einer ökologischen Wirtschaft

Kategorien eines ökologischen Wirtschaftens	
Umweltverträglichkeit, z. B.	• Luft- und Bodenschutz • Gewässerreinhaltung • Tier- und Pflanzenschutz
Nutzung von Energie und Rohstoffen, z. B.	• Energiereserven • Rohstoffe • Waldbestände
Abfall, z. B.	• Verpackung, Abfallverwertung
Gesundheit, z. B.	• Schadstoffe • Lärm • Nahrungsmittel aus biologischem Anbau und möglichst geringen Zusatzstoffen
Gebrauchswert, z. B.	• Verschleißarmut/Langlebigkeit • Sicherheitsstandard • Kennzeichnung umweltfreundlicher Produkte
Umweltmanagement im Betrieb, z. B.	• Öko-Bilanz • Umweltaudit (Umweltbetriebsprüfung) • Umweltcontrolling (vorbeugende Kontrolle)
Sozialverträglichkeit, z. B.	• Produkte, die Kooperation und Kreativität fordern • befriedigende Arbeitsbedingungen

M6 Ökologische Betriebsbilanz

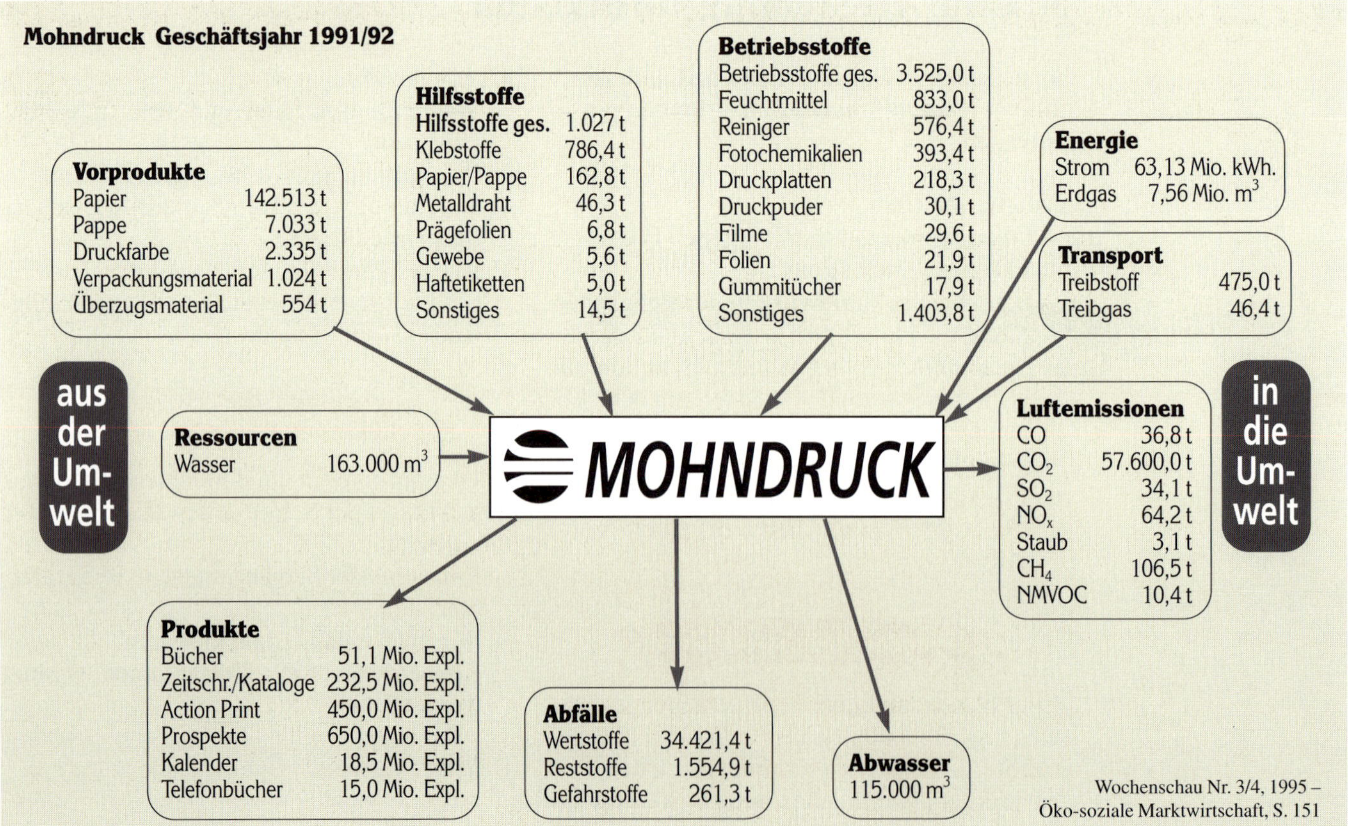

Wochenschau Nr. 3/4, 1995 – Öko-soziale Marktwirtschaft, S. 151

M7

Umweltfreundlicher Kauf von Schreibmaterialien

NEUPAPIER

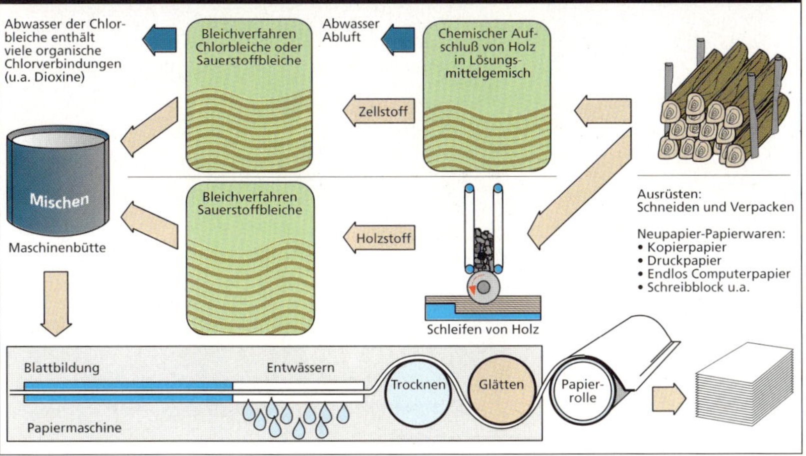

Hauptproblem:
- Chlorbleiche
- Erzeugung der Faserrohstoffe

Gebrauchsempfehlung:
- den Gebrauch von Neupapier auf die Bereiche beschränken, wo das Papier besonders hohe Anforderungen (in Bezug auf Reißfestigkeit, Archivierbarkeit, Weißegrad) erfüllen muß
- sauerstoffgebleichte anstelle von chlorgebleichten Papierwaren benutzen

Kaufempfehlung:
- Umweltschutz- oder sonstige Recycling-Papierwaren

Abfallbeseitigung:
- Altpapier-Recycling

Information:
- „holzfreies Papier“ besteht aus 100 % Zellstoff

TINTENENTFERNER/TINTENKILLER

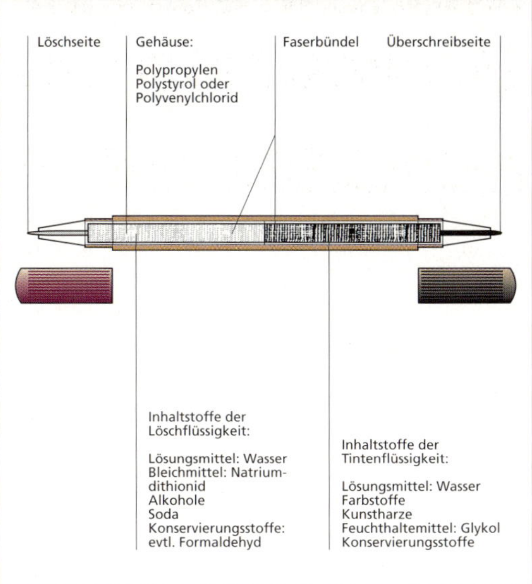

Hauptproblem:
- Konservierungsstoff Formaldehyd
- Einwegartikel
- Abfallmengen

Gebrauchsempfehlung:
- nur für blaue Tinte geeignet
- eingetrocknete Tintenentferner nicht mit der Zunge anfeuchten
- nicht für die Tintenentfernung auf der Haut benutzen

Kaufempfehlung:
- formaldehydfreie Stifte mit einem Gehäuse aus Polypropylen

Abfallbeseitigung:
- wenige Stifte in den Hausmüll

Handlungsalternativen:
- auf Tintenentferner verzichten, eher durchstreichen

TEXTMARKER

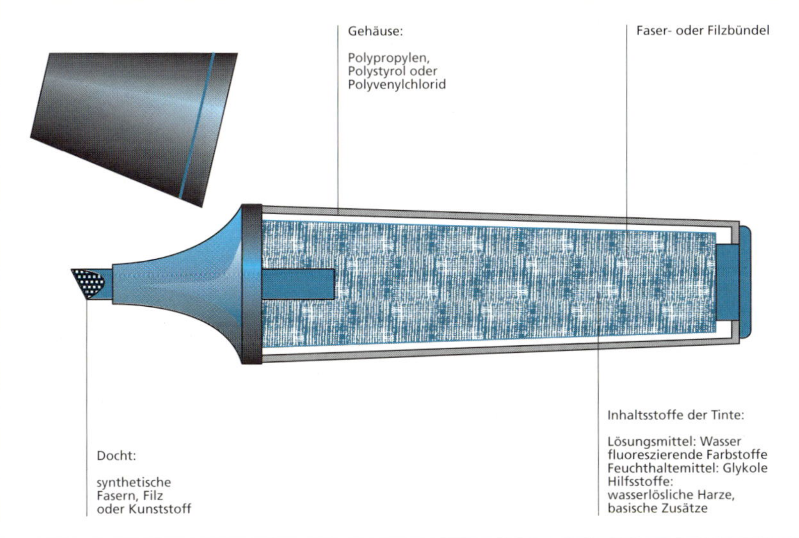

Hauptproblem:
- Einwegartikel
- Abfallmengen

Abfallbeseitigung:
- leergeschriebene Textmarker in geringen Stückzahlen in den Hausmüll

Handlungsalternativen:
- mit Trockentextmarkern oder Buntstiften markieren

ALLES-/VIELZWECKKLEBER

auf Basis organ. Lösungsmittel

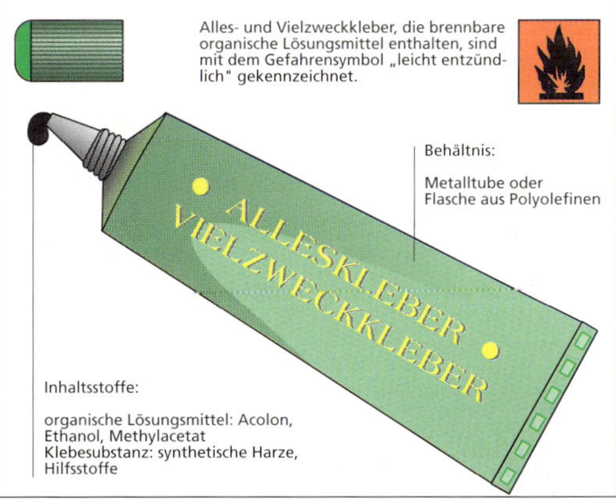

Hauptproblem:
- organische Lösungsmittel

Gebrauchsempfehlung:
- nach Gebrauch stets verschließen
- auf Alleskleber und Vielzweckkleber mit organischen Lösungsmitteln verzichten
- Kleber auf Wasserbasis

Abfallbeseitigung:
- Klebstoffreste sind Sonderabfall

Handlungsalternativen:
- zum Kleben von Papier ausschließlich Papierkleber verwenden

Stiftung Verbraucherinstitut (Hg.): Der umweltfreundliche Schreibtisch, München 1991, S. 12, 64, 96

Märkte gibt es viele

... was ein Markt ist.

... regionale Unterschiede in den Marktangeboten festzustellen.

... gemeinsame Merkmale von Märkten zu erkennen.

Möbl. Appartement 65 qm in Neheim an 1 Pers. zu vermieten, DM 365,- KM. Tel. (0 29 32)

Nachmieter z. 15.9. gesucht, f. 100 qm, 4 Zi., KB, Preis 547,- KM + NK. Tel. (0 29 31)

Finnentrop, Waldnähe, 2 Zi., KDB, 52 qm + Terr. 400 DM, Kaut. 2 MM, an ält. Dame, Herrn od. Ehepaar, zu vermieten. Tel. (0 27 21)

Westfälische Tageszeitung

Zooviertel: hübsche DG-Whg., 2 Zi., KDB, ca 60 qm, renovierungsbed., DM 600,– pl. NK, 3 MM Kaut., 2 MM Maklercourt., CKM, Abt. Immobilien

Josef-Neuberger-Str., Nähe Grafenberger Wald, EG m. Garten, 4 Zi., 1 gr. WZ, 1 Schlafzi., 2 kl. Kinderzi., 98 qm, Miete inkl. Pkw-Stellpl. 1204,– + NK 288,æ ab sof.

UNI-Nähe, Schnäppchen, 2 Zi., KDB, 50 qm, 595,– + NK

Düsseldorfer Tageszeitung

Aufgaben

1 Benennt Anbieterinnen und Nachfragerinnen auf den abgebildeten Märkten.
Nennt weitere Märkte.

2 Vergleicht die Anzeigen aus Düsseldorf und dem Sauerland.
Begründet Unterschiede.

3 Nennt die gemeinsamen Merkmale der Märkte mit Hilfe des Marktmodells.

4 Erkundet Märkte in eurer Umgebung und vergleicht sie unter ausgewählten Aspekten, z.B. Art des Angebots, Preise, Werbung, Kaufverhalten (s. Stichwort *Erkundung*).

Händler Rober hat Ideen

… das Zusammenwirken von Angebot, Nachfrage und Preis zu verstehen.

… Abweichungen des Marktgeschehens vom Modell zu erklären.

Preisbildungsmodell

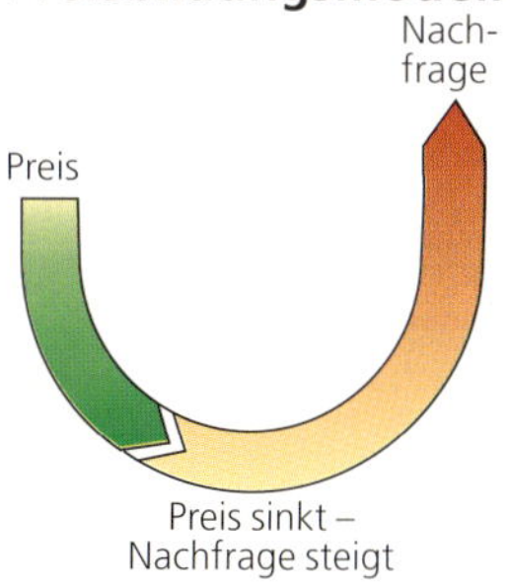

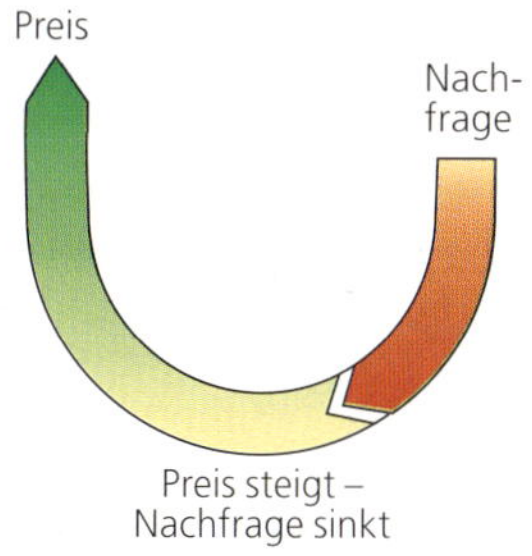

Aufgaben

1 Erklärt, was Händler Rober durch den Kopf geht.

2 Die Röcke sind nach 14 Tagen alle verkauft. Nennt die Gründe.

3 Bei den Hosen stellt sich der gewünschte Erfolg nicht ein. Nennt die Gründe.

4 Stellt zusammen, wovon die Preisbildung abhängt.

5 Berichtet von eigenen Erfahrungen bei der Beobachtung von Preisen.

Händler Schmidt kennt die Spielregeln des Marktes

…wie sich Anbieter und Nachfrager am Markt verhalten sollen.

…welche grundlegende Bedeutung der Wettbewerb für die Verbraucher hat.

Supermarkt Schmidt ist eine beliebte Einkaufsstätte. Das Geschäft läuft bestens, obwohl eine Reihe von Lebensmittelläden schließen mußten. Herr Schmidt erwirtschaftet ein gutes Einkommen und hat Spaß an seiner Arbeit. Frau Manz befragte Herrn Schmidt nach den Gründen für seinen Erfolg.

Herr Schmidt:
„Warum ich erfolgreich bin? Ich stelle mich auf die Wünsche der Kunden ein. Die kommen nur zu mir, wenn der Kauf vorteilhafter ist als anderswo. Die Preise müssen stimmen."

Frau Manz:
„Aber Sie sind doch an einem möglichst hohen Gewinn und damit auch an hohen Preisen interessiert?"

Herr Schmidt:
„Sicher, aber ich kann die Preise nicht beliebig hochsetzen. Hier gibt es ganz in der Nähe drei weitere Supermärkte. Da können die Kunden die Preise vergleichen. Wenn ich zu teuer anbiete, gehen die weg. Meine Preise müssen natürlich andererseits die Kosten übersteigen. Ich will ja gut verdienen. Gewinn muß sein!"

Frau Manz:
„Kommt es nur auf die Preise an?"

Herr Schmidt:
„Keineswegs. Da spielen noch andere Dinge eine Rolle. Am Stadtrand gibt es z. B. ein großes SB-Center, das seine Waren billiger anbieten kann. Einige Kunden haben zu mir gesagt: ‚Ihre Preise für Obst und Gemüse sind zwar hoch, aber die Ware ist frisch. Das ist uns am wichtigsten.' Na ja, und dann werden meine Verkäuferinnen sehr gelobt. Die beraten fachkundig und sind freundlich.
Wissen Sie, die großen SB-Center in der Nähe fordern mich stark heraus. Die können viele Waren – vor allem gängige Produkte – billiger anbieten als ich. Die haben niedrigere Einkaufspreise.

Supermarkt:
Einzelhandelsbetrieb, der auf einer Verkaufsfläche von mindestens 400 m^2 Nahrungs- und Genußmittel sowie Frischwaren anbietet. Hinzu kommen teilweise Waren anderer Branchen, z. B. Strümpfe. Vorwiegend erfolgt Selbstbedienung.

Ich muß mich gezielt auf Kundenwünsche einstellen, z. B. durch sehr gute Beratung und besondere Angebote. Ich achte auf neue Produkte und biete sie rasch an. Schneller und wendiger zu sein als die Großen – das ist meine Chance.
Ich muß besser sein als die Konkurrenz. Das sind die Spielregeln des Marktes.“

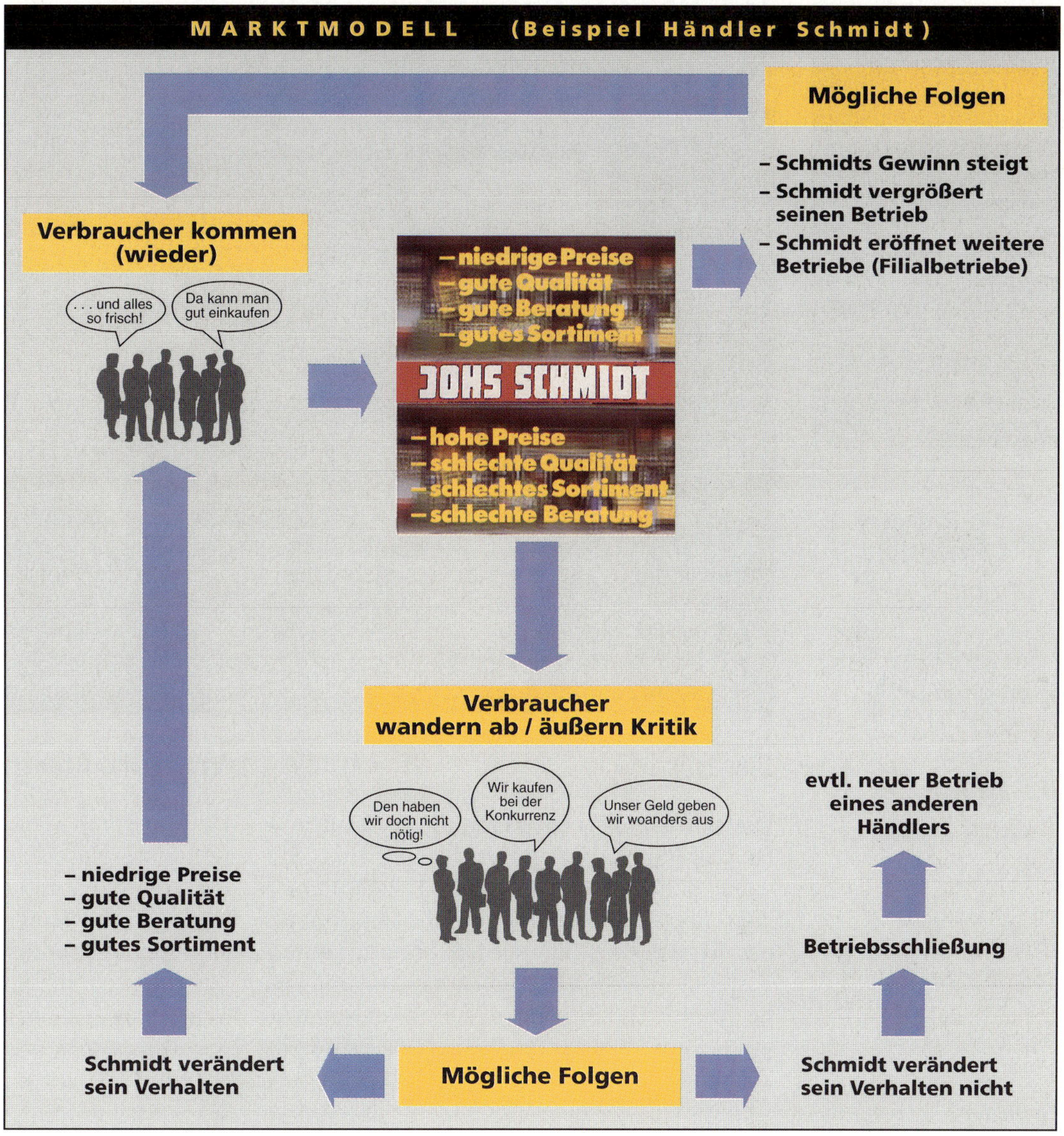

Das Modell Marktwirtschaft setzt voraus, daß die Verbraucher die Leistungen der Anbieter überprüfen können. Unabhängige Verbraucherinformation ist deshalb wichtig.

Wichtige Elemente der Marktwirtschaft:
- Wettbewerb
- Privateigentum an Produktionsmitteln
- freier Kapitalmarkt

Regeln der Marktwirtschaft

In einer Wirtschaft, in der Güter über Märkte angeboten werden, soll gute Leistung der Anbieter von Verbrauchern belohnt und schlechte abgelehnt werden.
Wenig leistungsfähige Anbieter sollen vom Markt verschwinden und besseren Anbietern Platz machen.
Wichtig ist, daß es genug Anbieter gibt, die sich um die Gunst der Verbraucher bemühen müssen, das heißt in **Wettbewerb** (Konkurrenz) zueinander stehen.
Die Regeln der Marktwirtschaft gelten für einen großen Teil unserer Wirtschaft.

Aufgaben

1 Vergleicht die Abbildungen des Supermarktes und des SB-Centers.

2 Wie begründet Einzelhändler Schmidt seinen Erfolg?

3 Sprecht über die Preisgestaltung von Schmidt.

4 Erklärt das Marktmodell.

5 Was müssen Verbraucher tun, damit der Markt funktioniert?

6 Erkundet die Wettbewerbslage von Lebensmittelhändlern in eurer Nähe.

7 Nennt Bereiche unserer Wirtschaft, die nicht nach dem Marktprinzip organisiert sind.
Begründet es.

Fleischerei Meuter hat Erfolg

... welche Kosten in einem Fleischereibetrieb zu berücksichtigen sind.

... ein Verkaufsgespräch zu problematisieren.

... wie Fleischer Meuter einen befriedigenden Gewinn versucht zu erwirtschaften.

... wie die Preisbildung erfolgt.

1. Gut beraten – gut gekauft

Der Betrieb

Die Fleischerei ist das Eigentum von Frau und Herrn Meuter. Herr Meuter ist Inhaber. Sie haben den Betrieb vor 8 Jahren in Bonn neu gegründet. Sie hatten lange überlegt, ob sie das Risiko eingehen sollten, ihre gesamten Ersparnisse in den Betrieb zu stecken und hohe Kredite aufzunehmen. Der Standort war gut – wenig Konkurrenz. Aber was würde in Zukunft sein?

Heute sind sie sehr zufrieden. Sie wissen aber auch, daß ihnen vor allem in den ersten Jahren die Arbeit über den Kopf zu wachsen schien.

Die Fleischerei Meuter ist ein modern eingerichteter Betrieb. 80 Prozent der Arbeitsfläche beanspruchen der Vorbereitungsraum, der Kühlraum, die Wurstküche und der Personalraum. Ein Schlachtraum ist nicht erforderlich, da Fleischermeister Meuter nicht mehr selbst schlachtet. Das Fleisch – in der Regel Tierhälften – wird beim Schlachthof gekauft.

Im Handwerksbetrieb arbeiten außer Herrn Meuter 2 Gesellen und 1 Auszubildender, im Verkauf Frau Meuter und 3 Verkäuferinnen. Zum Wochenende hilft eine Teilzeitbeschäftigte.

Neben den verschiedenen Wurst- und Fleischsorten werden Geflügel und Käse verkauft. Außerdem bietet die Fleischerei Feinkost in Konserven, Gewürze, Eier und Butter an.

Belegte Brote werden vor allem an Schüler und Arbeitnehmer nahe gelegener Betriebe verkauft.

Siehe auch Stichwörter *Absatzpolitik, Verkaufsförderung*

Verkaufsstrategien

Herr und Frau Meuter sind sicher, daß die Beratung der Kundschaft in einem Fachgeschäft dieser Größenordnung außerordentlich wichtig ist. Frau Meuter und die Verkäuferin leisten hier ausgezeichnete Arbeit. Sie besuchten auch schon Seminare mit dem Titel: *Das Verkaufsgespräch: Kundenorientiert verkaufen, Waren wirksam präsentieren.*

Inzwischen haben sie viele Stammkunden. Da kommt es zu persönlichen Gesprächen.

Die Ware wird grundsätzlich nach Wünschen der Kunden frisch geschnitten und nicht vorher abgepackt. Schon beim Einkauf der Waren achtet Herr Meuter auf beste Qualität. Nur so hat die Fleischerei eine Chance, gegen die Supermärkte zu bestehen.

Die gute Beratung ist mit hohen Personalkosten verbunden. Meuters müssen ihren Verkäuferinnen ein überdurchschnittliches Gehalt zahlen, damit sie nicht wechseln. Wegen der eingehenden Beratung fallen mehr Arbeitsstunden im Verkauf an.

Die Fleischerei bietet jede Woche einige Waren als preiswerte Sonderangebote an. Die Kundinnen prüfen diese sehr genau. Solche Aktionen bringen zusätzliche Kunden.

Aufgaben

1 Sprecht über die Verkaufsstrategien. Was könnten Meuters noch tun?

Ministerin für Umwelt, Raumordnung und Landwirtschaft, Bärbel Höhn: Totales Einfuhrverbot für britisches Rindfleisch nach NRW
(...)
Ab sofort wird in Nordrhein-Westfalen jede Lieferung von britischem Rindfleisch, die den Überwachungsbehörden bekannt wird, nach Großbritannien zurückgewiesen. Zwar hatte sich die hiesige Fleischwirtschaft bereits Anfang 1995 verpflichtet, auf jeden Handel mit britischem Rindfleisch zu verzichten. Nur Fleisch, das lückenlose Herkunftspapiere vorweisen kann, wird zur Weiterverarbeitung in NRW verwendet. Aber um dennoch möglichen Einfuhren auch über andere Mitgliedsstaaten zu verhindern, sei der Erlaß notwendig, betonte die Ministerin. Denn sie könne nicht einsehen, daß hiesige Landwirte, die ihr Vieh garantiert BSE-frei auf den Markt bringen, unter der BSE-Angst der Menschen zu leiden hätten. Bärbel Höhn wies darauf hin, daß der Rindfleischverbrauch seit der Diskussion um BSE um mittlerweile ca. 25% zurückgegangen sei.
(...)
Hintergrund:
1995 wurden 58 Erkrankungsfälle von Rindern festgestellt, die jünger als 30 Monate waren. Es starben vier britische Landwirte, in deren Herden BSE-erkrankte Rinder nachgewiesen worden waren.
Nach Deutschland wurden im letzten Jahr 400 t britisches Rindfleisch eingeführt.

Pressemitteilung des Ministeriums für Umwelt, Raumordnung und Landwirtschaft NRW v. 6. 2. 1996

Wissenschaftler sehen immer stärker die Gefahr der Übertragbarkeit von BSE auf Menschen. Deshalb wurde von der EU-Kommission ein generelles Einfuhrverbot erlassen. Britische Rinder über 30 Monate Alter werden geschlachtet. An den Entschädigungen für Landwirte beteiligt sich die EU (April '96).

2. Verkaufen als Beruf

Frau Nau berichtet über ihre Arbeit

Nach der Ausbildung zur Fleischereifachverkäuferin bin ich seit 4 Jahren bei Meuters tätig. Hier herrscht ein gutes Betriebsklima. Wir unterstützen uns gegenseitig. Im Kontakt mit den Kunden würden diese sicher merken, wenn es Spannungen gäbe. Meistens arbeite ich gern hier. Vieles an der Arbeit ist Routine. Ich denke z.B. an das Vorbereiten der Ware für den Verkauf, das Ein- und Ausräumen der Verkaufstheke, die Reinigungsarbeiten.
Das Stammsortiment kenne ich in- und auswendig. Auch beim Verkaufen wiederholt sich vieles, und dann das dauernde Stehen und besonders zum Wochenende der Streß – dabei soll ich freundlich bleiben. Dazu die Diskussion, ob Schweinefleisch gesund ist und Rindfleisch evtl. Krankheiten überträgt. Auch ich habe den Konsum etwas verringert.
Ich verdiene recht gut, auch wenn in meinem Beruf unterdurchschnittlich bezahlt wird. Doch ich sehe auch positive Seiten. Ich gehe gern mit Menschen um. Bei meiner Arbeit steht der Kontakt zu Menschen im Mittelpunkt. Zu Stammkunden habe ich ein persönliches Verhältnis. Wir arbeiten daran, deren Anteil zu erhöhen. Die Chefin sagt öfter: „Nur zufriedene Kunden kommen wieder."
Auf Weiterbildungskursen habe ich gelernt, Verkaufsgespräche so zu führen, daß die Kundenwünsche im Mittelpunkt stehen. Dabei muß ich auf die Interessen des Geschäfts achten. Der Umsatz soll stimmen, davon hängt mein Arbeitsplatz ab. Mit meiner Meinung habe ich da schon mal Probleme.

Aus einem Verkaufsgespräch

Kunde (*stellt sich an*): „GutenTag!"
Nau (*erwidert den Gruß freundlich hochblickend und wendet sich, nachdem sie eine andere Kundin bediente, dem Kunden zu*): „Bitte schön, was kann ich für Sie tun?"
Kunde (*hat aus den Gesprächen schon die freundliche Atmosphäre bemerkt*): „Bitte 6 Bratwürstchen und 6 Nackenkoteletts."
Nau (*nimmt freundlich Blickkontakt auf*): „Gern! Möchten Sie grillen?"
Kunde: „Ja, wir kriegen Besuch, ansonsten sind wir mit Grillen derzeit zurückhaltend."
Nau: „Darf ich Ihnen auch unsere anderen Grillspezialitäten empfehlen? Wir haben sehr pikant gewürzte, saftige Grillsteaks. Ganz zartes Fleisch." (*Denkt: Die müssen weg, hat die Chefin morgens gesagt.*)
Kunde: „Ist das deutsches Fleisch?"
Nau: „Nur aus deutschen Landen."
Kunde: „Ja, dann gern."
Nau: „Dann sollten Sie auch unsere Rostbratwurst kennenlernen, sie ist besonders bei Kindern beliebt. Aus dem Sonderangebot möchte ich Ihnen Rippchen vorschlagen – ganz frisch. Mein Mann kann nicht genug davon kriegen."
Kunde: „Das sieht alles sehr appetitlich aus. Ich nehme dann 4 Grillsteaks, 4 Nackenkoteletts, 8 Rostbratwürstchen und 4 Rippchen."
Nau: „Danke, ich packe Ihnen die Ware schnell ein. Kennen Sie diese köstliche Grillgewürzmischung schon?"
Kunde: „Nein, ich nehme mal eine kleine Packung zum Probieren."
Nau (*nach dem Einpacken und Kassieren der Ware*): „Sie haben gut gewählt. Ich wünsche Ihnen einen angenehmen Grillabend."

Was macht eine(n) gute(n) Verkäufer(in) aus?

Einstellung und Verhalten:
- positive Einstellung zum Beruf, zu Waren und Dienstleistungen,
- Freude im Umgang mit Menschen und Waren, Freude bei der Arbeit,
- positive Einstellung zu sich selbst.

Äußeres Erscheinungsbild:
- Kleidung, Körperpflege,
- Auftreten, Gang, Körperhaltung.

Sprache:
- Kontakte herstellen, Vertrauen gewinnen, Gemeinsamkeit mit Kunden betonen,
- wirkungsvolles Beschreiben der Waren oder Dienstleistungen,
- verständliche, positive Aussagen, die angenehme Empfindungen wecken.

Wünsche ermitteln, kundengerecht anbieten:
- mit den Augen des Kunden sehen,
- Waren wirkungsvoll anbieten,
- auf das Verhalten der Kunden reagieren,
- Verkaufsargumente nutzen,
- auf Einwände angemessen eingehen.

Kaufentscheidungen des Kunden bestätigen, kassieren, Ware verpackt überreichen und Kunden verabschieden.

Aufgaben

1 Erörtert die Berufsarbeit, die Arbeitsbedingungen sowie die Einstellung zum Produkt und Beruf der Verkäuferin. Bezieht eigene Beobachtungen ein.

2 Überprüft das Verhalten von Frau Nau im Verkaufsgespräch mit den Merkmalen, die eine(n) gute(n) Verkäufer(in) ausmachen.

3 Vergleicht Einstellung, Wünsche und Einkauf des Kunden. Problematisiert Verkäuferhandeln aus Verbrauchersicht.

4 Beschreibt die Bedeutung erfolgreicher Verkaufsgespräche für Fleischerei Meuter.

5 Führt eine *Arbeitsplatzerkundung* (s. Stichwort) in einem Verkaufsberuf durch.

Umsatz:
Menge × Preis
der verkauften Waren.

Gewinn:
Umsatz minus Kosten.
Sind die Kosten höher
als der Umsatz,
so entsteht ein Verlust.

3. Die betriebliche Erfolgsrechnung

Bei einer Betriebserkundung der Klasse 7a wurde u. a. folgendes gefragt:
Schülerin: „Sind Sie mit Ihrem Gewinn zufrieden?"
Herr Meuter: „Nein, so ganz nicht. Ich muß bedenken, daß aus dem Gewinn folgendes zu finanzieren ist: der Unternehmerlohn für meine Arbeitsleistung als Meister, die Krankenversicherung und die Altersvorsorge. Auch die Steuern gehen ab. Ebenso muß ich berücksichtigen, daß das von uns eingesetzte Kapital zu verzinsen ist. In die Erfolgsrechnung gehen diese Kosten als kalkulatorische Kosten ein.
Wichtig ist, daß aus dem Gewinn auch die zusätzlichen Investitionen finanziert werden müssen. Im nächsten Jahr will ich noch einen weiteren Räucherschrank anschaffen, der unsere Arbeit erleichtern soll.
Ich möchte meinen Gewinn in den nächsten Jahren steigern. Dafür muß ich mir etwas einfallen lassen. Das ist bei zurückgehendem Fleischverzehr und den Skandalen um BSE-Fleisch undSchweinepest nicht so einfach. Vielleicht organisiere ich einen Party-Dienst außer Haus."
Schüler: „Die Kalbsleberwurst ist diese Woche im Sonderangebot. Wieviel verdienen Sie daran?"
Herr Meuter: „Diese Woche nichts. Aber das Sonderangebot lockt Kunden an, die auch andere Waren kaufen. Ich mache eine Mischkalkulation. Bei bestimmten Waren ist der Gewinn niedriger, bei anderen höher. Ich muß sehen, daß der Gewinn insgesamt stimmt."

Beispiel einer Kalkulation

Nicht alle Waren stellt die Fleischerei Meuter her. Spezialitäten, wie Tiroler Speck, werden aus dem Großhandel als Handelsware zugekauft.

Bezugspreis für 1 Schinken zu 6 kg	DM 150,00
Kalkulationszuschlag (z. B. Personalaufwand, Abschreibung, kalkulierter Gewinn)	+ DM 100,00
Verkaufspreis für 5 kg (1 kg Knochen, Verschnitt)	= DM 250,00
Verkaufspreis für 100 g	DM 5,00

Die Kalkulationszuschläge sind unterschiedlich. Bei Handelsware ist der Zuschlag, z. B. für Personalaufwand, niedriger als bei Waren eigener Herstellung, da mehr Arbeitsleistung gesetzt wird.

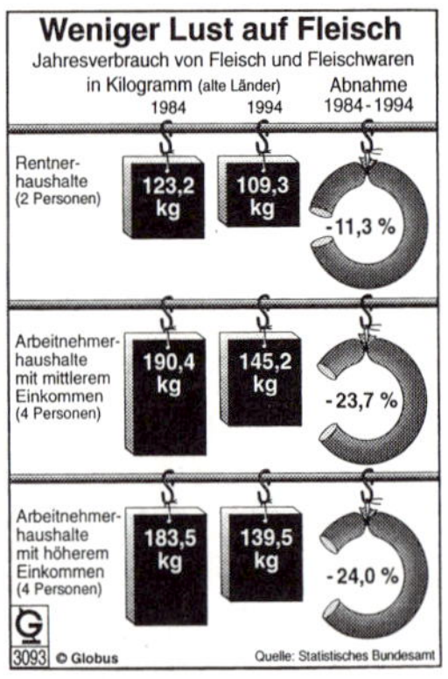

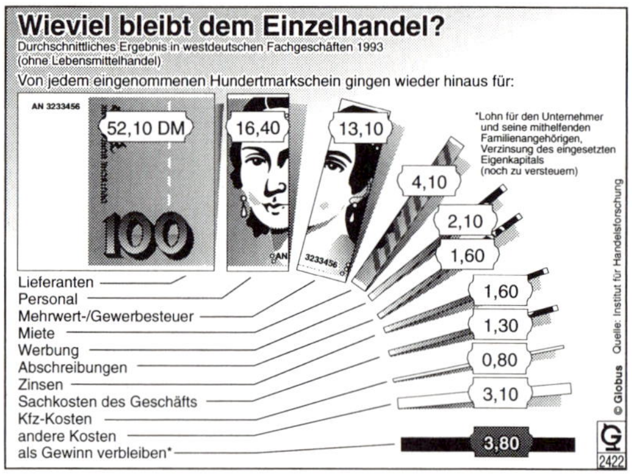

BETRIEBLICHE ERFOLGSRECHNUNG FÜR EIN JAHR

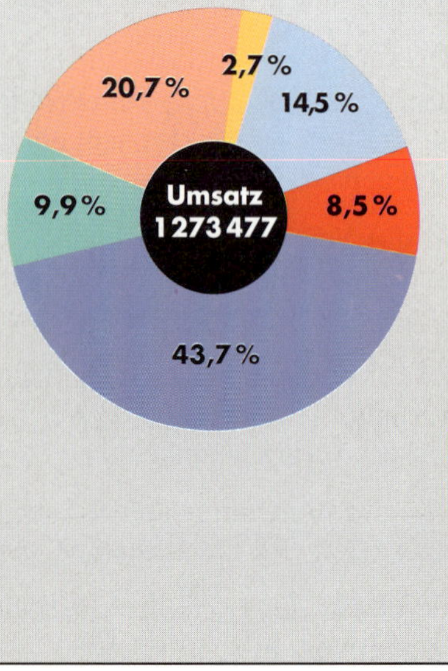

Betriebsleistung (Umsatz)	**1 273 477**
Materialeinsatz (z.B. Gewürze, Tierhälften)	556 114
Einsatz von Handelswaren (z.B. Feinkostkonserven, Eier)	126 439
Personalaufwand (Kosten für das beschäftigte Personal und die mitarbeitende Ehefrau)	264 181
Abschreibung (Abnutzung der Maschinen)	34 290
Sonstiger Aufwand (z.B. Gewerbesteuer, Energiekosten, allgemeine Bürokosten, Werbung, Schlachtkosten, Miete, Reinigungsmittel, Fahrzeugunterhaltung)	184 884
Gewinn	**107 569**
Kalkulatorische Kosten (z.B. Arbeitsleistung des Unternehmers, soz. Sicherung, Verzinsung des eingesetzten Kapitals)	107 883
Kalkulator. Gewinn bzw. Verlust	**–314**

Aufgaben

1 Erklärt die betriebliche Erfolgsrechnung und das Kalkulationsbeispiel.

2 Sprecht darüber, was Meuters aus dem Gewinn finanzieren müssen.

3 Was können Meuters tun, um ihren Gewinn zu erhöhen?

4 Meuters kaufen für 15 000 DM eine Maschine. Sie rechnen damit, daß diese in einem Zeitraum von 10 Jahren veraltet und nicht mehr brauchbar ist. Verteilt die Anschaffungskosten auf die 10 Jahre, und ermittelt die jährlichen Kosten für die Abnutzung der Maschine (Abschreibung).

5 Woran erkennt ihr ein marktwirtschaftliches Unternehmen?

6 Vergleicht die Erfolgsrechnung bei Meuter mit den Durchschnittswerten im Schaubild zur Situation im Einzelhandel.

„Knusba“ kommt auf den Markt

... welche Maßnahmen zur Einführung eines neuen Produktes getroffen werden.
... warum Werbung und Verkaufsförderung betrieben werden und wie diese auf Käufer wirken.

1. Knusba-Baguette wird eingeführt

Die Bago-Werke haben das neue Baguette bundesweit auf den Markt gebracht. Das Tiefkühlprodukt besteht aus einer französischen Brotsorte mit einer pikanten Pizza-Auflage. Eine Packung enthält zwei reichlich belegte Baguette-Hälften von je 125 g. Das Baguette braucht nur kurz aufgewärmt zu werden.
Bis zum Verkauf des ersten Baguettes war im Unternehmen viel passiert.

Ideenfindung
Vor drei Jahren wurde die Idee entwickelt. Dabei war eine Untersuchung des Lebensmittelmarktes notwendig.

Marktuntersuchung
- Wieviel läßt sich im Handel verkaufen?
- Gibt es Konkurrenz?
- Werden genügend Verbraucher kaufen?

Ergebnis der Untersuchung
- Der Markt für Tiefkühlprodukte wächst.
- Der Lebensmittelhandel ist an solchen Tiefkühlfertigprodukten interessiert.
- Der Wettbewerb ist noch gering.
- Schnell-Restaurants fördern den Verzehr von Baguette-Snacks.
- Der Trend geht zu mehreren kleinen Mahlzeiten.
- Besonders Ein-Personen-Haushalte wünschen kurze Zubereitungszeiten.
- Französische Küche ist „in“.

Das Produkt wurde in Berlin vor zwei Jahren versuchsweise eingeführt und auf diesem Testmarkt gut verkauft.

Absatzpolitik
Im ersten Jahr sollen 600 000 Stück verkauft werden. Als Preis wird dem Lebensmittel-Einzelhandel 3,95 DM empfohlen; als zeitlich begrenztes Einführungsangebot 3,45 DM.
Die **Werbung** zielt auf eine Verbrauchergruppe mit folgenden Merkmalen:
Sie
- schätzt französische Lebensart,
- hat überdurchschnittliches Einkommen,
- stellt Ansprüche an die Ernährung,
- legt Wert auf arbeitssparende Zubereitung,
- lebt kalorienbewußt.
- genießt das Essen im Kreis von Freunden,
- ist für Neuerungen aufgeschlossen.

Geworben wird
- im Werbefernsehen,
- durch Anzeigen in Zeitschriften,
- an Plakatwänden.

Für die Durchsetzung im Handel und bei Verbrauchern erscheint neben der Werbung die **Verkaufsförderung** besonders wichtig.

Aufgaben

1 Sprecht über Gründe für die Einführung des neuen Produkts.

2 Warum untersuchen die Bago-Werke den Markt?

3 Erörtert die Ergebnisse der Marktuntersuchung.

4 Warum wird die Werbung auf eine bestimmte Zielgruppe ausgerichtet?

2. Maßnahmen zur Verkaufsförderung

Die Verkaufsförderung richtet sich an den **Handel** und dessen **Personal** sowie die **Verbraucher.**
Beim Handel geht es zuerst darum, das Produkt einzuführen. Die Bago-Werke ergriffen dazu folgende Maßnahmen:
- 12 Beraterinnen aus dem vorhandenen Team werden nur für Knusba eingesetzt;
- Versand eines Schnellbriefs an alle Marktleiter des Handels.

BAGO-Werke ...immer frisch

Schnellbrief an alle Marktleiter

Das neue KNUSBA-BAGUETTE kommt - ein Fertiggericht für französische Lebensart!
Bombenerfolg auf allen Testmärkten!
Tiefkühlkost schafft heiße Umsätze:
Umsatzsteigerung 1994 = 10%!
Verbraucher bevorzugen leichte Gerichte bei kurzen Zubereitungszeiten, Spitzenqualität, ausgezeichnet mit dem DLG Preis!
Nehmen Sie teil an unserem Markterfolg!

Die Steigerung des Umsatzes von KNUSBA-BAGUETTES ist möglich durch
- eine bevorzugte Plazierung,
- Bereitstellung von Handzetteln,
- Werbung in Tageszeitungen,
- unverwechselbare Ladenwerbemittel: Plakate, Folienaufkleber, Warenproben,
- Einsatz von Produktberaterinnen in Ihrem Geschäft.

Wir beteiligen uns an Ihren Werbekosten.
Nutzen Sie unsere Einführungspreise und Mengenrabatte!
Sprechen Sie mit uns über gezielte Verkaufsförderungsaktionen.
Beachten Sie auch beiliegende Produktinformationen.
Ihre Bago-Werke

Der Schnellbrief erreichte auch den SB-Markt Zentrum Nord. Er nahm das Angebot an. Neben anderen zeitlich abgestimmten Verkaufsförderungsmaßnahmen vereinbart er für zwei Tage (Do./Fr.) **Verkaufssonderaktionen** durch Produktberaterinnen. Dabei wird gleichzeitig französischer Landwein eines bekannten Importeurs angeboten.

Es kommt zu folgendem **Verkaufsgespräch** zwischen der Beraterin und einer Kundin:

„Guten Morgen, treten Sie ruhig näher! Möchten Sie unser herzhaftes Knusba-Baguette probieren?"
„Hm, das duftet nach Pizza!"
„Meine Dame, nicht doch! Etwas ganz Neues: knuspriges Baguette und eine reichliche, pikante Auflage mit Tomaten, Käse, Pilzen und Schinken."
„Dann will ich es mal versuchen."
„Probieren Sie dazu diesen vorzüglichen trockenen französischen Landwein."
„Ja, gern."
„Hier, bitte, das wird Ihnen schmecken."
„Köstlich, vorzüglich! Das kann man auch noch schnell nach Feierabend zubereiten."
„Gerade das richtige für berufstätige Frauen wie Sie mit wenig Zeit. Nur aufbacken und fertig. Auch Ihre Familie wird begeistert sein! Hier, dem Handzettel können Sie noch weitere Informationen entnehmen. Übrigens, heute und morgen gibt es unser neues Knusba zum Sonderpreis. Wenn Sie drei Packungen kaufen, ist es noch günstiger."
„Dann nehme ich drei und eine Flasche Wein ..."
„Hier, bitte schön, Sie haben vorzüglich gewählt!"

Aufgaben

1 Aus welchen Gründen werden Maßnahmen zur Verkaufsförderung durchgeführt?

2 Sprecht darüber, was der Schnellbrief bewirken soll und wie die Marktleiter für das neue Produkt interessiert werden sollten.

3 Beim Verkaufsgespräch ist wichtig,
- Aufmerksamkeit für das Produkt zu wecken und zu verstärken,
- Interesse zu erregen,
- den Kaufwunsch zu schaffen und
- den Kauf herbeizuführen.

Sprecht darüber, wie die Produktberaterin diese Absicht im Gespräch fördert. Wird der Kunde eher durch Sachargumente oder durch persönliche Bestätigung angesprochen?

4 Welche Informationen sollte ein Verkaufsgespräch aus Verbrauchersicht enthalten?

5 Bewertet die Kaufentscheidung der Kundin.

6 Führt ein Verkaufsgespräch als Rollenspiel durch. Spieler: Verkäufer, Kunden. (s. Stichwort *Rollenspiel*.)

Anbieter planen die Absatzpolitik

… was für den Absatz von Gütern alles zu bedenken ist.

… ob Verbraucherinteressen bei Unternehmensentscheidungen angemessen berücksichtigt werden.

Wenn ihr darüber nachdenkt, was Unternehmen tun, um ihre Güter zu verkaufen, fällt euch sicher die Werbung ein. Weiterhin habt ihr die Verkaufsförderung kennengelernt. Es müssen jedoch noch viele weitere Überlegungen angestellt und Maßnahmen durchgeführt werden. Diese werden **Absatzpolitik** oder **Marketing** genannt.
Die Abbildungen und die Fragestellungen zu den Bereichen der Absatzpolitik sollen euch verdeutlichen, was zu bedenken ist.

Richtige Güter anbieten

- Wie können wir gute (ausreichende) Qualität zu günstigen Kosten produzieren?
- Werden viele Verbraucher unser neues Produkt kaufen?
- Welche Güter können wir zusammen verkaufen?
- Sollen wir Zubehör anbieten?
- Lohnt es, eine Marke herauszustellen?
- Wie kriegen wir einen guten Namen?

Preise und Verkaufsbedingungen bestimmen

- Kann unser Preis im Wettbewerb bestehen?
- Sollen wir Mengenrabatte gewähren?
- Welche Zahlungsfristen räumen wir ein?
- Wie schnell sollen wir liefern?
- Welche Geschäftsbedingungen legen wir fest?

Albanus Albanus-Buchvertrieb GmbH

Liefer- und Zahlungsbedingungen

Wir liefern die im Katalog angegebenen Bücher zu den von den Verlagen festgesetzten Preisen. Die Preise verstehen sich inkl. der gesetzlichen Mehrwertsteuer. Preisänderungen und Liefermöglichkeiten vorbehalten. Unsere Rechnungen sind ohne jeden Abzug fällig. Eigentumsvorbehalt nach §455 HGB bis zur vollständigen Bezahlung der Ware. Rücknahme innerhalb 10 Tagen möglich. Rücksendung bitte komplett und gut verpackt frei Düsseldorf. Aufträge unter 40,– DM zuzüglich Porto.

Albanus-Buchvertrieb GmbH, Düsseldorf, 1994

Preisliste Stand: 27. 12. 95

Der Golf	Getriebe	Türen	Leistung kW (PS)	**Preis DM**
Geregelter Katalysator (EG-Norm)				
CL	4-Gang	2	44 (60)	**23.180,–**
CL	5-Gang	2	44 (60)	**23.650,–**
CL	5-Gang	2	55 (75)	**26.050,–**
CL	Automatic	2	55 (75)	**28.250,–**
CL „Europe“	5-Gang	4	44 (60)	**28.250,–**
CL „Europe“	5-Gang	4	55 (75)	**29.950,–**
GL	5-Gang	2	55 (75)	**27.800,–**
GL	Automatic	2	85 (115)	**34.050,–**
GL „Europe“	5-Gang	4	55 (75)	**31.350,–**
GL „Europe“	Automatic	4	66 (90)	**35.100,–**
GT „special“ mit Schiebe-/Ausstelldach, Glasdach	5-Gang	2	66 (90)	**33.950,–**
GTI	5-Gang	2	85 (115)	**34.500,–**
GTI 16V	5-Gang	2	110 (150)	**38.600,–**
VR 6 „Highline“	5-Gang	2	128 (174)	**45.900,–**
VG 6 „Highline“	Automatik	2	128 (174)	**48.100,–**

Volkswagenwerk AG: Der Golf, Preisliste 1995

Kopfhörer mit Kabel	Preis nach Markterhebung in DM	Mittlerer Preis in DM	test-Qualitätsurteil
Beyerdynamic DT 311		99,–	GUT
Sennheiser HD 560 Ovation II		299,–	GUT
Sony MDR-CD 250	79,– bis 89,–	89,–	GUT
AKG K 400	259,– bis 279,–	269,–	ZUFRIEDEN-STELLEND
Vivanco SR 909	169,– bis 179,–	179,–	ZUFRIEDEN-STELLEND
Sony MDR-CD 400		159,–	MANGELHAFT

Nach: test, Heft 1/1994, S.39-43

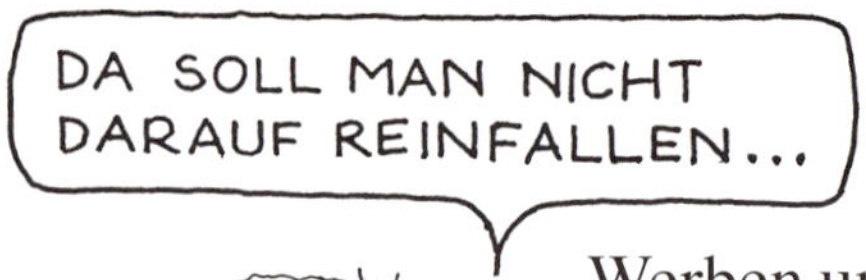

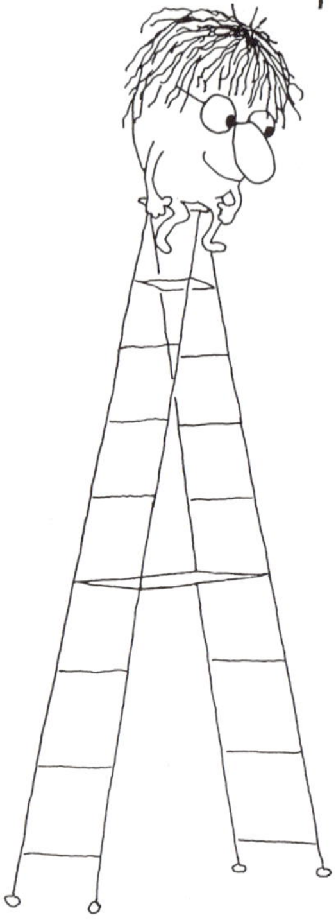

Werben und gut verkaufen

- Sollen wir durch Selbstbedienung oder Verkäufer anbieten?
- Sind die Verkäufer richtig geschult?
- Wie plazieren wir die Produkte?
- Was ist sinnvoll zur Verkaufsförderung?
- Mit welchen Inhalten sollen wir werben?
- Mit welchen Medien können wir unsere Verbrauchergruppen zielsicher und kostengünstig erreichen?

Vertriebsform und Kundendienst festlegen

- Verkaufen wir direkt oder über Zwischenhändler?
- Liefern wir direkt oder über Läger?
- Brauchen wir einen Wagenpark?
- Sollten wir Kundendienst betreiben?

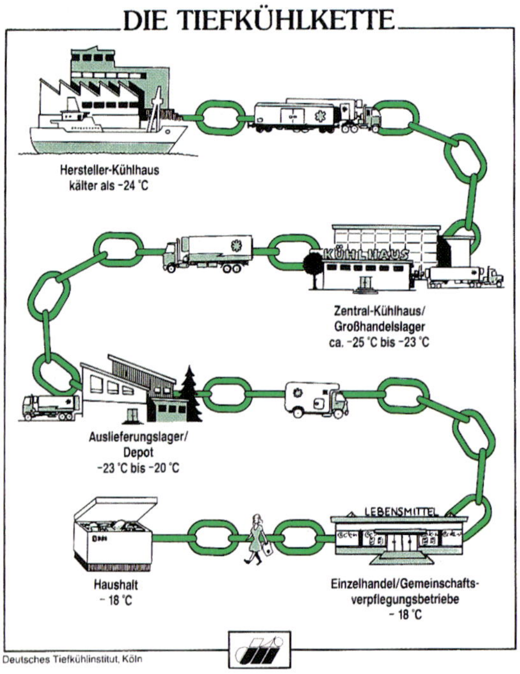

Aufgaben

1 Ordnet den Abbildungen die passenden Fragen zu, und sprecht darüber.

2 Überlegt die Absatzpolitik für
  - ein Verbrauchsgut (z. B. Lebensmittel)
  - ein Gebrauchsgut (z. B. Mofa)

  Kennzeichnet wesentliche Unterschiede.

3 Sprecht darüber, welche Verbraucherinteressen Unternehmen bei ihren Entscheidungen berücksichtigen werden.

4 Verfolgt an einem konkreten Beispiel die Maßnahmen zur Absatzpolitik.

Rechtsgeschäfte

... Rechtsfähigkeit und Geschäftsfähigkeit zu unterscheiden.

... wann Minderjährige Kaufverträge abschließen dürfen.

... Rechtsgeschäfte zu beschreiben.

Unsere Rechtsordnung bildet eine wichtige Grundlage für das Zusammenleben und Wirtschaften der Menschen. Sie wird in erster Linie durch **geschriebenes Recht** (Gesetze, Rechtsverordnungen und Satzungen) gebildet.
Das **öffentliche** Recht regelt die Beziehungen der Rechtspersonen zum Staat, z.B. das Verfassungsrecht und das Strafrecht. Das **private** Recht regelt die Beziehungen der Rechtspersonen untereinander, z.B. das Bürgerliche Gesetzbuch (BGB) und das Arbeitsvertragsrecht.
Rechtspersonen können natürliche Personen (Bürger) und juristische Personen (Organisationen, Unternehmen) sein.
Jede Person hat von Geburt an Rechte. Diese **Rechtsfähigkeit** ist die Fähigkeit, Träger von Rechten und Pflichten zu sein. So kann ein dreijähriges Mädchen bereits Eigentümerin eines Hauses sein.
Zu unterscheiden ist dagegen die **Geschäftsfähigkeit.** Hier handelt es sich um die Fähigkeit, Rechte und Pflichten durch **Rechtsgeschäfte** zu erwerben.
Die Geschäftsfähigkeit hängt vom Alter ab. Das dreijährige Mädchen, das Eigentümerin eines Hauses ist, kann z.B. **nicht** einen Mietvertrag schließen oder einen Kredit aufnehmen.

„Ich will monatlich 50 DM sparen."

„Ich werde mich von einer Anwältin beraten lassen."

„Ich werde meine Waschmaschine von LIOP reparieren lassen."

Rechtswirksamkeit von Kaufverträgen Minderjähriger

Schließen Minderjährige mit **vorheriger** Zustimmung (Einwilligung) der gesetzlichen Vertreter (in der Regel der Eltern) einen Kaufvertrag, so ist er rechtswirksam.

Schließen Minderjährige **ohne** Einwilligung der gesetzlichen Vertreter einen Kaufvertrag, so ist er nur rechtswirksam, wenn diese **nachträglich** einwilligen.

Der Kaufvertrag Minderjähriger ist auch ohne Einwilligung der gesetzlichen Vertreter wirksam, wenn der Kaufpreis vom Taschengeld bezahlt werden kann, das die gesetzlichen Vertreter ihnen zur freien Verfügung überlassen hatten (Taschengeldparagraph).

Aufgaben

1 Begründet die Notwendigkeit unserer Rechtsordnung.

2 Kennzeichnet die Rechtsgeschäfte in der Randspalte. Um welche Verträge handelt es sich?

3 Wer hat recht? Löst den in der Abbildung oben dargestellten Konflikt.

4 Beurteilt folgende Meinung: „Unerhört, daß ich beim Kauf eines Fahrrades die Zustimmung der Eltern brauche! Ich bekomme doch eine Ausbildungsvergütung!"

Welche Rechte haben Käufer?

... den Kaufvertrag als Rechtsgeschäft zu verstehen.
... ungültige Kaufverträge zu erkennen.
... Rechte des Käufers bei Mängeln der Ware wahrzunehmen.
... welche Möglichkeiten der Käufer bei Lieferverzug der Ware hat.

1. Ein Kaufvertrag kommt zustande

Ein Kaufvertrag kommt dadurch zustande, daß von zwei geschäftsfähigen Personen **übereinstimmende Willenserklärungen** abgegeben werden. Sie werden **Antrag** und **Annahme** genannt.
Der Antrag muß so eindeutig sein, daß der oder die Vertragspartner(in) ebenfalls durch eine eindeutige Antwort (ja, nein, einverstanden) den Antrag annehmen oder ablehnen kann.
Ein Kaufvertrag kann mündlich oder schriftlich geschlossen werden. Im Geschäftsleben ist die Schriftform meist üblich, um in Konfliktfällen einen Beleg zu haben.
Der Kaufvertrag ist erst abgeschlossen, wenn die zweite Willenserklärung dem(r) Partner(in) zugegangen (angekommen) ist, z.B. im Briefkasten.

Es gibt zwei Möglichkeiten des Zustandekommens eines Kaufvertrages:

Beispiel 1:
Der Verkäufer macht einen Antrag

Händler Schreiber zu Jörg: „Ich verkaufe dir dieses Fahrrad Senta TX für 478 DM.“
(Antrag)
Jörg zu Händler Schreiber: „Einverstanden.“
(Annahme)

Beispiel 2:
Die Käuferin macht einen Antrag

Meike zu Händlerin Groten: „Ich möchte diesen PC XV 386 für 988 DM kaufen.“
(Antrag)
Händlerin Groten zu Meike: „In Ordnung.“
(Annahme)

Aus einem Kaufvertrag ergeben sich für Käufer und Verkäufer **Pflichten.**
Die **Käuferin** hat u. a. die Pflicht, den Kaufpreis zu zahlen und die Ware abzunehmen.

Die **Verkäuferin** hat u.a. die Pflicht, die Ware in ordnungsgemäßem Zustand zu liefern und der Käuferin das Eigentum daran zu verschaffen.

Nichtige (ungültige) Kaufverträge sind:
- verbotene und sittenwidrige Verträge,
- Verträge mit geschäftsunfähigen Personen,
- Verträge, bei denen die vorgeschriebene Form nicht eingehalten wurde. (Mietverträge müssen z. B. schriftlich erfolgen.)

Anfechtbare Kaufverträge bei:
- Irrtum,
- widerrechtlicher Drohung,
- arglistiger Täuschung.

Habe ich ein Recht auf Umtausch?

Ihre Rechte beim Umtausch

Viele Geschäfte tauschen **mangelfreie Ware** in einer bestimmten Frist gegen Vorlage des Kassenbons **freiwillig** um, z. B. innerhalb einer Woche.
Sie erhalten dann entweder den Kaufpreis zurück oder eine Gutschrift.
Auf Umtausch besteht aber kein **Rechtsanspruch,** es sei denn, Ihnen wurde das Recht ausdrücklich (schriftlich) bestätigt. Das kann auf dem Kassenbon erfolgen. Diesen sollten Sie aufbewahren, auch, damit Sie Mängel reklamieren können.

Nicht umgetauscht werden in der Regel:
- Badebekleidung,
- Schlußverkaufsware,
- Einzelbestellungen für Kunden,
- gebrauchte Ware.

Aufgaben

1 Ist in folgenden Fällen ein Kaufvertrag zustande gekommen? Begründet!
  A Melanie: „Ich kaufe diesen Rock.“
  B Claus: „Ich möchte sofort ein Radio LM 80.“ Händler: „In Ordnung, vielleicht in 3 Tagen.“
  C Robert: „Ich biete dir diesen Pferdesattel für 700 DM an.“ Birte: „Den kaufe ich.“
  D „Bitte schneiden Sie mir die Haare.“ Friseurin: „Ja, gern.“

2 Bildet Beispiele für nichtige und anfechtbare Kaufverträge.

3 Begründet, warum die meisten Händler Waren umtauschen.

2. Wenn die Ware Mängel hat

Regine kauft einen Bikini

Regine geht zum Textilhaus Grote, um sich einen Bikini zu kaufen. Von ihrer Freundin weiß sie, daß es sich um ein Geschäft mit preiswerten Sachen handelt. Sie findet einen schicken Bikini, probiert ihn an und kauft ihn. Zu Hause angekommen, zeigt sie ihrer Freundin den Kauf und stellt bei näherem Nachsehen ein kleines Loch fest. Sie will die Ware zurückgeben und verlangt die Herausgabe des Kaufpreises. Die Verkäuferin weigert sich und stellt fest: „Badekleidung ist vom Umtausch ausgeschlossen!"

Die Rechte der Käufer

1 Verkäufer sind verpflichtet, für Mängel an der Ware (fehlerhafte Waren) zu haften. Man nennt das Gewährleistung. Fehlerhaft ist z. B. eine verbogene Schallplatte, ein Kleid, bei dem der Ärmel schief eingesetzt ist.
2 Käufer können die fehlerhaften Waren zurückgeben und den Kaufpreis zurückverlangen oder eine Ersatzlieferung verlangen.
3 Käufer können eine Herabsetzung des Kaufpreises verlangen, wenn sie die fehlerhafte Ware behalten wollen.
4 Verkäufer müssen eine fehlerhafte Ware nicht zurücknehmen, wenn die Käufer den Fehler beim Kauf kannten.
5 Verkäufer dürfen die Rückgabe einer fehlerhaften Ware nicht ausschließen, z. B. durch ein Schild: Keine Rückgabe.
6 Die Gewährleistung gilt für Mängel, die innerhalb von 6 Monaten auftreten. Offensichtliche Mängel muß man sofort reklamieren. In manchen Fällen gibt es Garantie durch den Hersteller. Diese Garantiezeit ist z. T. länger.

Der Fußball platzt aus allen Nähten

Dirk hat seit langem Geld für einen Fußball gespart. Endlich ist es soweit. Er geht zu „Sport-Wilter" und kauft einen Ball. Dieser kostet 44 DM. Der Händler meint, daß er von guter Qualität ist. Nachdem Dirk zweimal mit dem Ball gespielt hat, platzen die Nähte. Dirk verlangt einen neuen Ball. Herr Wilter will den Ball nicht zurücknehmen, weil er schmutzig ist und Kratzer hat.

Lieferverzug

Der Verkäufer gerät in Lieferverzug, wenn
- die Ware nicht geliefert wurde,
- die Lieferung fällig war,
- der Käufer gemahnt, eine Nachfrist gesetzt und angedroht hat, die Ware danach nicht mehr abzunehmen,
- der Verkäufer schuldhaft ist.

Der Käufer kann vom Vertrag zurücktreten oder Schadensersatz wegen Nichtlieferung verlangen. Er kann Ersatz für die Kosten der Mahnung verlangen.
Wenn der Liefertermin **genau fixiert** war (z. B. spätestens am 26. 3. 96), braucht der Käufer **nicht** zu mahnen.
Er muß mahnen, wenn z. B. vereinbart wurde: 4 Wochen nach Bestellung.

Aufgaben

1 Besprecht den Buch-Fall und den Bikini-Fall (s. Stichwort *Gruppenarbeit*).

2 Löst den Fußball-Fall im Rollenspiel (s. Stichwort *Rollenspiel*).

Ratenkauf und Geschäftsbedingungen

... einen Ratenkredit mit einem Allzweckkredit zu vergleichen.

... welche Folgen es hat, wenn Raten nicht bezahlt werden können.

Ein **Ratenkaufvertrag** muß enthalten:
- effektiven Jahreszinssatz,
- Barzahlungspreis,
- Teilzahlungspreis,
- Höhe, Anzahl und Fälligkeit der Raten,
- vereinbarte Kreditsicherung,
- Abschlußdatum,
- Unterschrift,
- schriftliche Belehrung über das Widerrufsrecht (1 Woche),
- gesonderte Unterschrift (zweite Unterschrift).

1. Müllers wollen Möbel kaufen

Familie Müller will ihre Einrichtung ergänzen und eine Polstergarnitur kaufen. In verschiedenen Möbelgeschäften vergleichen sie Preise und Qualitäten. Sie entscheiden sich für eine Garnitur bei Möbelhaus Eurojann. Diese soll 3000 DM kosten. Herr und Frau Müller möchten sich das Geld dafür leihen. Da sie beide berufstätig sind, glauben sie, den Kredit in 12 Monatsraten zurückzahlen zu können.
Der Verkäufer im Möbelhaus preist den **Ratenkaufvertrag** des Hauses an.

Klüger kaufen – mit Kredit!

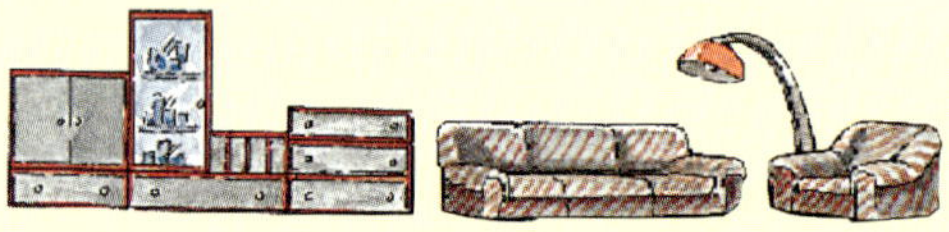

Sie haben Wünsche? Dann warten Sie nicht, bis alles teurer geworden ist!
Eurojann gibt Ihnen die bessere Möglichkeit:
Kaufen Sie ohne Geld, wenn es günstig ist: jetzt!
Zahlen Sie in bequemen Raten!

Wir bieten Ihnen folgende Bedingungen:

Laufzeit: 12 Monate	
Kreditzinsen pro Monat 0,5 %	
(12 × 0,5 % = 6 % von 3000 DM)	180 DM
Bearbeitungsgebühr	
(2 % von 3000 DM)	60 DM
Kreditkosten	240 DM
+ Kreditbetrag	3000 DM
= Teilzahlungspreis	3240 DM
Monatsrate (12 × zu zahlen)	270 DM
Effektiver Jahreszins	14,77 %

Zum Vergleich holen Müllers auch ein Angebot ihrer Sparkasse für einen **Allzweckkredit** ein.
Die Sparkasse Überall bietet ihnen einen Kredit unter folgenden Bedingungen:

Zinssenkung!

Sparkassenkredite billiger!
Erfüllen Sie Ihre Wünsche!
Nehmen Sie jetzt einen Kredit auf!
Die Sparkasse Überall bietet Ihnen folgende Bedingungen:
Berechnungsbeispiel:

Zinssenkung!

Allzweck-Kredit DM	Laufzeit Monate	Monatsrate DM	Kreditzins pro Monat	Effektiver Jahreszins
3000	12	273	0,6 %	16,98 %

Bearbeitungsgebühr: Einmalig 2 % vom Kreditbetrag

Für den **Überziehungskredit** ihres Girokontos müßten Müllers einen effektiven Jahreszins von 17,8 % zahlen. Auf dem Girokonto hat ihnen die Sparkasse einen Kredit bis zu 6000 DM eingeräumt.
Durch den **effektiven Jahreszins** werden Kreditangebote vergleichbar. Er muß bei allen Kreditangeboten genannt werden. Der effektive Jahreszins drückt folgendes aus:
Alle Kreditkosten werden entsprechend der Höhe des jeweils geschuldeten Betrages auf die gesamte Laufzeit des Kredits verteilt.
Sie werden in Prozent (%) ausgedrückt. Der im Vergleich zum Monatszins höhere Zinssatz beim effektiven Jahreszins ergibt sich, weil die Kreditzinsen pro Monat gleichbleibend auf die Gesamtsumme zu zahlen sind. Das gilt auch für den Teil, der bereits abgezahlt wurde.
Müllers entscheiden sich für den Ratenkauf bei Eurojann. Der Verkäufer legt ihnen einen Vordruck für einen Ratenkaufvertrag vor.
Durch die Unterschriften auf dem Formular des Möbelhauses kommt der Vertrag zustande. Eine **schriftliche Form** ist beim Ratenkaufvertrag ausdrücklich vorgeschrieben. Der Käufer muß über sein Recht auf Widerruf schriftlich informiert werden und dies durch eine Unterschrift bestätigen.
Eine Abschrift der Vertragsurkunde muß dem Käufer ausgehändigt werden.

Aufgaben

1 Vergleicht die Kreditangebote. Nehmt Stellung zu den Werbesprüchen.

2 Oft kann bei Barzahlung Rabatt abgezogen werden. Üblich sind 2 bis 3 Prozent. Vergleicht die beiden Angebote. Nehmt an, daß Eurojann 3 Prozent gewährt.

3 Begründet, welches Kreditangebot Müllers annehmen sollten?

4 Welche Pflichten gehen Müllers durch den Vertrag ein?

5 Welche Pflichten hat das Möbelhaus?

6 Aus welchen Gründen wird der Ratenkaufvertrag schriftlich geschlossen?

7 Sprecht über die Bedeutung des Rücktrittsrechts. Schaut dazu die Karikatur auf der nächsten Seite an.

8 Überlegt, warum Müllers auf das Abschlußdatum im Vertrag achten sollten.

2. Das „Kleingedruckte" unter der Lupe

Möbelhaus Eurojann — Dresden, 1.7.1996
Nordstraße 1-3

Herrn und Frau
A. und B. Müller
Hausgasse 3
01326 Dresden

Ratenkaufvertrag zur Rechnung Nr. 764328

Sie bestellten aufgrund unserer umseitigen Geschäftsbedingungen zum 15. 6. 1996 frei Haus:

3 Sessel	Orangia	T 18	DM 1.800
1 Sofa	Orangia	B 21	DM 1.200
			DM 3.000

Zahlungsweise

Die Bezahlung erfolgt in 12 gleichen Monatsraten zu je DM 270.
Der Kreditaufschlag ist darin enthalten. Die Raten sind jeweils am 1. eines Monats im voraus fällig.

Teilzahlungspreis DM 3.240.

Der effektive Jahreszins beträgt 14,77 %.

Werner — Unterschrift des Verkäufers
Müller — Unterschrift des Käufers

Diese Bestellung gab ich auf unter ausdrücklicher Anerkennung der umseitigen Geschäftsbedingungen.
Bei Teilzahlungskauf hat der Käufer das Recht, innerhalb einer Woche schriftlich den Rücktritt vom Kaufvertrag zu erklären.

Müller — Unterschrift des Käufers

Allgemeine Geschäftsbedingungen

I. Eigentumsvorbehalt und Rücktrittsrecht des Verkäufers

1. Die verkauften Gegenstände bleiben bis zur vollständigen Bezahlung aller Forderungen Eigentum des Möbelhauses. Der Käufer darf über die gekauften Gegenstände nicht verfügen, sie also nicht verkaufen, vermieten oder verschenken, sondern nur besitzen, das heißt in Gebrauch nehmen.
2. Der Käufer hat die Beschädigung, Vernichtung, Pfändung und jeden Wohnungswechsel unverzüglich dem Verkäufer anzuzeigen.
3. Der Verkäufer kann vom Vertrag zurücktreten, wenn der Käufer unrichtige Angaben über seine Person macht und dadurch seine finanzielle Lage falsch darstellt.
   Ferner kann der Verkäufer zurücktreten, wenn der Käufer mit 2 Monatsraten im Verzug ist.
4. Falls der Verkäufer zurücktreten will, müssen die von beiden erbrachten Leistungen zurückgewährt werden.
   Der Verkäufer darf von den gezahlten Raten die von ihm erbrachten Aufwendungen für Transport-, Büro-, Personal- und Portokosten abziehen und Ersatz für alle Beschädigungen fordern.
   Für die Überlassung der Möbel zum Gebrauch ist eine Gebühr zu zahlen, die die eingetretene Wertminderung der Möbel berücksichtigt. Den Restbetrag hat der Verkäufer zurückzugewähren.
   Für die Überlassung der Möbel zum Gebrauch sollen die folgenden festgelegten Sätze gelten, und zwar bei Rückgabe innerhalb des
   1. Halbjahres 35 v. H.
   2. Halbjahres 45 v. H.
   3. Halbjahres 60 v. H. des Verkaufspreises.

II. Zahlungen und Zahlungsverzug

Der gesamte noch nicht bezahlte Betrag ist fällig, wenn der Käufer mit 2 Raten im Rückstand ist. Diese beiden Raten müssen mindestens 10. v. H. des Teilzahlungspreises betragen.
Kann der Restbetrag nicht bezahlt werden, müssen die Möbel zurückgegeben werden.

III. Sonstiges

Zusätzliche oder abweichende Vereinbarungen müssen schriftlich abgefaßt werden.

Die **AGB** werden auch „das Kleingedruckte" genannt.

„Nur hier unterschreiben und schon sind Sie stolze Besitzerin einer Tauchausrüstung. Die Rücktrittsklausel studiert bei Gelegenheit der Herr Gemahl."

Allgemeine Geschäftsbedingungen (AGB)

Allgemeine Geschäftsbedingungen gelten für viele ähnliche Verträge und erleichtern den Vertragsabschluß, weil nicht immer wieder von neuem alle vertraglichen Rechte und Pflichten formuliert werden müssen.
Die AGB werden nur dann Bestandteil des Kaufvertrages, wenn ausdrücklich daraufhingewiesen oder durch deutlich sichtbaren Aushang bekannt gemacht wird.
Der Gesetzgeber hat zum Schutz des Verbrauchers geregelt, wogegen AGB nicht verstoßen dürfen. Unwirksam sind u. a. folgende Klauseln:
- kurzfristige Preiserhöhungen innerhalb von 4 Monaten nach Vertragsabschluß
- der Ausschluß jeglicher Gewährleistungsansprüche
- Beschränkung der Gewährleistungen auf die Nachbesserung, sofern nicht ausdrücklich das Recht eingeräumt wird, bei Fehlschlägen die Nachbesserung, Preisminderung oder den Rücktritt zu verlangen.

Aufgaben

1 Müllers sind durch die Arbeitslosigkeit von Frau Müller mit 2 Monatsraten im Rückstand. Nach der 2. Mahnung des Möbelhauses lesen sie erstmals die AGB. Arbeitet in Gruppen (s. Stichwort *Gruppenarbeit*).
- Welche Rechte hat das Möbelhaus?
- Errechnet, was es für Müllers bedeutet, wenn Eurojann vom Vertrag zurücktritt?
- Vergleicht die Rechte von Eurojann und der Familie Müller.
- Was können Müllers noch tun?
- Beurteilt das Verhalten von Müllers.

2 Kennt ihr ähnliche Fälle?

Mietvertrag

... welche Rechte und Pflichten sich aus einem Mietvertrag ergeben.

... worauf Mietverträge kritisch geprüft werden sollen.

Kaution ist eine Mietsicherheit in Höhe von höchstens 3 Monatsmieten. Die Kaution muß beim Auszug in voller Höhe plus der banküblichen Zinsen zurückgezahlt werden.

Makler (Wohnungsvermittler) dürfen keinen Vorschuß nehmen. Sie bekommen erst Geld (Maklergebühr, höchstens 2 Monatsmieten), wenn mit ihrer Hilfe tatsächlich ein Mietvertrag zustande kommt.

Auf dem freien Wohnungsmarkt handeln Mieter und Vermieter den Mietvertrag nach dem Bürgerlichen Gesetzbuch (BGB) grundsätzlich frei aus. Der Mietvertrag muß **schriftlich** geschlossen werden. In der Regel werden Musterformulare verwendet.
Vermieter haben die Pflicht, die Wohnung in vertragsgemäßem Zustand zu überlassen und zu erhalten.
Mieter haben die Pflicht, die Miete zu zahlen, die Wohnung sorgfältig zu behandeln, den Vermieter bei Schäden zu benachrichtigen und Maßnahmen zur Erhaltung der Wohnung zu dulden.
Mieter haben das Recht, den Mietpreis zu mindern, wenn und solange die Wohnung Mängel hat, z. B. feuchte Wände. Sie können fristlos kündigen, wenn die Wohnung eine gesundheitsgefährdende Beschaffenheit aufweist.
Da ein befriedigendes Wohnen für alle Menschen sehr wichtig ist und von einem Grundrecht auf Wohnen gesprochen werden kann, hat der Gesetzgeber (Staat) Bestimmungen zum Schutz der Mieter erlassen. Diese Bestimmungen sind auch dann gültig, wenn sie nicht im Mietvertrag stehen bzw. wenn sie im Mietvertrag zu Lasten des Mieters oder der Mieterin verändert wurden.

Wichtige Bestimmungen des Mieterschutzes:

- Mieter haben einen umfassenden **Kündigungsschutz.** Er hängt u. a. von der Dauer des Mietverhältnisses und persönlichen Bedingungen ab.
- Mieter haben einen Schutz vor überhöhten **Mietpreisforderungen.**

Informationen über Mietrecht geben Verbraucherberatungsstellen, Gemeinde- oder Stadtverwaltung und der Mieterbund.

Aufgaben

1 Wie sind folgende Texte aus Mietverträgen zu beurteilen?
A: „...Mietminderung ist nicht möglich."
B: „...die Wohnung wird innerhalb der nächsten 24 Monate grundlegend renoviert. Der Mietpreis erhöht sich dann von 600 DM auf 1000 DM."
C: „...Kaution wird mit 2 % verzinst."

2 Vergleicht den Muster-Mietvertrag vom Mieterbund mit dem des Verbands der Haus- und Grundeigentümer.

3 Begründet die unterschiedlichen Interessen von Mietern und Vermietern.

Checkliste zum Mietvertrag

1. Ist der Vertragspartner Privatperson oder Firma?
2. Unter welchen Bedingungen kann die Grundmiete erhöht werden?
3. Muß ich Kaution zahlen? Wenn ja, wird sie verzinst?
4. Welche Mietnebenkosten entstehen? Heizung, Müllabfuhr, Wasser- und Abwassergebühren, Hausverwaltung, Treppenhausreinigung, Beleuchtung des Treppenhauses, Gartenpflege, Kabelanschluß.
5. Wie groß ist die Wohnung in m^2 genau?
6. Wie ist der Zustand der Wohnung? (Nachprüfen, ob bei Einzug der Zustand der Wohnung dem Mietvertrag entspricht.)
7. Wer hat das Mietvertragsformular herausgegeben?
8. An wen kann ich mich im Falle von Ärger wenden? An den Vermieter oder eine Hausverwaltungsfirma?
9. Wann beginnt mein Mietverhältnis, und mit welcher Frist kann ich kündigen?
10. Darf ich untervermieten?
11. Darf ich Haustiere halten?
12. Wie sind der Treppenhaus- und der Winterdienst geregelt?
13. Heizkostenabrechnung – wie wird der Verbrauch berechnet? Der Mieter hat das Recht, die Gesamtabrechnung zu überprüfen.
14. Was sagt der Vertrag ausdrücklich über Schönheitsreparaturen?
    - Was fällt darunter, und wie oft müssen sie durchgeführt werden?
    - Muß die Wohnung nur in einen „vertragsgemäßen Zustand" versetzt werden, oder muß vollständig renoviert werden?
    - Muß ich beim Auszug streichen und lackieren, oder gegebenenfalls auch tapezieren? Sind jetzt Tapeten da, dürfen sie auch nach Auszug bleiben?
    - Ist die Ausführung der Schönheitsreparaturen durch eine Fachfirma vorgeschrieben, oder kann ich selbst diese Arbeiten durchführen?
    - Sind bei meinem Einzug alle die Schönheitsreparaturen durchgeführt worden, zu deren Durchführung ich mich jetzt vertraglich verpflichte?

Wenn kein Wettbewerb besteht

... wie sich fehlender Wettbewerb auf Verbraucher und Unternehmer auswirkt.

... daß der Wettbewerb geschützt werden muß.

1. Preisabsprache beim Turnhallenbau

Öffentliche Ausschreibung der Gemeinde Holzhausen

Errichtung einer **Dreifach-Turnhalle** im Schulzentrum mit allen Nebenarbeiten.

Submission (Angebotsfrist): 15.7.96
Zuschlagsfrist: 20.8.96

Ausschreibungsunterlagen können vom 30.6.96 bis 10.7.96 gegen Zahlung eines Kostenbeitrages von 30 DM im Bauverwaltungsamt, Schlüterstr. 1, abgeholt werden.

Meyer, Techn. Beigeordneter

Der Gemeinderat hat endlich die Erweiterung der Turnhalle im Schulzentrum beschlossen. Schüler, Lehrer, eine Gruppe Eltern und der Sportverein hatten sich dafür eingesetzt. Zur Zeit kann der Sportunterricht nicht wunschgemäß durchgeführt werden. **Zwei Millionen DM** hat die Gemeinde bereitgestellt.
Die Bauunternehmen Buller, Stein und Krause sind an dieser **Ausschreibung** interessiert. Sie lassen sich die Ausschreibungsunterlagen kommen. Jedes Bauunternehmen stellt nun **seine Kalkulation** auf.

	Fa. Buller DM	Fa. Stein DM	Fa. Krause DM
Arbeitskosten	912 000	871 680	1 041 200
Materialkosten	646 000	617 440	608 000
Sonstige Kosten	266 000	254 240	212 800
Abschreibungen	76 000	72 640	38 000
Gewinn	114 000	84 000	160 000
Summe	2 014 000	1 900 000	2 060 000

Die Unternehmen wissen, daß die Gemeinde den **Preisgünstigsten** beauftragen wird.
Schon lange war Bauunternehmer Krause mit seinem **Gewinn unzufrieden**. Er überlegte hin und her, wie er das Betriebsergebnis verbessern könnte. Noch vor Abgabe des Angebots bat er die anderen Unternehmer zu einem Gespräch:
„So geht das nicht mehr weiter. Jeder von uns versucht, den anderen auszustechen. Wir könnten es viel besser haben. Ich habe erfahren, daß hier im Kreis demnächst noch ein Jugendheim und ein Altenpflegeheim gebaut werden sollen. Wir sind die einzigen Unternehmer in der Umgebung, die dafür in Frage kommen. Ich schlage vor, daß jeder von uns einen Auftrag übernimmt und das Angebot so hoch ansetzt, daß ein anständiger Gewinn entsteht. Die anderen geben jeweils höhere Angebote ab.“
Stein und Buller sind begeistert. Sie sprechen ab, daß zuerst Buller den Turnhallenauftrag und dann Krause und Stein die anderen Bauten übernehmen sollen. Buller will der Gemeinde ein Angebot von 2 120 000 DM machen. Die Angebote der anderen sollen lauten: Krause 2 180 000 DM, Stein 2 170 000 DM.
Sie unterschreiben ein Protokoll. Darin wird die **Absprache** festgehalten. Diese nennt man **Preiskartell** (Preisabsprache).
Wochen später liegen der Gemeinde die Angebote vor. Buller erhält den Auftrag. Da der Preis jedoch unerwartet hoch ist, müssen die geplante Anschaffung neuer Turngeräte und der Ausbau des Schulhofes als Spielplatz zurückgestellt werden.

Nach dem **Kartellgesetz** sind **Preisabsprachen** verboten. Ebenfalls verboten sind Preiserhöhungen durch ein abgestimmtes Verhalten. Beamte des Kartellamtes dürfen die Geschäftsräume eines Unternehmens durchsuchen, wenn sie vermuten, daß es gegen das Kartellgesetz verstoßen hat. Beweismaterial wird beschlagnahmt. Liegt ein Verstoß gegen das Kartellgesetz vor, verhängt das Kartellamt ein **Bußgeld.**

Aufgaben

1 Aus welchen Gründen führt die Gemeinde eine Ausschreibung durch?

2 Sprecht über Interessen der Unternehmen bei ihrer Kalkulation.

3 Welcher Posten in der Kalkulation von Buller wird sich geändert haben?

4 Beurteilt das Verhalten der Unternehmer.

5 Erörtert, wer einen Vorteil und wer einen Schaden durch das Verhalten hat.

6 Begründet, warum die Absprache zum Ziel führt.

7 Erörtert die Maßnahmen des Kartellamtes gegen Preisabsprachen.

Gruppen im Wirtschaftsgeschehen

... unterschiedliche wirtschaftliche Gruppen zu ermitteln.

... die Interessen der verschiedenen Gruppen zu erkennen.

1. Situationen aus dem Alltag

Arbeitnehmer

Arbeitgeber

Verwaltungsvorschriften zur Verordnung zur Ausführung des § 5 Schulfinanzgesetz

Vorbemerkung

Mit der Verordnung (...), die im Einvernehmen mit dem Finanzministerium und dem Innenministerium (...) erlassen worden ist, werden die Relationen „Schüler je Stelle" sowie der Unterrichtsmehrbedarf und der Ausgleichbedarf (...) für das Schuljahr 1995/96 festgesetzt. Da jedoch trotz steigender Schülerzahlen im Schuljahr 1995/96 der Stellenrahmen für Lehrerstellen aus finanzwirtschaftlichen Gründen im Haushaltsplan 1995 nur geringfügig ausgeweitet werden konnte, war es notwendig, die Stellenreserve nach §7 Abs. 1 Nr. 1 der Verordnung für alle Schulformen – mit Ausnahme der Hauptschule – zu reduzieren, für die Mehrzahl der Schulformen von 3 v. H. im Schuljahr 1994/95 auf 1 v. H. der Grundstellen im Schuljahr 1995/96.

Kultusministerium NRW: BASS 95/96

Arbeitnehmer

Arbeitgeber

Arbeitslose

Staat

Regierung will Geld für Arbeitslose senken

Bundestag beschließt Arbeitslosenhilfe-Reformgesetz:

Entlastung des Bundeshaushalts jährlich um 2,1 Milliarden DM

Gewerkschaften

Arbeitgeberverbände

Verbraucher

Sparer

Banken

Medien

Aufgaben

1 Welche wirtschaftlichen Tätigkeiten und Gruppen sind abgebildet?

2 Nennt Ziele und Interessen der verschiedenen Gruppen.

3 Nennt weitere Bilder für Interessengegensätze von wirtschaftlichen Gruppen.

4 Sucht in der Tageszeitung nach Beispielen für Konflikte zwischen Gruppen im Wirtschaftsgeschehen.

2. Vom Landwirt zum Haushalt

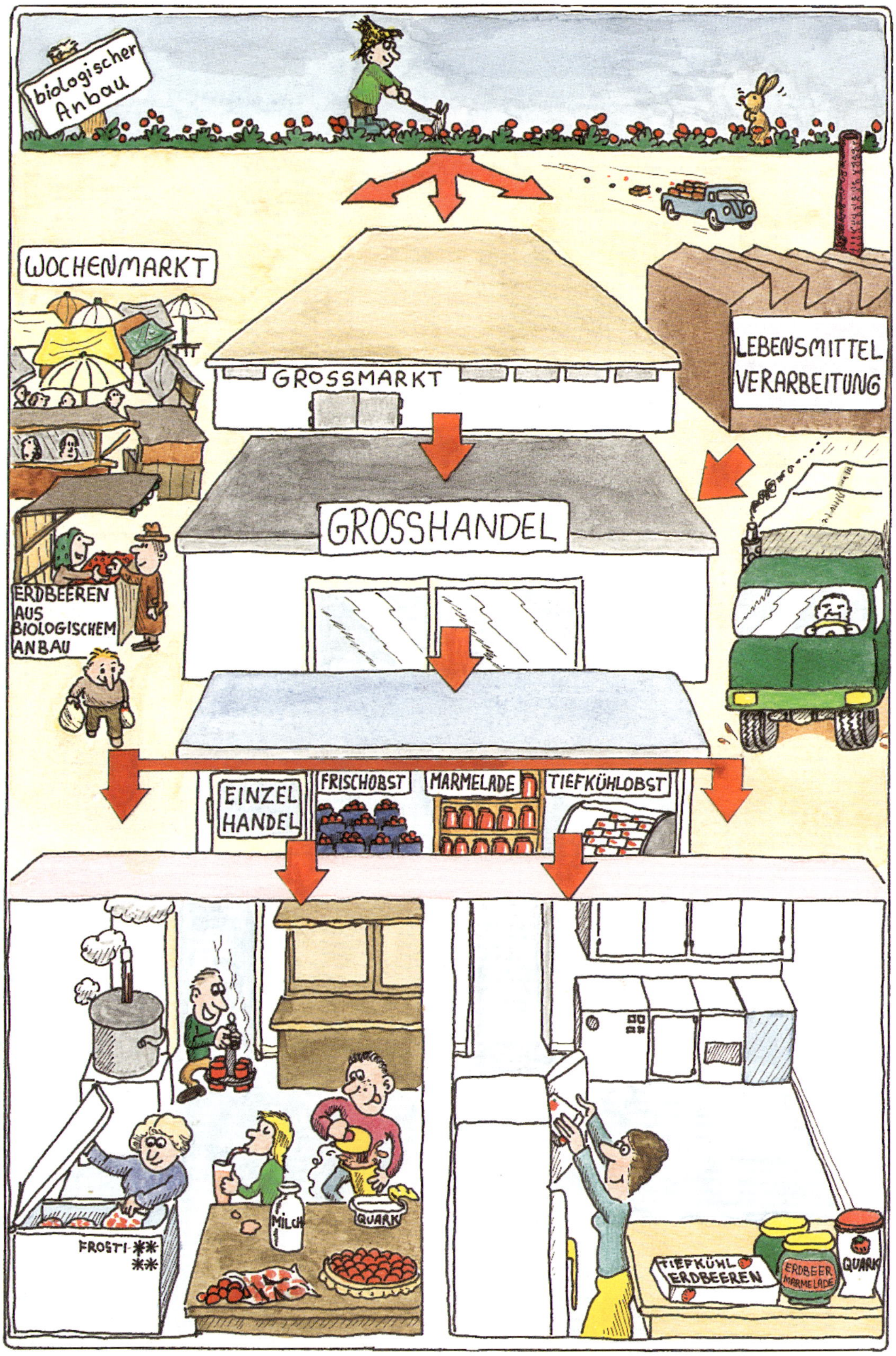

Aufgaben

1 Verfolgt der Weg der Erdbeeren vom Feld auf den Tisch.

2 Stellt fest, welche Arbeiten bei Händlern und Haushalten anfallen.

3 Nennt die Interessen der wirtschaftlichen Gruppen.

4 In welchem Haushalt würdet ihr lieber wohnen? Begründet.

Güterangebot durch Staat und Unternehmen

... öffentliche und private Güter voneinander zu unterscheiden.

... welche Interessen beim Güterangebot berücksichtigt werden.

Nur nicht RTL!
Diese privaten Sender leben nur von Werbung, meist anspruchslosen Unterhaltungsfilmen und schwachen Moderatoren, unpolitisch ohne Anspruch! Ich will eine vielseitige Information.

Nur nicht WDR!
Der hat ab 20.00 Uhr keine Werbung, aber viel Gequatsche mit Politikern, zu viele Dokumentarfilme und ernste Filme. Ich will was Leichtes zum Entspannen.

Öffentliche Güter werden vom Staat (Bund, Länder, Gemeinden) und gemeinnützigen Organisationen (z.B. Rotes Kreuz) angeboten. Sie legen die Bedingungen der Nutzung fest. Einen Teil der Güter können Bürger(innen) ohne Entgelt nutzen, z.B. Parks, Straßen, Spielplätze.
Für bestimmte Leistungen müssen Gebühren gezahlt werden, z.B. für den Besuch eines Museums, Schwimmbades oder Theaters. Für die Festlegung des Preises und die Qualität sind Gesichtspunkte wie Einkommen, Kinderzahl, Alter, Behinderung wichtig.
Die Entscheidung erfolgt in der Politik, z.B. durch Stadträte.
Das Ziel der Güterproduktion liegt u. a. darin, ein menschenwürdiges Leben für alle und Chancengleichheit zu erzielen.

Private Güter (Sachgüter und Dienstleistungen) werden von privaten Unternehmen produziert und am Markt angeboten.
Hersteller und Händler (Anbieter) legen Preis und Qualität für ihre Produkte selbständig fest. Sie müssen bei der Preisfestlegung ihre Kosten, den Preis und die Qualität anderer Anbieter (Wettbewerber) und die Kaufbereitschaft der Verbraucher (Nachfrager) berücksichtigen. Das Ziel der Güterproduktion besteht in erster Linie darin, Gewinn zu erzielen.

Fernsehen öffentlich-rechtlich – Fernsehen privat
Erfahrungen aus der Zeit des Nationalsozialismus führten nach 1945 dazu, Rundfunk und Fernsehen als **Anstalten öffentlichen Rechts** neu zu organisieren. Das heißt einerseits, daß sie sich selbst verwalten und andererseits, daß sie durch die Öffentlichkeit kontrolliert werden, durch Rundfunkräte, Verwaltungsräte, Programmbeiräte. In diesen Gremien sitzen Vertreter der Parteien und anderer wichtiger gesellschaftlicher Gruppen. Die Rundfunk- und Fernsehanstalten finanzieren sich weitgehend durch Gebühren.
Seit Ende der achtziger Jahre wurden zusätzlich **private Fernsehanstalten** zugelassen. Sie finanzieren sich durch Werbung und sind in ihrer Programmgestaltung frei.

Aufgaben

1 Was denkt oben auf der Abbildung der Vater, was die Kinder.

2 Nehmt Stellung zu der Meinung der Jugendlichen.

3 Stellt zusammen, welche öffentlichen Güter es in eurer Gemeinde gibt. Beurteilt das Angebot.

Preisfestsetzung bei öffentlichen Gütern

... wie die Preise für öffentliche Güter festgesetzt werden.

... wichtige Unterschiede bei der Preisbildung für öffentliche und private Güter zu erkennen.

Der Stadtrat von Neuhaus tagt. Der wichtigste Tagesordnungspunkt lautet:
Sollen die Preise für das Hallenbad erhöht werden?
Viele Ratsmitglieder melden sich zu Wort.

Herr Sander:
„Eine Erhöhung der Eintrittspreise ist unbedingt notwendig. Je 100 DM Kosten für das Schwimmbad stehen nur 70 DM Einnahmen durch die Eintrittspreise gegenüber."

Frau Rode:
„Was soll das? Ein öffentliches Schwimmbad muß ja seine Kosten nicht durch Einnahmen decken. Wenn wir die Eintrittspreise erhöhen, treffen wir vor allem die Bürger mit niedrigem Einkommen. Die machen oft schon gar keinen Urlaub."

Herr Rinkel:
„Die Preise sind seit 3 Jahren nicht erhöht worden. Die Kosten für das Schwimmbad sind aber gestiegen. So geht das nicht weiter. Die Einkommen der Bürger sind auch gestiegen."

Herr Rose:
„Wir sollten daran denken, daß viele Kinder und Jugendliche das Bad benutzen. Das ist gut so, denn Schwimmen ist gesund – übrigens auch für Erwachsene! Von einer Preiserhöhung müssen unbedingt Familien mit mehreren Kindern verschont bleiben!"

Frau Rand:
„Und die Arbeitslosen? Deren Einkommen ist schon niedrig genug."

Herr Reder:
„Bei öffentlichen Gütern müssen bei der Festsetzung des Preises andere Gesichtspunkte maßgebend sein als bei privaten Gütern. Aber das Verhältnis von Kosten und Einnahmen dürfte schon etwas besser sein."

Der Bürgermeister
der Stadt Neuhaus

17. 09. 1996

Einladung

zur 11. Sitzung des Stadtrates der Stadt Neuhaus,
am Mittwoch, dem 25. September 1996, 14.00 Uhr
in das Rathaus, Plenarsaal.

Tagesordnung:

1. Termine der Straßenreinigung
2. Eintrittspreise im Hallenbad
3. Änderung der Öffnungszeiten der Museen
4. Verschiedenes

Neuhaus, den 17. 09. 1996

Bunger
Bürgermeister

Der Stadtrat entscheidet sich für folgende Preiserhöhung:

Preistafel Hallenbad	***die alten Preise*** **DM**	***die neuen Preise*** *DM*
Einzelbesucher		
Erwachsene	4,50	5,00
Kinder	2,60	2,80
Familienkarte	10,50	10,50
Gruppen		
Schulklassen	2,10	2,10
Jugendgruppen und Vereine		
Erwachsene	4,00	4,50
Kinder	2,10	2,10
Mehrfachkarten		
6er Karten		
Erwachsene	22,00	25,00
Kinder	13,00	13,00
25er Karten		
Erwachsene	84,00	90,00
Kinder	47,00	47,00

Kinder unter 6 Jahren haben freien Eintritt

Über unsere Lernmittel entscheiden wir mit!

In der Gemeinde Rödinghausen können die Schulen seit Januar 1996 über die Verteilung der Lernmittel selbst entscheiden. Die Gemeinde beschließt für jede Schule einen festen Betrag. Die Anne-Frank-Schule kann für 1997 über 130000 DM entscheiden:
Die Entscheidung wird von der Schulkonferenz beschlossen, der Lehrerinnen, Schülerinnen und Eltern angehören.
Die Lehrerinnen haben folgenden Vorschlag erarbeitet, der den beteiligten Gruppen der Schulkonferenz eine Woche vorher vorliegt:

	1997	1996
1. Schulbücher (Ausleihverfahren)	**60000**	75000
2. Geräte für Werkstätten, Labors, Sport	**20000**	20000
3. Neue Personalcomputer	**10000**	6000
4. Ein zusätzliches (gebrauchtes) Ruderboot	**5000**	–
5. Kopien	**20000**	15000
6. Sonstiges, z. B. Reparaturen	**5000**	4000
7. Zusätzlicher Kauf von Unterrichtshilfen (Lektüren, Taschenbücher, Lexika) für den Unterricht in Deutsch und Fremdsprachen *oder:* Reserve für unvorhergesehene Ausgaben	**10000**	–
	130000	120000

Auf einer Konferenz der Schülervertreterinnen wird über den Vorschlag diskutiert. Dazu folgende Stellungnahmen:

A: „Schwer zu beurteilen. Wie begründen die Lehrerinnen den Vorschlag?“

B: „Das Ruderboot wird nur von wenigen Schülerinnen der Ruder-AG genutzt. Das Geld für ein neues Boot muß anders aufgetrieben werden.“

C: „Die 10000 für zusätzliche Bücher in Deutsch und Englisch müssen sein. Sonst werden doch wieder die Eltern zur Kasse gebeten.“

Beachtet das Stichwort *Erkundung.*

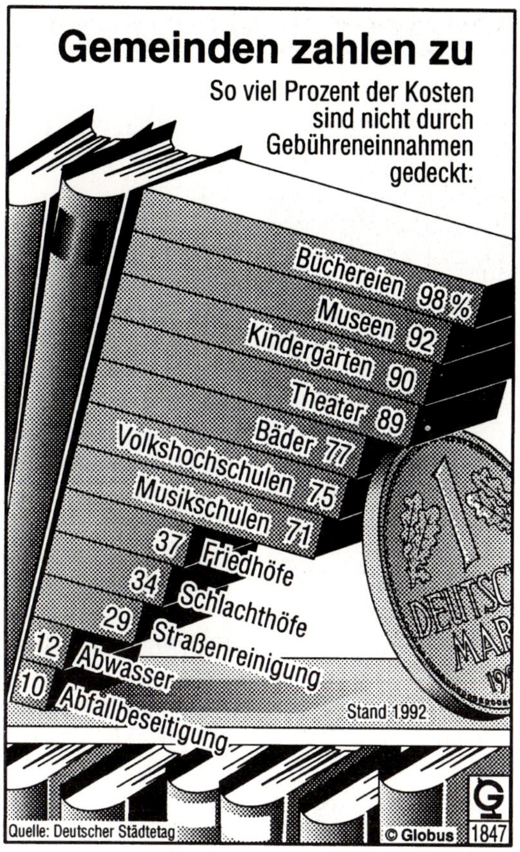

ERKUNDUNG VON GEBÜHREN IN DER GEMEINDE/STADT

	Kinder	Jugendliche ab 14 Jahre	Erwachsene
Bus/S-Bahn Einzelfahrt Tageskarte Monatskarte			
Schwimmbad Einzelkarte 6er/10er-Karte Jahreskarte			
Personalausweis			
Bücherhalle			
Museum			
...			

Aufgaben

1 Stellt die Gründe zusammen, die für bzw. gegen eine Erhöhung der Schwimmbadpreise genannt sind.

2 Überprüft das Ergebnis der Preiserhöhung für die Nutzung des Hallenbades.

3 Führt eine Erkundung von Gebühren in eurer Gemeinde/Stadt durch.

4 Beurteilt die Meinungen der Schülerinnen und stellt Kriterien zusammen, die für die Verteilung des Geldes wichtig sind.

Produktion im Tischlerhandwerk

1. Wandel der Arbeit

... daß zur betrieblichen Produktion Produktionsfaktoren benötigt werden.

... handwerkliche und industrielle Produktionsverfahren zu unterscheiden.

... welchen Einfluß neue Technologien auf einen Handwerksbetrieb haben können.

Produktionsfaktoren
(Was für die Produktion benötigt wird):

Boden
Betriebsgelände

Arbeit
Menschliche Arbeitskraft

Kapital
Gebäude, Betriebsmittel (Maschinen, Werkzeuge), Werkstoffe, Finanzmittel

Karin Harder hat das Unternehmen von ihrem Vater übernommen. Sie erbte das Grundstück mit der Werkstatt, der Einrichtung und Lagerbeständen. Die Stammkunden ihres Vaters blieben ihr treu. Die Aufträge in der Tischlerei häuften sich. Im Laufe der Jahre wurde sie mehrfach erweitert.

Tischlermeisterin Harder beschäftigt 12 Arbeitnehmer, davon zwei Auszubildende.

Zwei Arbeitnehmer arbeiten schon seit 20 Jahren im Betrieb. Sie sind sehr erfahren in der Arbeit und im Umgang mit den Kunden.

Damit der Handwerksbetrieb funktioniert, benötigt er wie jeder andere drei **Produktionsfaktoren:** Arbeit, Boden und Kapital. Der arbeitende Mensch hat die größte Bedeutung. Die Tischlerei Harder ist ein privates Unternehmen. Dieses muß so produzieren, daß sein Umsatz größer ist als die Kosten, u. a. Löhne, Materialkosten. Es ist natürlich bestrebt, einen Gewinn zu erwirtschaften.

Die Tischlerei Harder ist ein **kleines** Unternehmen, das überwiegend auf Bestellung der Kunden fertigt. Dabei können auch besondere Kundenwünsche berücksichtigt werden. Das typische **Produktionsverfahren** ist die **Werkbankfertigung.**

Werkbankfertigung

Die Werkbankfertigung ist ein Produktionsverfahren, bei dem ein einzelnes Werkstück oder kleine Serien hergestellt werden. Handwerksbetriebe arbeiten i. d. R. nach diesem Verfahren.

Die einzelnen Arbeitsschritte werden von den Arbeitnehmern an verschiedenen Maschinen, die von allen benutzt werden können, ausgeführt. Die Arbeit ist so aufgeteilt, daß jeder Arbeitnehmer einen größeren Arbeitsschritt oder die ganze Produktherstellung selbständig durchführt.

Die Fertigstellung des Produkts erfolgt für alle sichtbar, vielfach in einem Raum (der Werkstatt).

Maschinen verändern die Arbeit

Strukturdaten im Tischlerhandwerk (Bundesländer West)

Merkmale	Maß/Einheit	Jahr 1970	1985	1993
Selbständige Betriebe	1000	44,8	33,5	32,7
Beschäftigte	1000	209,4	185,4	189,5
Umsatz ohne Steuer in jeweiligen Preisen	Mio. DM	8417,3	17140,8	27066,3
Beschäftigte je Betrieb	absolut	4,7	5,5	5,8
Vollerwerbskräfte	1000	193,6	146,6	161,1
Anteil am Gesamthandwerk	in Prozent	5,5	4,8	4,6
Auszubildende	1000	15,8	38,8	28,4
je 100 Beschäftigte	absolut	7,5	20,9	15,0
Lohn- u. Gehaltssumme	Mio. DM	1859,0	3591,2	5826,3
Anteil am Umsatz	in Prozent	22,1	21,0	21,5
je Arbeitnehmer (bereinigt)	1000 DM	13,2	31,4	43,1
Umsatz je Beschäftigten (bereinigt) in jeweiligen Preisen	1000 DM	42,6	109,9	161,2

Bundesverband des Holz- und Kunststoffverarbeitenden Handwerks: Jahrbuch 1994, Wiesbaden, S. 17

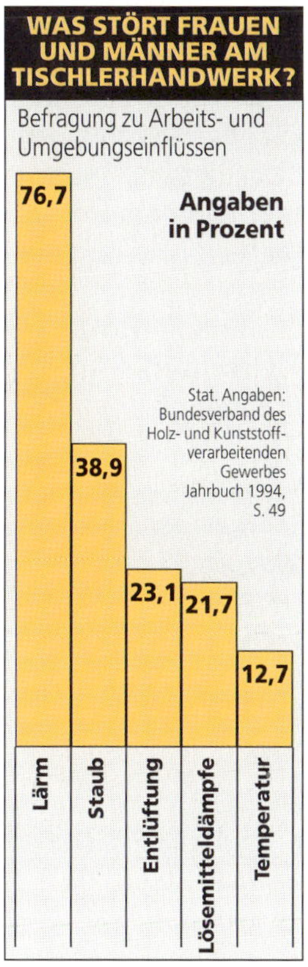

Maschinenarbeit

beim Sägen

Jens

beim Schleifen

Lars

Handarbeit

beim Sägen

beim Schleifen

Klaus

Aufgaben

1 Kennzeichnet die Arbeit bei Tischlerei Harder.

2 Was könnten Klaus, Jens und Lars denken und fühlen? Ihr könnt Sprechblasen dazu formulieren.

3 Nehmt Stellung zu folgender Meinung: „Was sagt schon so eine Befragung aus? Lärm nehme ich schnell wahr, aber die gesundheitlichen Folgen chemischer Substanzen nicht."

4 Begründet die Entwicklung der Anzahl der Betriebe und die Umsatzentwicklung pro Beschäftigten.

5 Beurteilt und begründet folgende Meinung:
„Die Entwicklung der Löhne und Gehälter pro Kopf und ihr Anteil am Umsatz haben sich seit 1970 sehr unterschiedlich entwickelt."

2. Beziehungen zu anderen Unternehmen, Organisationen und zur Gemeinde

Die Tischlerei Harder steht in vielfältiger Beziehung zu anderen Unternehmen, wirtschaftlichen Organisationen und zur Gemeinde.

Beispiel:
Die Tischlerei Harder hat Holzbretter zu Türen verarbeitet. Die Bretter bezog sie von einem Großhändler, der Schreiner- und Baubedarfshandlung C.
Der Großhändler kaufte die Bretter beim Sägewerk D.
Das Sägewerk wiederum kaufte das Holz beim Bauern E.
Es ergeben sich verschiedene **Produktionsstufen.** Die Produktion erfolgte durch Unternehmen aus verschiedenen **Wirtschaftsbereichen** (Wirtschaftssektoren).
Die Tischlerei Harder gehört zu einer Gemeinde mit 3000 Einwohnern. Der Betrieb ist die einzige Tischlerei in der Gemeinde und hat von daher eine Schlüsselstellung. Die Tischlerei gilt als gut geführt und technisch gut ausgestattet.
Karin Harder ist Mitglied des Gemeinderates. Durch diese Tätigkeit hat sie viele Kontakte. Das wirkt sich auf ihre Auftragslage positiv aus.
Harder beschäftigt ständig zwei Auszubildende. Für zwei Schulen bietet sie Praktikumsplätze an.
Die Tischlerei hat einen Betriebsrat. Frau Harder unterstützt die Arbeit des Betriebsrats. Aus Erfahrung weiß sie, daß die Interessen von Arbeitgeberinnen und Arbeitnehmerinnen öfter entgegengerichtet sind. Durch den Betriebsrat kommen die Konflikte klar auf den Tisch und können gemeinsam gelöst bzw. verringert werden. Das liegt im Interesse aller. Die Arbeitnehmerinnen sind mehrheitlich in der Gewerkschaft Holz und Kunststoff organisiert.
Harder selbst ist in der Innung Holz und Kunststoff und bei der Handwerkskammer aktiv. Sie interessiert sich für das betriebliche Ausbildungswesen und ist Mitglied des Prüfungsausschusses.

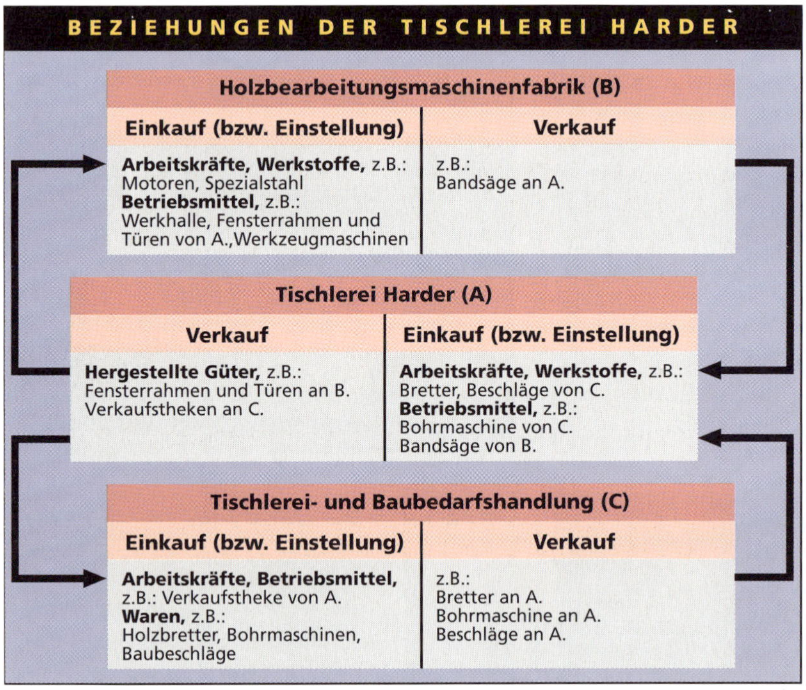

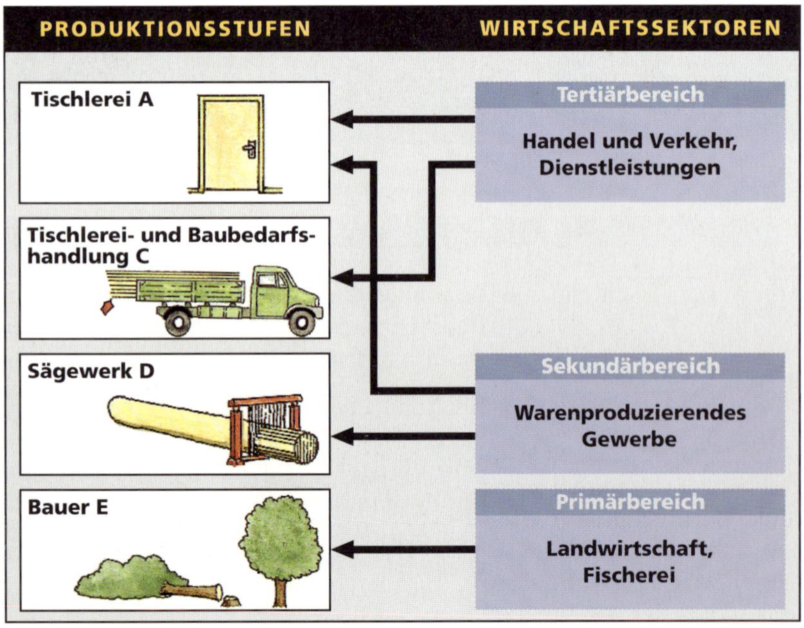

Aufgaben

1 Verfolgt am oberen Schaubild, mit welchen Unternehmen die Tischlerei Harder Geschäftsbeziehungen unterhält.

2 Erkundet eine Tischlerei in eurer Nähe (s. Stichwörter *Betriebserkundung, Berufserkundung*). Stellt u. a. folgendes fest:
- Wie sind die Beziehungen zu anderen Unternehmen? Fertigt ein Schaubild an.
- Gibt es einen Betriebsrat?
- Untersucht einige Strukturdaten, z.B. Anzahl der Beschäftigten und Auszubildenden, Umsatz pro Beschäftigten (vgl. auch Tabelle auf S. 103 oben).
- Belastungen der Beschäftigten durch Umgebungseinflüsse.

Kreislaufbeziehungen im Modell

... die Beziehungen der Gruppen im Wirtschaftsgeschehen im Modell darzustellen.

... mit Hilfe dieses Modells Veränderungen der Beziehungen der Gruppen zu verfolgen und zu verstehen.

Dirk Neu arbeitet in einem Röhrenwerk. Aus dieser Tätigkeit erhält er **Lohn**. Zusätzlich kaufte er vor Jahren **Aktien**. Macht das Unternehmen Gewinn, zahlt es eine **Dividende**. Seine Ersparnisse auf der Bank bringen **Zinsen**. Von seinem Vater hat er ein Grundstück geerbt. Dieses verpachtet er an eine Baufirma und erhält dafür eine Vergütung (**Pacht**).
Wie bei Neu gibt es viele Haushalte, die als Arbeiter oder Angestellter bzw. als Selbständige die **Produktionsfaktoren** Arbeit, Kapital und Boden bereitstellen und daraus Einkommen erzielen.

Einfacher Wirtschaftskreislauf

Faßt man alle privaten Haushalte auf der einen und alle Unternehmen auf der anderen Seite zusammen, lassen sich die Beziehungen vereinfacht in einem Kreislauf darstellen (Abb. 1)
Mit Hilfe der Produktionsfaktoren werden in den Unternehmen Güter produziert. Die hergestellten Konsumgüter können die einzelnen Haushalte mit ihrem Einkommen aus Arbeit, Kapital und Boden kaufen. Es entsteht ein neuer Kreislauf (Abb. 2).
Faßt man die Geldströme und die Güterströme bei den beiden obigen Kreisläufen zusammen, so entstehen zwei entgegengesetzte Kreisläufe (Abb. 3).

Aktien
sind Anteilscheine am Kapital eines Unternehmens.

Dividende
ist der Gewinn, der an die Aktienbesitzer gezahlt wird.

Konsumgüter
dienen der unmittelbaren Bedürfnisbefriedigung. Man unterscheidet dabei Gebrauchsgüter (z.B. Waschmaschine) und Verbrauchsgüter (z.B. Brot).

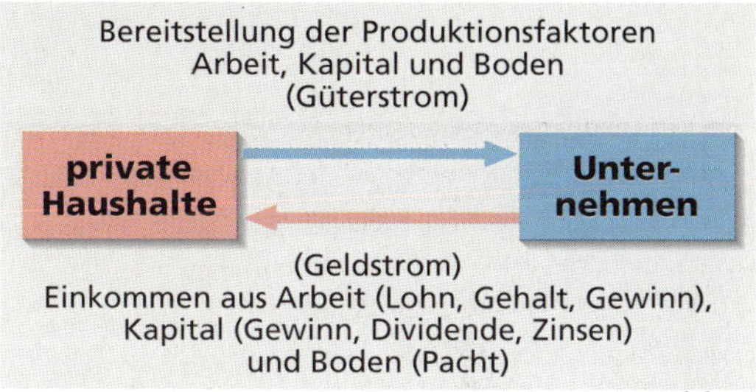

Abb. 1

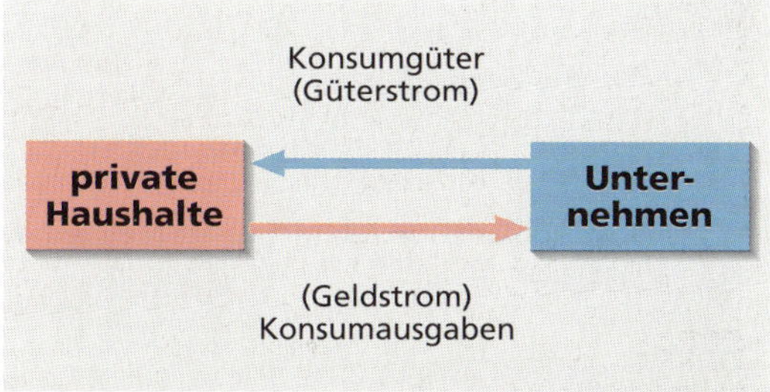

Abb. 2

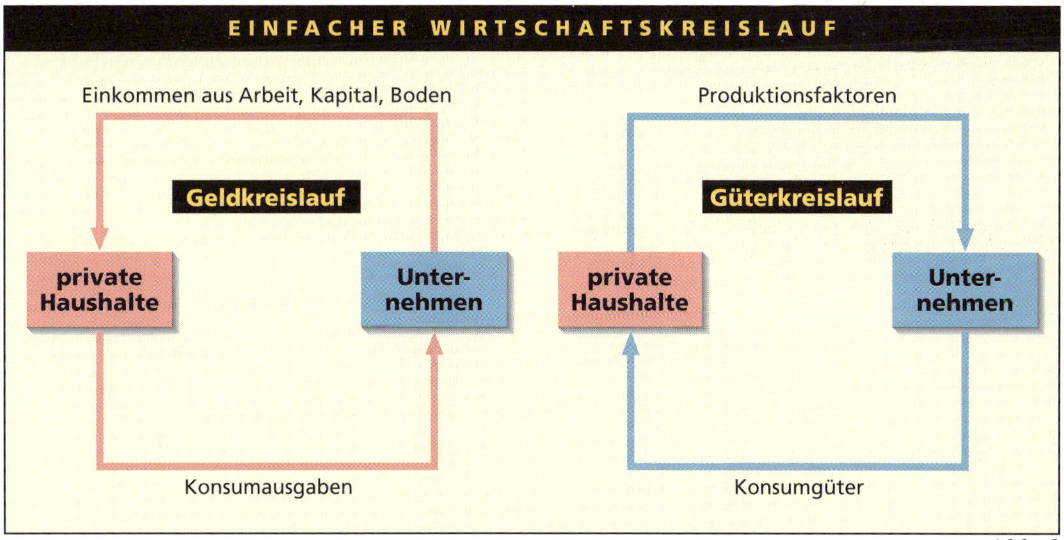

Abb. 3

Erweiterter Wirtschaftskreislauf

Nicht alle Güter, die von privaten Haushalten nachgefragt werden, stellen die Unternehmen zur Verfügung. Die öffentlichen Güter, wie z.B. Schulunterricht, Straßen, Umweltschutz, werden zum großen Teil vom Staat angeboten. Auch Unternehmen benötigen öffentliche Güter, z.B. Straßen, Rechtsprechung. Der Staat fragt dafür private Güter (z.B. Bauleistungen) bei Unternehmen nach, die mit Steuern und Gebühren der Konsumenten, Berufstätigen und Unternehmen bezahlt werden.
Er erhebt Sozialabgaben für die Finanzierung von Krankheitskosten, Renten und Arbeitslosengeld und -hilfe.

An Bedürftige wird vom Staat u.a. Sozialhilfe gezahlt. Bestimmte Wirtschaftszweige können vom Staat Unterstützung (Subventionen) erhalten. In einem um den Staat erweiterten Güter- und Geldkreislauf werden die Beziehungen dargestellt (Abb. 4).

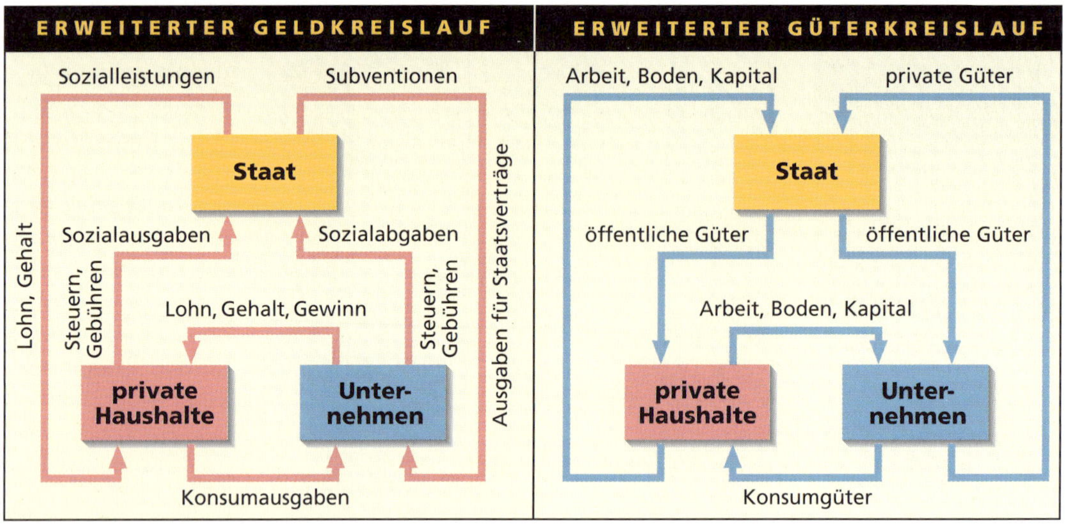

Abb. 4

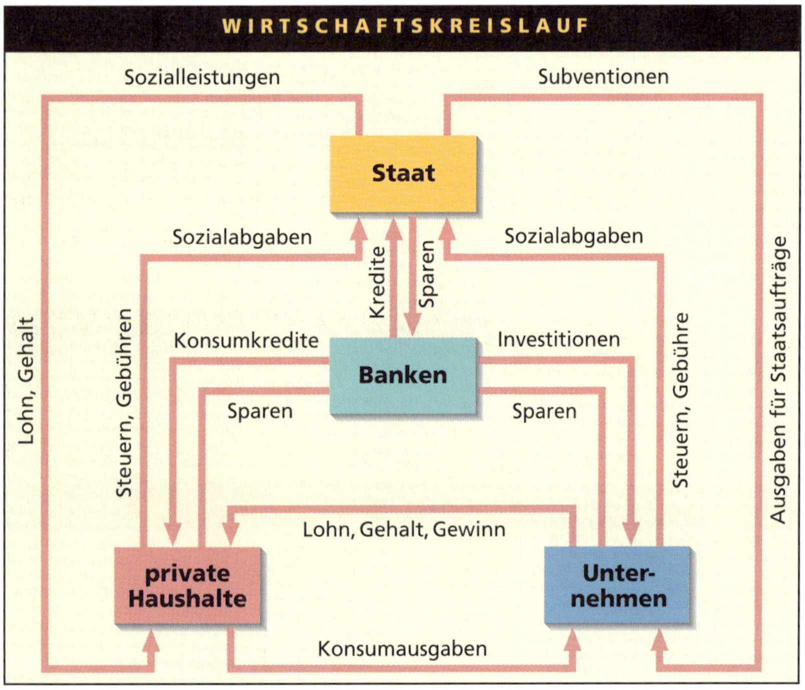

Abb. 5

Die Wirklichkeit zeigt, daß die genannten Wirtschaftsgruppen nicht das gesamte Geld ausgeben, was sie einnehmen. Es werden z. B. Ersparnisse gebildet und Produktionsanlagen weiter ausgebaut (investiert).
In anderen Fällen wird mehr Geld ausgegeben als eingenommen wurde. Es werden Kredite aufgenommen für persönliche Anschaffungen oder Investitionen.
Das Sammeln der Spareinlagen und deren Vergabe für Konsumkredite und Investitionen übernehmen die Banken.
Der nebenstehende Geldkreislauf, auch **Wirtschaftskreislauf** genannt, stellt diese Beziehungen vereinfacht dar (Abb. 5).

Aufgaben

1 Verfolgt die Entwicklung der Kreisläufe.

2 Erklärt am Modell des Wirtschaftskreislaufs die Veränderung der Ströme:
- Herr Neu erhält eine Lohnerhöhung.
- Familie Neu spart mehr.
- Herr Neu wird arbeitslos, weil sein Unternehmen rationalisiert.
- Das Kindergeld für Familie Neu wird erhöht.
- Herr Neu schneidet den Kindern ab sofort selbst die Haare.
- Die Unternehmen erhöhen/senken die Preise für Konsumgüter.
- Der Staat erhöht/senkt die Einkommensteuer.
- Der Staat erhöht die Tabaksteuer.
- Die Banken erhöhen/senken die Zinsen.

3 Wovon ist der Staat im Wirtschaftskreislauf abhängig?

4 Wie sind private Haushalte und Unternehmen voneinander abhängig?

5 Beurteilt folgende Meinung:
„Wenn der Geldkreislauf in Ordnung ist, wenn alle Zahlungen ausgeglichen sind, dann können alle Bürger und Bürgerinnen zufrieden sein.“

Kapitalmarkt

... welche Aufgaben die Geldinstitute haben.

... den Einfluß der Bundesbank am Beispiel Diskontpolitik zu beobachten.

... verschiedene Möglichkeiten der Geldanlage zu erkunden.

1. Aufgaben der Banken

Der Kapitalmarkt ist der Markt für **langfristige** Geldanlagen, z.B. Aktien, Wertpapiere, Sparbriefe oder Kredite. Bei kurzfristigen Geldanlagen oder Krediten spricht man vom Geldmarkt.

Auf dem Kapitalmarkt treten private Haushalte, Unternehmen und der Staat als Anbieter und Nachfrager von Geld auf.

Die Geldgeschäfte werden durch Geldinstitute (Kreditinstitute, Banken) vermittelt.

Die Banken haben folgende **wichtige Aufgaben:**

- Abwicklung des nationalen und internationalen Zahlungsverkehrs
- Ausleihen von Geld
- Vergabe von Krediten (Darlehen) an Unternehmen, private Haushalte und Staat

Man unterscheidet die Geldinstitute nach ihrer **Organisations- und Rechtsform** wie folgt:

- private Geschäftsbanken, z.B. Deutsche Bank AG, Dresdner Bank AG, Commerzbank AG
- öffentlich-rechtliche Kreditinstitute, z.B. Sparkassen, Postbank
- genossenschaftliche Kreditinstitute, z.B. Volksbanken und Raiffeisenkassen

Wegen ihrer großen **volkswirtschaftlichen Bedeutung** unterliegen die Geldinstitute einer besonderen staatlichen Aufsicht.

Die **Deutsche Bundesbank** regelt den Geldumlauf, die Kreditversorgung und die bankmäßige Abwicklung des Zahlungsverkehrs im In- und Ausland.

Sie hat darüber hinaus für die Geldwertstabilität zu sorgen, u.a. mit Hilfe der Diskontpolitik. Mit ihrer Geldpolitik beeinflußt die Bundesbank die Wirtschaftspolitik. Sie trifft ihre Entscheidungen unabhängig von der Bundesregierung.

Die **Bundesbank** nimmt Wechsel (kurzfristige Kredite zwischen Unternehmen), die Banken aufkauften, zum Diskontsatz in Zahlung.

Hypothek:
Kredit, der durch Haus und Grundstück abgesichert ist

Was interessiert mich die Bundesbank?
Beispiel: Diskontpolitik

Der **Diskontsatz** ist der Zinssatz, zu dem die Deutsche Bundesbank den Geldinstituten Geld für Kredite an Unternehmen und private Haushalte zur Verfügung stellt.

Wenn der Diskontsatz sinkt, ist in der Regel zu erwarten, daß die Geldinstitute den Zinssatz für die Kredite und Spareinlagen ihrer Kunden ebenfalls senken und die Nachfrage nach Krediten steigt, denn die Kredite sind billiger geworden.

Der beschriebene Effekt stellt sich **nicht** immer wie gewünscht ein. Das liegt daran, daß sich Unternehmen, private Haushalte und das Ausland bei der Nachfrage nach Geld oder dem Angebot an Geld anders als erwartet verhalten, z.B. bei der Einschätzung eines sicheren Arbeitsplatzes in der Zukunft oder der politischen Stabilität von Ländern, die für Investitionen und Handelsabkommen interessant sind. Die Kreditinstitute entscheiden selbst, ob sie die Senkung des Diskontsatzes an ihre Kunden weitergeben. Die Bereitschaft zur Zinssenkung wird durch einen befriedigenden Wettbewerb verbessert.

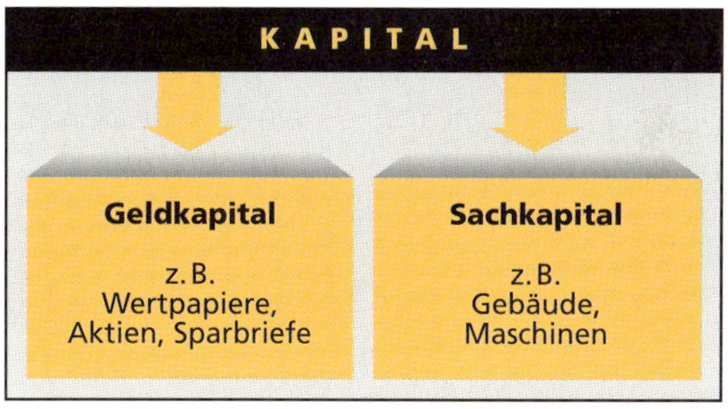

Diskontsatz gesenkt

dpa. Gestern hat die Bundesbank früher als erwartet den Diskontsatz von 6,5% auf 6% gesenkt. Die Wirtschaft atmet auf und hofft auf eine Verbesserung der Auftragslage. Die Bauwirtschaft begrüßt die Politik der Bundesbank, ist jedoch skeptisch, ob die Senkung zur Belebung des privaten Wohnungsbaus ausreicht.

Durchschnittliche Zinsen für Spareinlagen mit gesetzlicher Kündigungsfrist (Habenzinsen)		Durchschnittliche Zinsen für Überziehung des Girokontos (Sollzinsen)		Diskontsatz		Durchschnittliche Zinsen für Hypothekenkredite auf 5 Jahre	
für das Jahr 1995/96 in %							
Sept.	2,03	Sept.	10,68	ab 14. 4.	5,0	Sept.	7,07
Okt.	2,03	Okt.	10,66	ab 13. 5.	4,5	Okt.	7,01
Nov.	2,03	Nov.	10,62	ab 31. 3.	4,0	Nov.	6,80
Dez.	2,02	Dez.	10,52	ab 25. 8.	3,5	Dez.	6,45
Jan.	2,02	Jan.	10,39	ab 15. 12.	3,0	Jan.	6,30

Monatsberichte der Deutschen Bundesbank, 1996

Aufgaben

1 Nennt Beispiele für Geldgeschäfte auf dem Geld- bzw. Kapitalmarkt.

2 Vergleicht die hier angegebenen Zinssätze mit den aktuellen.

3 Erkundigt euch bei einer Bank oder Sparkasse, wie hoch der Diskontsatz ist und ob eine Erhöhung bzw. Senkung zu erwarten ist.

4 Was hat die Zinssenkung mit Wettbewerb zu tun?

2. Ich will eine gute Geldanlage

Sonja und Dirk sind 18 Jahre alt und beenden bald ihre Ausbildung. Ihre verstorbene Großmutter hat jedem von ihnen einen Betrag von 20 000 DM vererbt. Die beiden haben folgende Pläne:

Dirk:
- 500 DM sofort verbrauchen
- 4 500 DM vielleicht für ein gebrauchtes Motorrad
- 5 000 DM so anzulegen, daß das Geld nach einem Jahr verfügbar ist
- 10 000 DM in Wertpapieren oder einer gutverzinsten Sparform anlegen

Sonja:
- 1 000 DM sofort verbrauchen
- 4 000 DM für eine Reise im nächsten Jahr
- 10 000 DM für ein Auto, sofort
- 5 000 DM Aktien

Erkundungsauftrag

1 Bildet Gruppen von 3–5 Schülerinnen und Schülern und erkundet, welche Geldanlage für Sonja und Dirk sinnvoll ist.

2 Stellt fest, welche verschiedenen Geldinstitute für euch erreichbar sind. Jede Gruppe kann ihre Erkundung bei einer bestimmten Bank oder Sparkasse durchführen.

3 Sprecht vorher ab, daß wenigstens 3 oder 4 verschiedene Geldinstitute erkundet werden. Es ist zu erwarten, daß die Angebote der Geldinstitute unterschiedlich sind.

4 Entwickelt einen Erkundungsbogen und denkt daran, daß die Gruppenergebnisse vergleichbar sein sollen.

5 Besorgt euch rechtzeitig Informationen über Geldanlagen aus Verbrauchersicht, z.B. bei der Stiftung Warentest (Spezialzeitschrift: Finanztest) oder der Verbraucherzentrale.

6 Vergleicht eure Erkundungsergebnisse und Vorschläge für eine Geldanlage (s. Stichwort *Erkundung*).

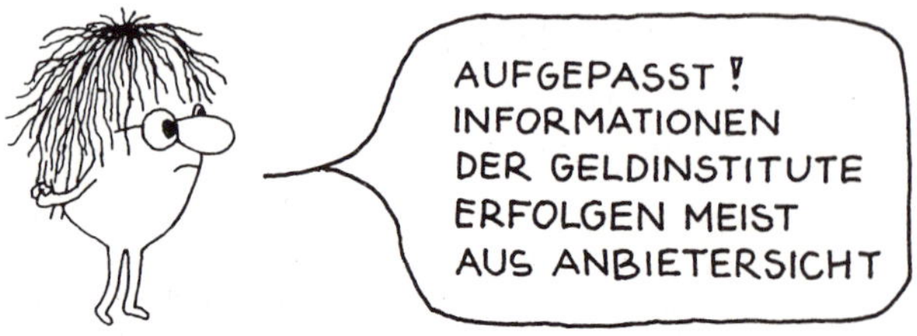

Gesichtspunkte für die Wahl einer bestimmten Geldanlage

- Zinssatz und Effektivverzinsung pro Jahr
- Sicherheit der Ertragshöhe, z. B. fester Zinssatz oder nicht vorher bestimmbare Dividende
- Verfügbarkeit über das angelegte Geld (Laufzeit der Anlage)
- Kosten der Abwicklung, z.B. Depotgebühren, Bearbeitungsgebühr bei Vertragsabschluß
- Kosten bei vorzeitiger Kündigung der Geldanlage
- Inanspruchnahme staatlicher Zulagen (Prämien), z. B. Arbeitnehmersparzulage
- Börsenkurse
- Einschätzung der wirtschafts- und geldpolitischen Entwicklung
- Entwicklung der Verbraucherpreise
- Entwicklung der Soll- und Habenzinsen

Wichtige Arten der Geldanlage

Die Modelle, die heute von den Geldinstituten zur Geldanlage angeboten werden, sind vielfältig und unterschiedlich benannt. Sie lassen sich allerdings auf einige Grundmodelle zurückführen.

Das Sparkonto

Beim Sparkonto **mit gesetzlicher (dreimonatiger) Kündigungsfrist** handelt es sich um ein Sparbuch, bei dem Einzahlungen und Abhebungen eingetragen werden. Es können jederzeit bis zu einer Höhe von 3000 DM pro Monat Beträge abgehoben werden. Die Zinsen können vom Geldinstitut jederzeit geändert werden (variabler Zinssatz). Die Zinsen werden automatisch gutgeschrieben. Sie sind vergleichsweise niedrig. Jeder, der das Sparbuch vorlegt, kann Geld abheben. Zur Sicherheit vor Verlust kann ein Kennwort vereinbart werden.
Beim **Sparkonto ohne gesetzliche Kündigungsfrist** wird eine bestimmte Kündigungsfrist (z.B. 1 oder 4 Jahre) vereinbart. Der Zinssatz ist fest und erheblich höher.
In der Regel kann der Sparer auch ohne Einhalten der Kündigungsfrist Geld abholen. Er muß dann allerdings Vorschußzinsen zahlen.

Sparbriefe

Sparbriefe sind Anlagepapiere, die von den Geldinstituten ausgegeben werden, mit einer Laufzeit von 1 bis 5 Jahren. Sie haben einen festen Zinssatz und werden nicht an der Börse gehandelt. Die Effektivverzinsung ist genau berechenbar.

Die Börse
ist ein Markt für Wertpapiere, Aktien oder Devisen. Es gibt auch Warenbörsen. Die Wertpapierbörse hat die Aufgabe, das Angebot und die Nachfrage nach Wertpapieren zu regulieren. Das **Börsengesetz** sieht vor, daß nur die Börsenmakler und die zum Börsenverkehr zugelassenen Unternehmen teilnehmen können. Die Kreditinstitute kaufen und verkaufen im Auftrag ihrer Kunden.

Festverzinsliche Wertpapiere

Zu den festverzinslichen Wertpapieren zählen z.B. **Pfandbriefe**, mit denen Gelder für den Wohnungsbau beschafft werden, **Anleihen** des Bundes oder der Bundesbahn, Kommunalobligationen (Schuldverschreibungen der Gemeinden).
Wertpapiere werden an der **Börse** gehandelt. Beim Kauf, den die Kreditinstitute für ihre Kunden tätigen, bestimmt sich der Tageskurs nach der Lage am Kapitalmarkt.
So kann z. B. ein Wertpapier mit einem Nennwert von 100 DM für 97 DM angeboten werden. Da der Zinssatz während der Laufzeit unverändert bleibt, hängt die **Rendite** (jährliche Effektivverzinsung) auch vom Kurs ab. Die Zinsen werden in der Regel einmal pro Jahr zu einem bestimmten Zeitpunkt ausgezahlt. Am Ende der Laufzeit wird das Wertpapier mit dem Nennwert ausgezahlt. Die Papiere können jederzeit durch die Bank an der Börse verkauft werden. Wenn die Käuferin die Wertpapiere bis zum Ende der Laufzeit hält, ist die Rendite genau vorhersagbar. Bei einem vorzeitigen Verkauf spielt die aktuelle Lage auf dem Kapitalmarkt eine wichtige Rolle.

Aktien

Aktien sind Wertpapiere, die einen Anteil an einem Unternehmen mit der Rechtsform AG darstellen. Zusätzliche Aktien werden ausgegeben, um das Kapital des Unternehmens zu erhöhen. Die Inhaber von Aktien (Aktionäre) sind Teilhaber des Unternehmens. Sie sind am Gewinn und am Verlust der AG beteiligt. Bei Aktien gibt es keine feste Verzinsung, sondern eine **Dividende.** Ihre Höhe wird jährlich von der Hauptversammlung der Aktionäre festgelegt. Sie ist abhängig von der Gewinnlage des Unternehmens. Aktien werden an der **Börse** gehandelt. Sie haben keine feste Laufzeit. Die Rendite ist schwer einzuschätzen. Sie hängt vom Ertrag des Unternehmens ab. Die Kurse an der Börse signalisieren die Einschätzung der Ertragfähigkeit des betreffenden Unternehmens. Die subjektive unterschiedliche Einschätzung – auch unter Experten – führt zu Spekulationen und Kursschwankungen.
Eine Anlage in Aktien ist risikoreich und verlangt die ständige Beobachtung der Börsenkurse. Aktien können sehr hohe Gewinne bringen, aber auch Verluste.

Investmentanteile

Investmentsparer kaufen Anteile von Investmentgesellschaften. Diese halten sog. **Fonds** (Sammlungen von Wertpapieren und Aktien). Die Fonds sind vielfach spezialisiert, z. B. auf verschiedene Industrieaktien oder Gebäude und Grundstücke (Immobilienfonds). Investmentanteile haben keine feste Laufzeit. Zu festgelegten Zeiten wird eine Rendite ausgeschüttet. Ihre Höhe hängt von der Ertragslage der Unternehmen und von der Lage am Kapitalmarkt ab.
Das **Risiko** eines Ertrags ist im Vergleich zur Aktie kleiner.

Maßnahmen des Staates zur Förderung der Vermögensbildung

Der Staat fördert die Vermögensbildung und zahlt allen **Arbeitnehmern** bis zu einer bestimmten Einkommensgrenze eine Zulage. Diese Regelung gilt nur für bestimmte Anlageformen (z. B. Vermögensbeteiligungen, Bausparverträge) und auch nur bis zu einem jährlichen Sparbetrag von 936 DM.

Kaufauftrag Sparkassenbrief
Sparkasse: Berghausen
②

Gläubiger (Name, Vorname, Geburtsname; Geburtstag; Beruf; Anschrift)
Berger, Thomas
geb. am 14.02.1978, Schüler
Lindenstraße 6
9985 Berghausen

Brief Nr.:
Laufzeit: 4 Jahre
Fälligkeit: 01.04.2000
Zinssatz: 8 %
Zinstermin: 01.04.gzj.
Zinsgutschriftskonto:
Hinterleg.-Nr.: 564 123
HK-Nr.[1]:
Datum: 02.04.1996
Mehrzweckfeld:

Deutsche Mark in Worten:
Nennbetrag DM 1.000,--

Die Zinsen sollen
☐ nachträglich zu den Zinsterminen dem o.a. Zinsgutschriftskonto gutgeschrieben werden.
Das Konto lautet ☐ auf den Namen des Gläubigers
☐ auf den Namen ...
☒ auf den Kaufpreis angerechnet werden (Abzinsung). HK-Nr.[2] 92492 – DM 264,97
☐ dem Nennbetrag zugeschlagen werden (Aufzinsung). DM

MUSTER

Die Schuldverschreibung ist beiderseits unkündbar. Der Anspruch aus der Urkunde verjährt, wenn sie nicht binnen zehn Jahren nach Eintritt der Fälligkeit zur Einlösung vorgelegt wird. Die Schuldverschreibung ist nur gültig, wenn sie von zwei Zeichnungsberechtigten der Schuldnerin eigenhändig unterschrieben ist. Erfüllungsort für alle Leistungen aus der Schuldverschreibung ist der Sitz der Schuldnerin.

☐ Zu Lasten Konto Nr. ☒ Gegen bar Wert 02.04.1996 DM 735,03
kaufe(n) ich/wir den oben näher bezeichneten Sparkassenbrief
☒ Den Sparkassenbrief nehmen Sie bitte für mich/uns in Verwahrung. ☐ Den Sparkassenbrief händigen Sie mir/uns bitte aus.
☒ Bei Fälligkeit ist der Gegenwert des Sparkassenbriefes dem Konto Nr. 123 546 789 gutzuschreiben.
☐ Bei Fälligkeit ist der Gegenwert des Sparkassenbriefes gegen Rückgabe der Urkunde auszuzahlen.
Einzelverfügungsbefugnis mehrerer Gläubiger:[3] Sind mehrere Personen Gläubiger, so ist jede von ihnen berechtigt, allein und unbeschränkt über den Sparkassenbrief zu verfügen, den Sparkassenbrief auf ihren Namen umschreiben zu lassen und Dritte in diesem Rahmen zu bevollmächtigen.
Es wird ausdrücklich darauf hingewiesen, daß die derzeit geltenden Allgemeinen Geschäftsbedingungen (AGB) der Sparkasse Vertragsbestandteil sind. Sie hängen/liegen in den Kassenräumen zur Einsichtnahme aus. Der Kunde erhält ein Exemplar der Bedingungen, sofern er es wünscht.
Käufer (falls nicht zugleich Gläubiger): Michael Berger, Lindenstraße 6, 9985 Berghausen
Legitimation:
Legitimation geprüft und für die Richtigkeit der Unterschrift(en):
Unterschrift(en) **(bitte nicht durchschreiben!)**
1
168 585 (Fassung Jan. 87) 1/87 Deutscher Sparkassenverlag

Arbeit in unserer Stadt: gestern, heute, morgen

... selbst ein Projekt zu planen und durchzuführen.

... Sachinformationen durch Erkundung und Befragung selbst zu erarbeiten.

... in Gruppen zu arbeiten.

1. Planung und Vorbereitung der Projektarbeit

Ideen produzieren

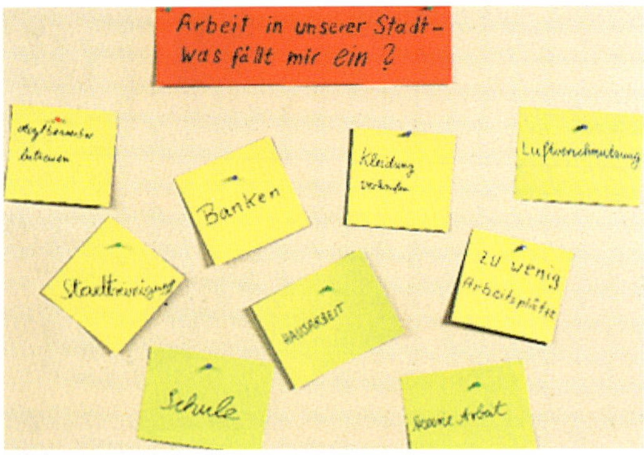

Die Kreativität der Schülerinnen und Schüler kann gefördert werden durch die Kartentechnik (s. Stichwort: *Kartentechnik*).
Jede erhält 5–7 Kärtchen (DIN A 6) und schreibt ihre Ideen auf.

Ziele und Arbeitsschwerpunkte festlegen

Rahmenbedingungen feststellen

- verfügbare Zeit im Rahmen des Fachunterrichts und evtl. eines fächerübergreifenden Unterrichts;
- Kenntnis von Arbeitsmethoden, z.B. Gruppenarbeit, Erkundung, Befragung, Rollenspiel, Texte auswerten
- Kenntnis von Methoden der Dokumentation, z.B. Wandtafel, Foto- und Videodokumentation
- Bereitstellen von Wandtafeln, Pinnwand, großen Papierbögen, dicken Filzstiften, Klebeband
- Bereitstellen von Radiorecorder, Mikrofon, Videokamera

Arbeitsschwerpunkte festlegen

- inhaltlich, z.B.
  Was ist Arbeit?
  Erwerbsarbeit? Hausarbeit? Schularbeit?
  Wo wird gearbeitet?
  Private Unternehmen?
  Staat?
  Privater Haushalt?
- methodisch, z. B.
  Wie arbeiten wir?
  Gruppen?
  Gruppenbildung einzeln?
  Arbeitsmethoden – Aushandeln in der Gruppe
  Rolle der Lehrerin – der Schülerinnen

Ziele und Aufgaben der Gruppen festlegen

- evtl. 3 Großgruppen mit den Themenschwerpunkten Arbeit gestern, Arbeit heute, Arbeit morgen
  Untergruppen mit besonderen Arbeitsaufgaben bilden.
- Mögliche Arbeitsteilung in der Großgruppe Arbeit gestern:
  Was heißt gestern? Zeitraum klären, Bürgerinnen befragen, ein oder zwei „alte" Unternehmen befragen, Gewerkschaften befragen,
  Material in der Stadtbücherei sammeln
- Mögliche Arbeitsteilung in der Großgruppe Arbeit heute:
  Stadtverwaltung befragen / Material zusammenstellen
  Hausfrauen, Arbeitnehmer und Unternehmer befragen
  Fotos für eine Fotodokumentation erstellen
  Gewerkschaften befragen
  politische Parteien befragen
- Mögliche Arbeitsteilung in der Großgruppe Arbeit morgen:
  Prognosen und Planung von Unternehmen / Stadtverwaltung erfragen
  Gewerkschaften befragen, wie Arbeitsplätze sich verändern werden
  Arbeitsamt / BIZ-Prognosen für den Arbeitsmarkt
  Befragung in der Fußgängerzone:
  „Wie wünschen Sie sich ihre Arbeit hier in der Stadt in den nächsten 10 Jahren?"

Kreatives Schreiben

Die Arbeit, die ich in 10 Jahren gerne tun möchte (Phantasieaufsatz)

Kreatives Malen

Mein Arbeitsplatz im Jahre 2015
Evtl. als Wettbewerb organisieren und Schülerinnen und Schüler anderer Klassen einbeziehen.

Durchführung planen

- Erkundungen und Befragungen gut vorbereiten, rechtzeitig Absprachen treffen und Stichworte zum Gespräch festlegen (s. Stichwörter *Erkundung, Befragung)*
- Die Kooperation der Großgruppen untereinander organisieren.

Die Großgruppen verfolgen unterschiedliche Zielsetzungen, arbeiten jedoch zum Teil mit denselben Methoden und erkunden ggf. dieselben Unternehmen, Behörden oder Haushalte.
Ein Erfahrungsaustausch kann neue Anregungen geben und Doppelarbeit vermeiden. Ein Austausch von Informationsmaterial sollte organisiert werden.

Errichten einer Informationsbörse; Austausch von Zwischenergebnissen

Auswertung planen
Auswertung der Ergebnisse der Großgruppen koordinieren und Art der Auswertung besprechen (s. Stichwörter *Gruppenbeziehungen, Beobachtungspunkte; Feedback-Regeln; Ausstellung vorbereiten*).

Mehr Arbeitsplätze
Der IG Metall-Vorsitzende Klaus Zwickel hat vorgeschlagen, daß die Löhne und Gehälter nur in Höhe der Inflationsrate steigen, wenn die Arbeitgeber in den nächsten drei Jahren jeweils 100 000 zusätzliche Arbeitsplätze schaffen. Finden Sie diesen Vorschlag gut oder finden Sie ihn nicht gut?

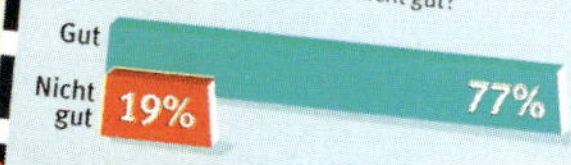

Weniger Überstunden
Es gibt auch den Vorschlag, Überstunden künftig nicht mehr zu bezahlen, sondern durch Freizeit auszugleichen. Finden Sie diesen Vorschlag gut oder finden Sie ihn nicht gut?

Quelle: Forschungsgruppe Wahlen für das ZDF-Politbarometer, 1283 Befragte vom 15. bis 18. Januar

Tarifabschluß bei VW 28,8-Stunden-Woche wird Dauermodell
Der „Sonderfall" Beschäftigungssicherung wird für die knapp 100 000 Beschäftigten der sechs westdeutschen VW-Werke zum „Dauermodell". Darauf einigten sich VW und IG Metall am 12. September 95. Metall 10/95

Industrie: Unter dem Druck des internationalen Wettbewerbs revolutioniert sich die Arbeitswelt. Die Betriebe werden schlanker, die Zukunft gehört der Gruppenarbeit.

Hausarbeit – unbezahlt, ohne soziale Sicherung, unsichtbar in der Wirtschaftsberichterstattung und doch umfangreicher als die Erwerbsarbeit.

Jahresvolumen bezahlter und unbezahlter Arbeit 1991
Mrd. Stunden, früheres Bundesgebiet

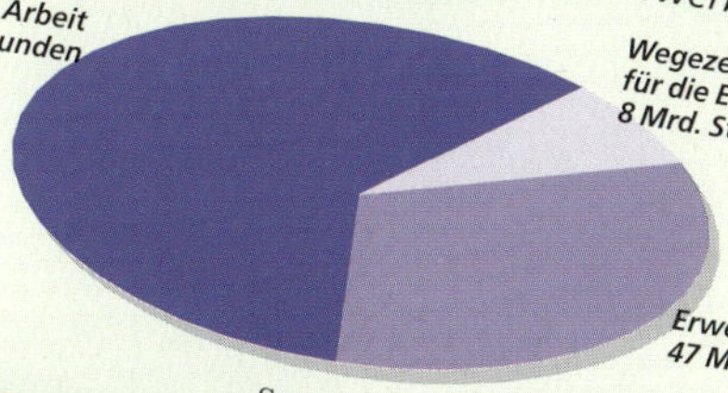

Stat. Bundesamt (1994): Wo bleibt die Zeit?

Arbeitswelt im Umbruch

Mitarbeiter gehen und kommen, wann sie wollen. Prozeßorientierte Gruppenarbeit statt Arbeit in Abteilungen. Immer mehr Groß-Unternehmen in Hamburg denken um. Was bringt die neue Zeiteinteilung? Wie wird sie gemessen? Was sagen die Gewerkschaften?

Das ehemalige Ackerbürgerhaus Steinhagen 6–8 in Hattingen ist heute ein Hotel mit Gaststätte. Es stammt von 1729 und diente im Laufe der Zeit als Kupferschmiede, Bäckerei und Ledergroßhandlung. Nach dem Zweiten Weltkrieg war es zeitweilig Mietshaus, ehe es wegen Einsturzgefahr geräumt werden mußte. Zwischen 1968 und 1970 wurde das Gebäude durch einen Privatunternehmer mit einem Zuschuß aus Denkmalschutzmitteln ausgekernt und restauriert.

„Die Gruppe trägt gemeinsam die Verantwortung für die Qualität ...

... das ist ein ganz entscheidender Aspekt der schlanken Produktion."

2. Arbeitszeitverkürzung: Pro und Contra

Beachtet die Hinweise zur *Befragung* (Stichwortverzeichnis).

Auszug aus einem Interview, das Regine und Thorsten in der Fußgängerzone durchführten. Sie stellten den Passantinnen folgende Frage:

„In unserer Stadt ist die Arbeitslosigkeit sehr hoch. Wären Sie bereit, auf Überstunden zu verzichten, wenn dafür mehr Arbeitslose eingestellt würden?"

Andreas: „Ich mach seit 20 Jahren Überstunden. Warum soll das jetzt anders sein? Das zusätzliche Geld gehört zu meinem Monatslohn. Darauf verzichte ich nicht."

Daniela: „Ich würde das sofort machen, wenn ich sicher wäre, daß wirklich mehr Leute eingestellt würden. Aber wer gibt mir diese Sicherheit?"

Claus: „Nicht mit mir! Meine Frau sucht schon seit 2 Jahren eine anständige Teilzeitarbeit und findet nichts. Wenn sie was findet, arbeite ich sofort weniger.
Aber ich will euch eins sagen: Meine Firma spielt da nicht mit. Überstunden sind billiger als neue Arbeitskräfte."

Jutta: „Ich würde gerne sofort weniger arbeiten, aber ich kann das nur machen, wenn ich mich auf einen weniger qualifizierten Arbeitsplatz versetzen lasse. Und das will ich nicht."

Micha: „Ja, weniger arbeiten, das wäre nicht schlecht. Da würde ich nach Betriebsschluß mehr bei privaten Haushalten arbeiten. Die Nachfrage nach Handwerkern ist bei uns groß. Da gibt's gutes Geld bar auf die Hand."

Methode: Pro-Contra-Debatte

Ziele
Mit dieser Methode können gegensätzliche Positionen klarer herausgearbeitet werden. Neben der Erarbeitung von Wissen geht es vor allem darum, die Fähigkeit zu trainieren, andere Argumente anzuerkennen, eigene klar zu vertreten und die jeweiligen „wunden Punkte" verstehen zu lernen. Solch eine Klärung ermöglicht eher die Findung eines tragfähigen Kompromisses.

Festlegung der Gruppen
- Gruppe Pro
- Gruppe Contra
- Beobachterinnengruppe

Auswahl der Spielerinnen
Die Zuordnung zu einer Gruppe sollte möglichst freiwillig erfolgen. Es kann reizvoll sein, sich einmal in die Position einzuarbeiten, die eher nicht mit den eigenen Vorstellungen in Einklang steht.
Die Pro- und Contra-Gruppen skizzieren ihre zentralen Gründe schriftlich. Die Beobachterinnengruppe legt im Gruppengespräch schriftlich fest, ob sie mehrheitlich pro oder contra vertreten. Die Gründe sollten kurz skizziert werden; ggf. zwei Untergruppen bilden.

Abstimmung über den formalen Spielablauf
- Ort der Gruppenarbeit
- Zeitrahmen
- Wahl von 3 (oder mehr) Spielerinnen, die das Gespräch führen
- Szenenaufbau/Sitzordnung, Zeitrahmen für das Gespräch

Zusammenstellen der Beobachtungsaufgaben
(Beispiele)
1. Bringen die Expertinnen alle von der Gruppe zusammengestellten Argumente auf den Tisch? Welche fehlen? Gibt es neue?
2. Erscheint die Gruppe Pro oder die Gruppe Contra stärker?
3. Argumente, die besonders schwer zu widerlegen sind
4. Argumente, die besonders wirksam waren
5. Kooperation der Spielerinnen innerhalb einer Gruppe
6. Sprachliche Dominanz von einzelnen Spielerinnen
7. Art der Sprache? Gab es persönliche Abwertungen?

Die Beobachterinnengruppe bearbeitet vor allem die Aufgaben 2, 4–7. Sie betreffen eher die Verhaltensebene. Beobachtungen begründen und festhalten.
Die Mitglieder der Pro- und Contra-Gruppen bearbeiten eher die Aufgaben 1–3, 5.

Durchführung des Spiels

Reflexionsphase
- Austausch der Beobachtungen
- Beobachtungen in der Ich-Form vortragen
- Vermeiden von Bewertungen einzelner Spielerinnen (vgl. auch Stichwort *Rollenspiel*)

Evtl. neue Spiel- und Reflexionsphase
- neue Materialien, Daten, Regeln
- neue „Expertinnen"

GESUNDHEIT UND LEBENSQUALITÄT

***„Eine Arbeit, die mich befriedigt"* ist ein wesentlicher Punkt, um *„im Leben rundum zufrieden zu sein"*, für:**

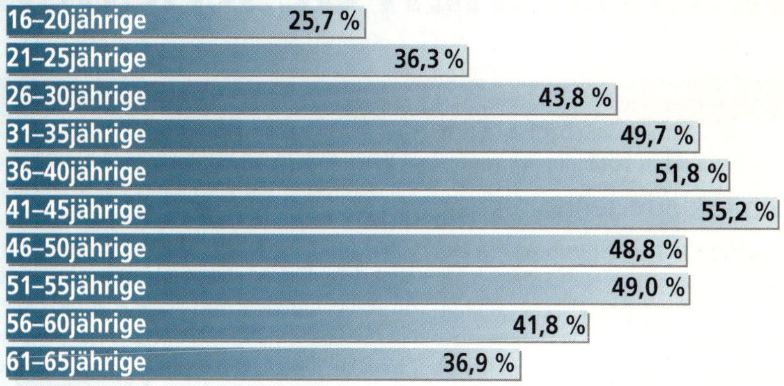

nur erwerbstätige Befragte, N = 4116

Stat. Angaben nach einer Untersuchung des Zentrums für Sozialpolitik im Auftrag der Angestelltenkammer Bremen (1993)

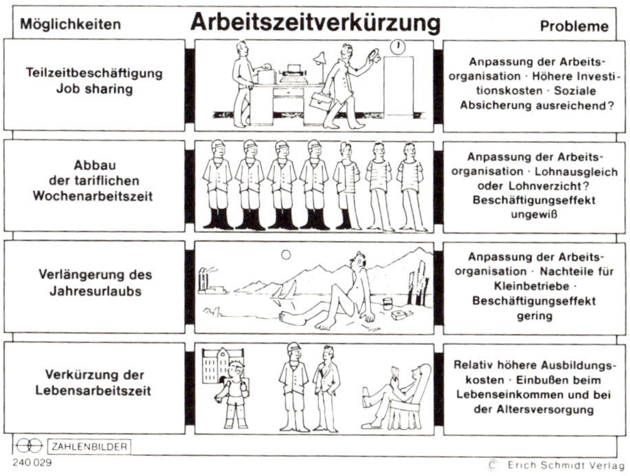

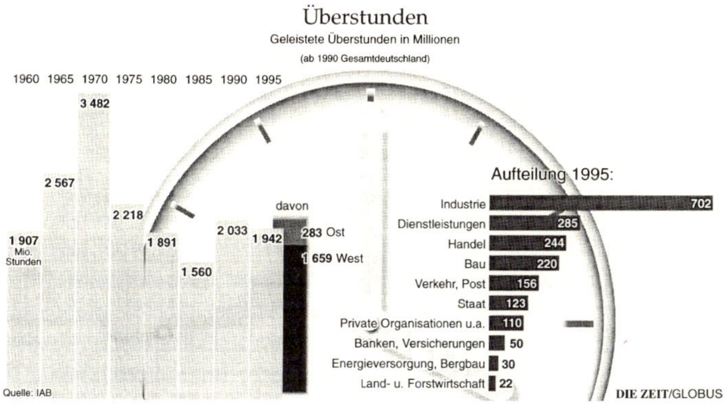

ENTWICKLUNG VON ARBEITSZEIT IN DER METALLINDUSTRIE

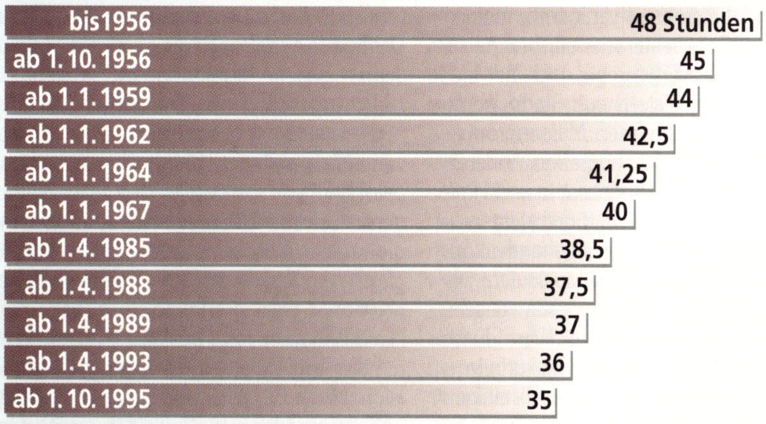

Mein Leben in 20 Jahren

(Auszüge aus Aufsätzen einer 9. Klasse)

Michaela – sieht sich als Journalistin

Bei mir hat sich auch so einiges geändert. Ich habe nach meinem Aufenthalt in dem „Land der unbegrenzten Möglichkeiten" beschlossen, irgend etwas mit Sprachen zu studieren. Journalistik fand ich äußerst interessant. Nach meinem Studium kann ich mich jetzt als recht erfolgreiche Journalistin bezeichnen. Meine Spezialgebiete sind Kultur und Stars im Ausland. Für solche Berichte reise ich ziemlich viel herum und lerne viele Länder, Kulturen und interessante Leute (so auch meinen Freund) kennen. Der Job ist wirklich super. Ich habe ein gutes Gehalt mit Aussicht auf eine Erhöhung, wenn ich so weiter arbeite wie jetzt. Seit 2001 wohne ich übrigens in Berlin. Die Stadt ist so ziemlich schlimm. Es gibt sehr viele Penner, Kiffer, Zuhälter und Prostituierte in der Innenstadt. Mit der Bahn würde ich nachts nicht rumfahren. Ich wohne übrigens am Rand von Berlins Innenstadt in einer kleinen, für mich und meinen Freund völlig ausreichenden Wohnung. Wir wohnen in einem alten, sehr hübschen Gutshaus. Das Haus hat etwa zwanzig gute Wohnungen, die alle vermietet sind. Unsere Nachbarn sind alle super nett, und man könnte meinen, daß wir eine riesige Wohngemeinschaft wären, denn mindestens fünfmal am Tag geht die Türklingel und jemand kommt, um sich CD's oder ähnliches auszuleihen oder um einfach nur ein bißchen zu schwätzen. Das Haus ist übrigens ausschließlich von jüngeren Leuten bewohnt. Mein Freund und ich leben schon seit zwei Jahren zusammen. Meine Mutter fragt immer, wann ich denn heiraten würde und sie zur Großmutter mache. Aber das hat erst noch ein wenig Zeit. Im Moment bin ich noch voll und ganz mit meinem Beruf und meinem Leben beschäftigt. Außerdem wollen ich und mein Freund gar nicht heiraten. Das Ganze ist, glaube ich, viel zu kompliziert.

Olaf – sieht sich als Kloputzer

„Das ist ganz witzig. Ich brauche kaum etwas zu machen, weil die meisten Aufgaben durch Computer erledigt werden. Ich muß eigentlich nur Fenster öffnen und die Klopapierrollen wechseln. Meine Familie findet das nicht so gut, und daher habe ich ein bißchen Streß mit ihnen." Sein – kurzer – Text schließt mit dem Satz: „Ich habe Angst, wenn ich daran denke, wie es in 10 Jahren aussehen wird, weil ich glaube, daß dann alles durch Computer gesteuert wird und die Menschen keine Arbeit mehr haben."

Thomas – sieht sich als Kfz-Mechaniker

Im Jahr 1997 habe ich meine Ausbildung beendet. Jetzt arbeite ich bei einem Kraftfahrzeugtechniker. Da verdiene ich 2.150 DM netto im Monat. Ich wohne in einem Haus, das noch abgezahlt wird, mit meiner Frau und meinem Kind. Ich fahre einen VW, und meine Frau fährt einen Ford.

Meine Frau macht den Haushalt, wenn ich zur Arbeit fahre. Wir haben uns vorgenommen, nächstes Jahr in Urlaub zu fahren.

Nach der Arbeit spiele ich mit meinem Kind und helfe meiner Frau im Haushalt. Und abends setze ich mich mit meiner Frau ins Fernsehzimmer.

Unser Wunsch ist noch ein Kind.

(Wachendorff, A. u. Hauser, Chr. (1996): „Wie soll ich über meinen Beruf reden, wenn ich mir gar nicht vorstellen kann, so alt zu sein?" Zukunftsvorstellungen von Jugendlichen und ihre Thematisierung im Unterricht, 197, 201, 208, in: K.-D. Lenzen und K.-J. Tillmann (Hg). Gleichheit und Differenz, Bielefeld)

Vielfalt der Berufe

… in welchen Tätigkeitsbereichen Erwerbstätige arbeiten.

… die Erwerbsarbeit von Frauen und Männern zu vergleichen.

Zwölf Tätigkeitsbereiche

Gestalten, Friseur/in

Bedienen und Beraten, Kaufmann/-frau im Einzelhandel

Zusammenbauen, montieren, Zerspanungsmechaniker/in

Zeichnen und reproduzieren, Bauzeichner/in

Untersuchen und messen, Chemielaborant/in

Bebauen und züchten, Gärtner/in

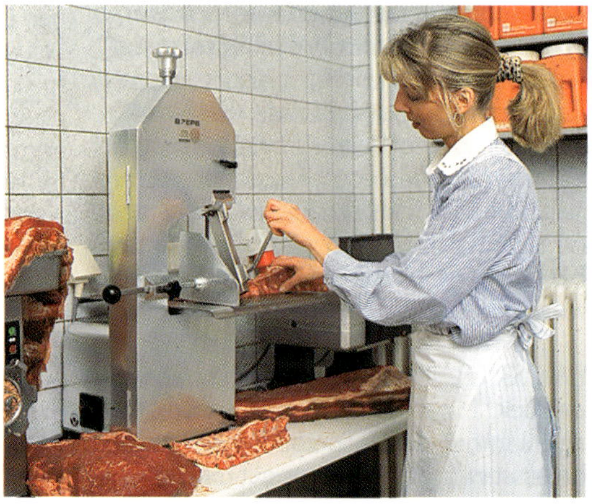

Material verarbeiten, Fleischer/in

Bedienen und überwachen von Anlagen, Drucker/in

Erwerbstätige:
Personen, die in einem Arbeitsverhältnis stehen und gegen ein Entgelt arbeiten oder selbständig ein Gewerbe, einen freien Beruf oder eine Landwirtschaft betreiben.

Erwerbspersonen:
Erwerbstätige und Arbeitslose.

Wirtschaften, Bankkaufmann/-frau

Verwalten, Bürokaufmann/-frau

Versorgen und Betreuen, Erzieher/in

Sichern, in Ordnung halten, Eisenbahner/in im Betriebsdienst

Erwerbstätige nach Alter, Geschlecht und Wirtschaftsbereichen

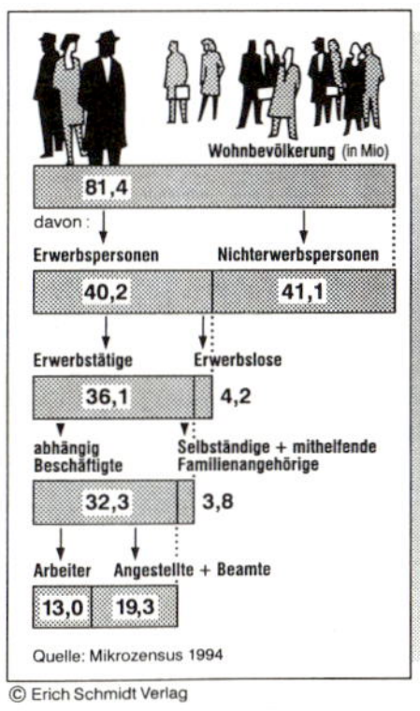

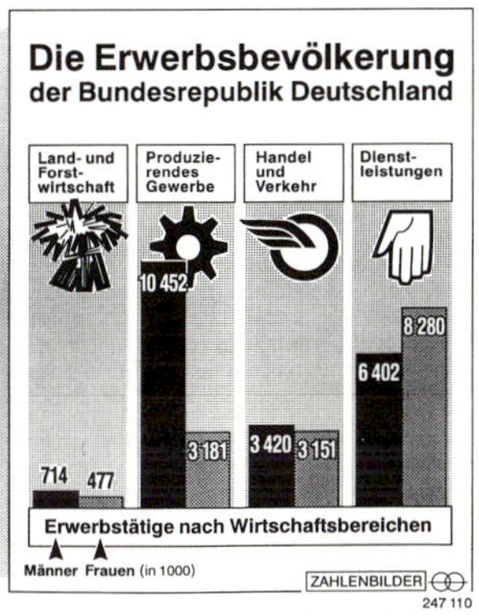

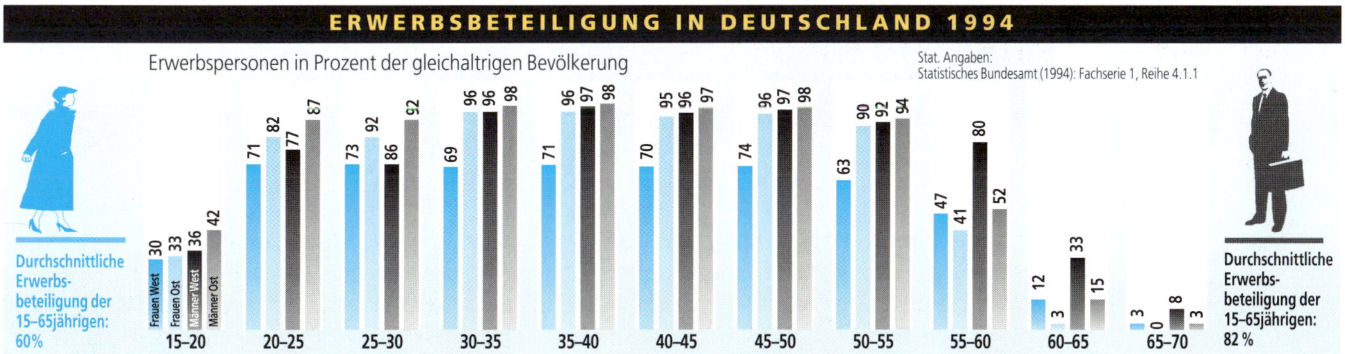

Aufgaben

1 Sprecht über die Tätigkeiten in den abgebildeten Berufen.

2 Findet weitere Berufe für die Tätigkeitsbereiche.

3 Erklärt die Entwicklung der Erwerbsbeteiligung.

4 Beurteilt das Gespräch des Mannes und der Frau.

Berufswahlprozeß und Berufswegplanung

... Einflüsse auf die Berufswahl zu unterscheiden.

... eure beruflichen Erwartungen und Fähigkeiten zu erkennen.

... Informationen für die Berufswahlentscheidung zu nutzen.

Grundgesetz, Artikel 12
(1) Alle Deutschen haben das Recht, Beruf, Arbeitsplatz und Ausbildungsstelle frei zu wählen. (...)

1. Verantwortliche Berufswahl?

Der Mensch verbringt einen großen Teil seines Lebens am Arbeitsplatz. Ist er zufrieden mit seiner Arbeit, so wird das auch sein Verhalten in der Freizeit günstig beeinflussen. Jeder muß zwar damit rechnen, im Laufe seines Lebens den Beruf (mehrfach) zu wechseln, die Erfahrungen während der beruflichen Erstausbildung sind jedoch von Bedeutung für die Tätigkeit in anderen Berufen.
Berufsausbildung sollten nämlich sowohl auf eine Stelle als Berufsanfänger vorbereiten als auch Grundlagen für die dauernde **Weiterbildung** legen.
Es ist deshalb wichtig, die Berufswahl sorgfältig zu planen und durchzuführen.

Fallbeispiele zu Berufswahlfragen

Fall A:
Regine bereitet mit Begeisterung schmackhafte Speisen zu. Ihr Wunsch ist, im Spezialitätenrestaurant Waldblick Köchin zu lernen. Ein guter Bekannter der Eltern, der oft im Waldblick ißt, hat große Bedenken, wenn er Regines Berufswunsch hört. Er meint, daß sie die Berufsanforderungen nicht richtig einschätzt. Die Arbeit in der Küche sei für ein zartes Mädchen wie sie zu schwer. Sie müsse auch damit rechnen, vor allem abends und am Wochenende zu arbeiten. Außerdem sei der berufliche Aufstieg für Frauen in der Gastronomie schwierig.

Fall B:
Der Vater von Klaus ist gelernter Industriekaufmann und arbeitet bei Winkler als Sachbearbeiter im Einkauf. Früher arbeitete auch der Großvater dort. Deshalb ist für Klaus schon lange klar, daß er nach Abschluß der Schule in einem ähnlichen Büroberuf bei Winkler arbeiten möchte. Ihn reizen die angesehene Firma und die saubere Arbeit.

Fall C:
Ulrike hat an ihrem Hobby Schneidern große Freude. Angeregt wurde sie durch ihre Mutter. Sie hat bereits bewundernswerte Stücke entworfen, zugeschnitten und fertiggestellt. Deshalb ist ihr Wunsch, in einem Modeatelier Damenschneiderin zu lernen. Ihre Lehrer bewundern ihr Gestaltungstalent. Nach einer Ausbildung möchte sie eine Fachschule besuchen, um Bekleidungsgestalterin zu werden. Ihr Traum ist, auf einer Fachhochschule Mode-Design zu studieren.
Die Eltern von Ulrike begegnen diesen Vorstellungen mit Ablehnung. Für sie sind das „Flausen", die mit den Berufsmöglichkeiten nicht übereinstimmen. Außerdem sei kein solcher Ausbildungsplatz zu finden. Ein Mädchen sei mit 16 noch nicht reif, selbst zu entscheiden und schon gar nicht, in einer fremden Stadt zu leben. Ihr Vater empfiehlt, einen Pflegeberuf zu wählen. Das sei ein anständiger, zukunftsicherer Beruf für Frauen, der bald ordentliches Geld einbringe.

Fall D:
Peter interessiert sich besonders für Mathematik, Physik und Technik. Dort brachte er gute Leistungen. Mit Begeisterung nutzt er seinen PC. Seit 6 Monaten hat Peter in Ma-

thematik und Physik einen neuen Lehrer. Dieser geht anders vor und ist nach Peters Meinung ihm gegenüber nicht gerecht. Seine Leistungen haben nachgelassen; jetzt steht er eher ausreichend. Gestern verkündete der Mathematiklehrer, wer in Mathematik nicht mindestens befriedigende Leistungen hat, solle die Finger von technischen Berufen lassen.
Peter hat den Beruf Industrieelektroniker im Auge, weil er dazu Neigungen verspürt und ihn die gute Bezahlung reizt. Er informierte sich über die guten Zukunftschancen.

Fall E:
Claudia interessiert sich sehr für Technik. Da ihr Bruder am liebsten Musik hört und ein Instrument spielt, freut sich der Vater über Claudias Vorliebe für technisches Spielzeug. Der Vater – ein Ingenieur – ist begeistert von seiner beruflichen Tätigkeit.
Als Claudia den Wunsch äußert, Ingenieurin zur werden, ist der Vater skeptisch. Einerseits freut er sich, andererseits überlegt er, ob er Claudia nicht abraten muß. Er ist sicher, daß sie gute Fähigkeiten hat. Er weiß, daß viele Betriebe Vorurteile gegenüber einer Frau als Ingenieurin haben. Er möchte Claudia Enttäuschungen ersparen und wünscht ihr, daß sie in diesem Beruf Anerkennung findet. Sie muß sehr tüchtig und durchsetzungsfähig sein. Wird Claudia das schaffen?

Siehe Stichwörter:
Ausbildungsberuf = Wunschberuf?
Facharbeiter, neue Anforderungen
Mädchen in „Männerberufen“

Fall F:
Dirk weiß ganz genau, daß bei seinem künftigen Beruf auf jeden Fall „die Kohle stimmen“ muß. Er ist unsicher, was ihm liegt. Er hat gehört, daß Fliesenleger im Akkord sehr gut verdienen und der Beruf immer gebraucht wird. Die Frage Berufswahlvorbereitung interessiert ihn nicht. Er will sich nur noch um eine Lehrstelle bemühen. Ob man geeignet ist und die Berufsarbeit Spaß macht, könne man jetzt sowieso nicht entscheiden.

Zur Durchführung einer Befragung s. Stichwort *Befragungstechniken.*

SCHULABGÄNGER 1994
ZUR BERUFSWAHLENTSCHEIDUNG

(Angaben in %, nur 1 Antwort möglich)

Was war für dich bei der Entscheidung für eine Berufsbildung besonders wichtig?		Wer gab dir die wesentliche Anregung für deine Berufswahlentscheidung?	
sichere und geregelte Tätigkeit	34	niemand	37
gute Aufstiegsmöglichkeiten	20	Eltern	22
guter Verdienst	13	Betriebspraktikum	17
anderen Menschen nützen und Helfen	13	Freunde	9
selbständige und eigenverantwortliche Tätigkeit	11	Arbeitsamt	9
phantasievolle Tätigkeit	9	Verwandte	5
		Lehrer	2

Institut für Pädagogik und Gesellschaft: Schulabgängerbefragung 1994 des Bundesinstituts für Berufsbildung (BIBB), Bonn 1994

Was bei der Berufswahl zu bedenken ist

Aufgaben

1 Sprecht über die Bildergeschichte.

2 Die Fallbeispiele könnt ihr in Gruppen bearbeiten (s. Stichwort *Gruppenarbeit).*
Zu A: Was soll Regine tun? Befragt Beschäftigte einer Restaurantküche.
Zu B: Beurteilt den Entschluß von Klaus.
Zu C: Beurteilt die Meinungen.
Zu D: Was soll Peter tun? Begründet eure Entscheidung.
Zu E: Sprecht darüber, was der Vater Claudia raten soll.
Zu F: Erörtert Dirks Berufswahl.
Wertet die Arbeitsergebnisse aus.

3 Welche Faktoren der Berufswahl werden in den Fallbeispielen angesprochen? Setzt das Grundrecht auf freie Berufswahl damit in Beziehung. Welche Faktoren sind auch euch wichtig?

4 Vergleicht die Schulabgängerbefragung mit euren Einschätzungen. Begründet eure Position.

5 Befragt Abgangsklassen eurer Schule und eure Eltern zu ihren Berufswahlentscheidungen. Sprecht über die Ergebnisse.

Interessen bestimmen

Im Freien arbeiten

Im Büro arbeiten

Mit Pflanzen oder Tieren umgehen

Mit Menschen zu tun haben

Im Labor arbeiten

Gestalterisch arbeiten

Körperlich tätig sein

Saubere Arbeit

Maschinen zusammenbauen, reparieren

Anderen helfen

Handwerklich arbeiten

Auf technischem Gebiet arbeiten

Verkaufen, kaufen

Produktionsanlagen überwachen

Mit Metall umgehen

Mit Elektrizität, Elektronik zu tun haben

Mit Baumaterialien umgehen

Bundesanstalt für Arbeit: STEP PLUS, Ausgabe 1995/96, Nürnberg, S.6

Fähigkeiten herausfinden

Ideenreichtum

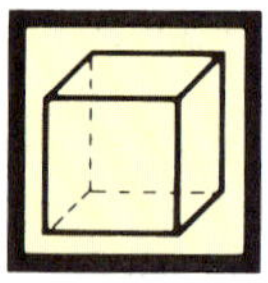

Räumliches Vorstellen

Sprachliches Denken

Hand- und Fingergeschick

Rechnerisches Denken

Körperliche Belastbarkeit

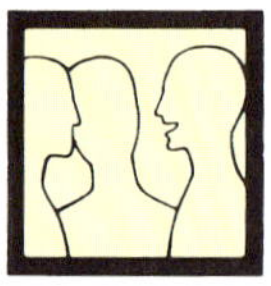

Kontaktsicherheit

Bundesanstalt für Arbeit: STEP PLUS-Beiheft, Ausgabe 1995/96, Nürnberg, S.7

2. Interessen und Fähigkeiten den Berufsanforderungen gegenüberstellen

Anforderungsmerkmale von Berufen

Anforderungen an geistige Fähigkeiten

- Reaktionsfähigkeit
- Beobachtungsvermögen
- Sinn für Genauigkeit und Sorgfalt
- Rechtschreibsicherheit
- schriftsprachlicher Ausdruck
- Rechenfähigkeiten
- zeichnerische Fähigkeiten
- logisches Denken
- Gedächtnis, Merkfähigkeit
- Konzentrationsfähigkeit
- Sinn für Formen und Farben, gestalterische Fähigkeiten
- räumliches Vorstellungsvermögen
- sprachliche (mündl.) Gewandtheit
- technisches Verständnis
- Ideenreichtum

Anforderungen an körperliche Fähigkeiten

- körperliche Belastbarkeit (Stehen, Bücken, Knien)
- richtiges Farbsehen
- gutes Hören
- gute Gesundheit (z. B. Widerstandsfähigkeit gegen Erkältungskrankheiten)
- handwerkliches Geschick
- Hand- und Fingergeschicklichkeiten

Anforderungen an soziale Fähigkeiten

- Verantwortungsbereitschaft
- Kontaktsicherheit
- Selbständigkeit
- seelische Belastbarkeit
- Rücksicht
- sicheres Auftreten
- gute Umgangsformen, freundliches Wesen
- Fähigkeit zur Teamarbeit
- allein arbeiten können
- Interesse und Mitgefühl für Menschen
- andere überzeugen können
- jemandem zuhören können

Institut für Film und Bild, Albrecht, K. u. a.: Berufswahl als Entscheidungsprozeß. Grünwald, 1983, S.56,

Aufgaben

1 Stellt erste Erwartungen an den Beruf zusammen und begründet diese.

2 Schätzt eure Fähigkeiten mit Hilfe der Anforderungsmerkmale ein.

3 Testet eure Erwartungen und Fähigkeiten mit Hilfe von „STEP-PLUS“ (erhältlich beim Arbeitsamt).

4 Ordnet eure Interessen und Fähigkeiten Tätigkeitsbereichen zu. Zieht dazu „BERUF AKTUELL“ heran. Es enthält Kurzbeschreibungen der Berufe mit Tätigkeitsmerkmalen.

5 Befragt Arbeitnehmer eurer Wunschberufe zu Anforderungsmerkmalen.

6 Diskutiert die Bedeutung der sozialen Herkunft, des Geschlechts, der Nationalität, der Arbeitsmarktsituation und der Beliebtheit der Berufe für die Berufswahl.

7 Erörtert die Bedeutung von Betriebserkundungen/-praktika für die eure Berufswahl.

Siehe die Stichwörter *Betriebserkundung, Betriebspraktikum.*

3. Information und Beratung – Voraussetzungen für die Berufswahlentscheidung

Der Berufswahlunterricht in der Schule allein reicht für eine angemessene Berufswahlentscheidung nicht. Er kann aber helfen, Informationen zu erschließen und Entscheidungshilfen zu geben. Er ersetzt jedoch keine Eigeninitiative!

Folgende Hinweise sollen Informationsquellen erschließen und Eigeninitiative anregen.

Berufsinformationszentren (BIZ) der Arbeitsämter bieten:

- Einführungsvorträge
- Berufsinformationsmappen zu fast allen Berufen
- Schriften zur Berufswahl (s. unten)
- berufskundliche, audiovisuelle Medien und Computerprogramme
- eine Datenbank zur Aus- und Weiterbildung
- Einzelberatung nach Anmeldung
- Schulbesprechungen mit Berufsberatern

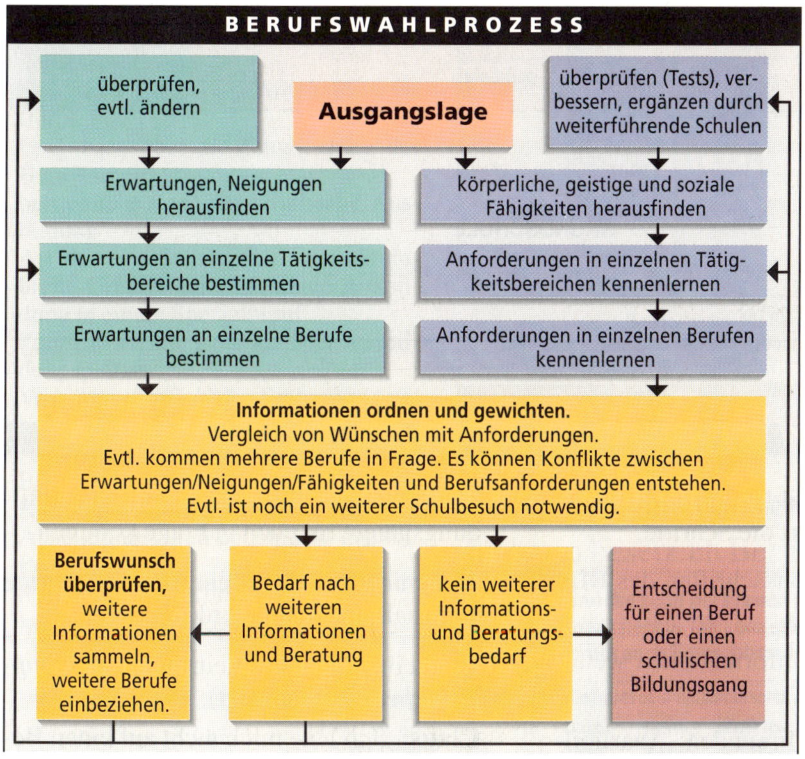

Berufsberatung

Zur systematischen Planung der Berufswahl gehört auch das persönliche Gespräch mit dem Berufsberater oder der -beraterin.

Wichtig ist:
- Rechtzeitig anmelden (Wartefristen!);
- Gespräch sorgfältig vorbereiten, vorher „STEP-PLUS“ und „mach’s richtig“ durcharbeiten;
- Falls Termin nicht einzuhalten ist, frühzeitig neuen vereinbaren.

Soll der Berufsberater bei der Berufswahlentscheidung helfen, muß er persönliche Wünsche und Ziele, berufliche Interessen und Fähigkeiten kennenlernen. Falls notwendig, vermittelt er eine Eignungsuntersuchung.

Ist alles klar, hilft der Berufsberater bei der Vermittlung einer Ausbildungsstelle.

Unter bestimmten Voraussetzungen wird eine Ausbildung finanziell gefördert (s. Stichwort *Berufsausbildungsbeihilfe*); darüber informiert der Berufsberater.

Viele Stellen werden dem Arbeitsamt nicht gemeldet. Deshalb auch in Betrieben vorsprechen und folgendes nutzen:

Wichtige Hilfen bieten auch:

- Eltern, Freunde, Auszubildende, Berufstätige, Lehrer
- Kammern, Gewerkschaften, Wirtschaftsverbände, Schulamt, Kultusministerium
- Rundfunk, Fernsehen, Zeitungen
- Betriebserkundungen, Betriebspraktika

Hinweise zur Nutzung von Informationen

- Schriftliche Informationen prüfen: ordnen, Wichtiges herausziehen und durcharbeiten, unterstreichen, evtl. Karteikarten nach Stichworten anlegen;
- Von Gesprächen Protokoll anfertigen;
- Verschiedene Informationen zum gleichen Bereich im Zusammenhang durcharbeiten, besprechen, Ergebnisse notieren.

mach's richtig

Behandelt folgendes:
- Berufe, die zu mir passen
- Überblick über Berufe
- Ausbildungswege, Wahl des Ausbildungsplatzes
- Rechte und Pflichten
- Bewerbung

STEP PLUS

Die computerunterstützte Medienkombination besteht aus einem Heft: „Welche Berufe … passen zu meinen beruflichen Interessen“ und einem Beiheft: „Wie komme ich meinen Fähigkeiten auf die Spur?“

WAS WERDEN

Magazin der Berufsberatung mit aktuellen Berichten, Reportagen und Interviews über Fragen der Berufswahl, Ausbildungs- und Berufswege sowie über die Situation auf dem Ausbildungsstellenmarkt.

blätter zur berufskunde

Ausführliche Beschreibung von Einzelberufen mit Informationen über Aufgaben, Tätigkeiten, Aus- und Weiterbildung sowie Entwicklung und Situation des Berufes. 2 Hefte können kostenlos bezogen werden.

BERUF AKTUELL

Nach 12 Tätigkeitsbereichen **geordnete Kurzbeschreibungen** der Ausbildungsberufe, Ausbildungsgänge an Berufsfachschulen, Fachschulen und in Verwaltungen.

M19

Beschäftigungssituation nach der Ausbildung

Beschäftigungssituation Ende 1993
(Nach damaligem Berufswahlergebnis)

	Ausbildungsberuf war Wunschberuf:		
	ja	**nein, hatte damals keinen**	**nein, lieber anderen Beruf**
	(Angaben in Prozent)		
im erlernten Beruf	44	42	43
in einem anderen Beruf	11	13	14
Un-/Angelerntentätigkeit	2	6	5
arbeitslos	2	1	6
in beruflicher Fortbildung	2	1	2
in einer Umschulung	0	1	0
in einer zweiten Lehre	1	2	4
in weiterer schulischer Ausbildung	3	4	2
in einem Studium	23	22	14
im Wehr- oder Zivildienst	6	4	1
Hausfrau/Hausmann	1	1	4
in sonstigen Tätigkeiten	1	1	4
zusammen[1)]	100	100	100

Bundesinstitut für Berufsbildung (BIBB): Ausbildung und Beschäftigung 1993, Bonn 1995

[1)]Rundungsdifferenzen

M21

Zusammenhang von Ausbildungs- und Beschäftigungsberuf

Die durchschnittliche Verbleibquote im Ausbildungsberufsbereich beträgt in Deutschland 62 %. 38 % sind in andere Berufsbereiche abgewandert. Diese Berufswechselquote mag gering erscheinen. Allerdings berücksichtigt sie nicht die Wechsel innerhalb eines Berufsbereichs (z.B. von der Kindergärtnerin zur Arzthelferin oder vom Sparkassenkaufmann zum Verkäufer in einem Warenhaus). Solche Berufsgruppenwechsel würden die Verbleibquote um 8 Prozentpunkte verringern.
In den alten Ländern ist die durchschnittliche Verbleibquote mit 64 % deutlich höher als in den neuen (53%). Hier spiegelt sich der strukturelle Wandel in den neuen Ländern wider, insbesondere die höhere Arbeitslosigkeit. (...) Personen, die in den personenbezogenen Dienstleistungsberufen oder in Büro-/Verwaltungsberufen ausgebildet sind, waren – in den alten wie neuen Ländern – deutlich weniger von einem Wechsel in einen anderen Berufsbereich betroffen als andere Erwerbstätige, besonders die im technisch-gewerblichen Bereich[1]. Sehr markant sind die niedrigen Verbleibquoten bei den Herstellern von Verbrauchsgütern (Textil, Bekleidung, Nahrungsmittel u.ä.) und in den neuen Ländern, in deutlicher Diskrepanz zu den alten, bei den Gewinnern von Naturprodukten und Mineralien (landwirtschaftliche und Bergbauberufe), bei den Herstellern von Grundstoffen und auch bei den Planungsberufen.

[1]Kraftfahrzeugmechaniker werden z.B. Kraftfahrer

Bundesministerium für Bildung und Wissenschaft: Berufsbildungsbericht 1994, Bonn 1994, S. 111–113

VERBLEIBQUOTE* IM AUSBILDUNGSBEREICH (in Prozent) (Erhebung 1991/92)

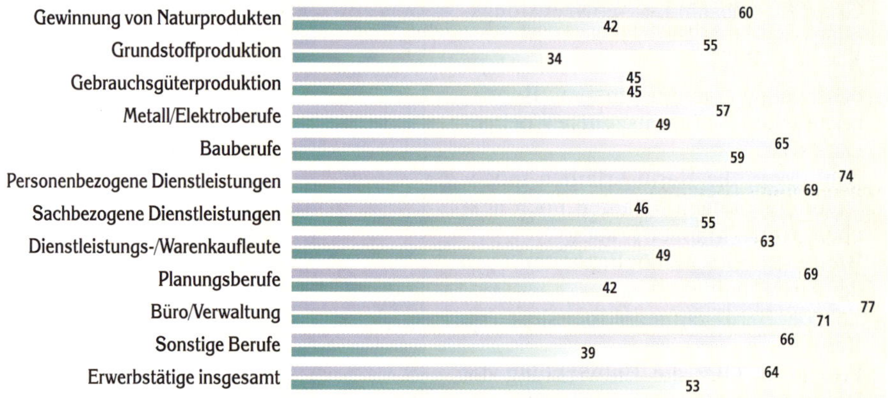

*Der Anteil derjenigen, die in einem Berufsbereich ausgebildet und in demselben auch beschäftigt sind, kann in das Verhältnis gesetzt werden zu allen, die in diesem Berufsbereich ausgebildet wurden

M20

Mädchen in „Männerberufen“

Vier von zehn Erwerbstätigen in der Bundesrepublik Deutschland sind weiblichen Geschlechts. Oft sehen sich die Frauen aber in weniger qualifizierte und niedriger entlohnte Tätigkeiten abgedrängt. Die Weichen dazu werden schon früh gestellt: Noch immer hinken die jungen Frauen in der betrieblichen Berufsausbildung hinter ihren männlichen Altersgenossen her, und noch immer konzentriert sich ihre Berufswahl auf wenige, oft nicht sehr entwicklungsträchtige Tätigkeitsfelder, vor allem auf die „frauenspezifischen“ Berufe im Sozial- und Dienstleistungsbereich und auf die kaufmännischen Berufe. Demgegenüber wird das breite Spektrum gewerblich-technischer Ausbildungsberufe von ihnen immer noch zu wenig genutzt, und auch die Bereitschaft der Betriebe. Mädchen in sogenannten „Männerberufen“ (d. h. in Berufen mit einem Frauenanteil von unter 20 %) auszubilden und zu beschäftigen, ist teilweise noch recht gering.
Da sich aber mehr als zwei Fünftel aller Ausbildungsplätze auf die fast ausschließlich von Männern besetzten Berufe konzentrieren, hängt die weitere Verbesserung der Ausbildungs- und Beschäftigungschancen junger Frauen entscheidend vom Zugang zu diesen Berufen ab. Inzwischen gibt es immerhin Anzeichen für die allmähliche Überwindung der traditionellen Vorurteile und Rollenklischees, durch die Frauen von bestimmten Berufen ferngehalten wurden. So stellt es heute keine Ausnahme mehr dar, daß ein Mädchen Tischlerin oder Kfz-Mechanikerin werden will. Diese Beobachtung wird durch die Ausbildungsstatistik untermauert (s. Grafik)
Manche Berufe, die noch vor 15 Jahren als reine „Männerberufe“ galten (z.B. Gärtner, Bäcker, Koch, Schriftsetzer), haben sich mittlerweile sogar zu Mischberufen entwickelt, in denen der Anteil männlicher und weiblicher Azubis nahezu ausgeglichen ist.
Andererseits haben Frauen in den Metall- und Elektroberufen nach wie vor nur in geringem Umfang Fuß fassen können. Dabei kommt es in den qualifizierten Fertigungsberufen heute weit mehr auf Intelligenz und Geschicklichkeit als auf Körperkraft an. Immerhin erhielten 1993 aber rund 13000 junge Frauen ihre Ausbildung in einem Elektro- oder Metallberuf – zehnmal mehr als 1977 im damaligen Bundesgebiet.

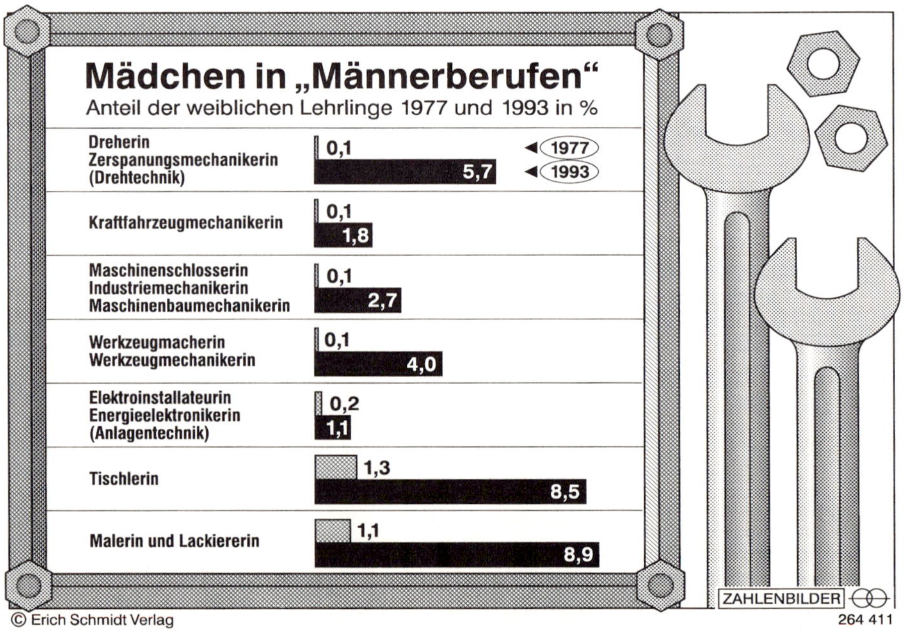

Sachwortverzeichnis

Abschreibung: Durch Abnutzung und Altern verlieren Maschinen oder Betriebsgebäude (Anlagevermögen) an Wert. Dieser Wertverlust stellt Kosten dar, die Abschreibung genannt werden.

Angebot: Menge der Waren und Dienstleistungen, die Verkäufer den Kunden anbieten (verkaufen) wollen.

Arbeit: umfaßt Erwerbsarbeit (Arbeit gegen Entgelt) und Hausarbeit, Eigenarbeit, ehrenamtliche Arbeit. In der offiziellen Statistik wird unter Arbeit in der Regel nur die Erwerbsarbeit verstanden.

Arbeitgeberverbände: Organisierte Interessenvertretung der Arbeitgeber.

Arbeitslosenquote: Anteil der Arbeitslosen an der Zahl der abhängig Beschäftigten Erwerbspersonen.

Arbeitsproduktivität: Verhältnis von eingesetzter Arbeitskraft zum erzielten Produktionsergebnis.

Arbeitsteilung: Zerlegung des Arbeitsvorgangs in Teilaufgaben. Sie können von verschiedenen Personen, Maschinen oder Betrieben ausgeführt werden. Die Arbeitsteilung ist eine wesentliche Voraussetzung der → Rationalisierung.

Arbeitsteilung (Artteilung): Die Art der Arbeiten im gesamten Ablauf ist auf verschiedene Personen aufgeteilt. Der einzelne verrichtet nur einen kleinen Teil.

Arbeitsteilung (Betrieb): Die Herstellung eines Gutes wird in Abschnitte zerlegt. Ein einzelner Arbeitnehmer führt nur wenige Handgriffe aus. Die Produktion wird verbilligt.

Arbeitsteilung (Haushalt): Bestimmte Arbeiten im Haushalt werden auf seine Mitglieder aufgeteilt und von ihnen ausgeführt. Die Aufteilung erfolgt nach Zeit der Mitglieder, Interesse und Zweckmäßigkeit.

Arbeitsteilung (zwischen Betrieben): Ein Betrieb stellt nur noch einen Teil eines Gutes her, das an andere Betriebe verkauft und dort weiterverarbeitet wird. Jeder Betrieb hat sich spezialisiert.

Ausbildungsberuf: Beruf, für den in einem festgelegten Ausbildungsgang fachliche Kenntnisse, Fertigkeiten und Fähigkeiten vermittelt werden. Zunehmend wird die Entwicklung von → Schlüsselqualifikationen bedeutsam.

Automation: Vollständige Technisierung der Produktion. Es wird keine menschliche Arbeitskraft mehr benötigt.

Bedürfnisse: Wünsche der Menschen, die diese sich erfüllen möchten. Alle Menschen möchten ausreichend über Wohnung, Nahrung und Kleidung verfügen und von ihren Mitmenschen gern gehabt werden, z.B. möchten Kinder von ihren Eltern geliebt werden. Diese Bedürfnisse sind lebenswichtig. Daneben möchte man sich Wünsche erfüllen, die das Leben schöner machen und erleichtern. Dazu gehören z.B. Wünsche, wie ein bestimmtes Spielzeug zu besitzen, im Urlaub zu verreisen, ein schönes Kleidungsstück zu kaufen, sehr gut zu essen, ein großes Auto zu besitzen und viele Freunde zu haben. Die meisten Bedürfnisse sind auf Güter (→Sachgüter und → Dienstleistungen) gerichtet, für die bezahlt werden muß. Da die Haushalte nur über beschränkte Geldmittel verfügen, muß überlegt werden, welche Bedürfnisse erfüllt werden sollen und wie das am günstigsten geschieht. Den Teil der Bedürfnisse, für den mit beschränkten Geldmitteln Güter gekauft werden, nennt man Bedarf.

Berufsausbildung (Duales System): Mehrjährige Ausbildung mit entsprechenden Abschlüssen in einem → Ausbildungsberuf. Die Ausbildung erfolgt einerseits in der Berufsschule und andererseits im Betrieb (dual = zweigliedrig) sowie teilweise in überbetrieblichen Ausbildungsstätten.

Betrieb: →Unternehmen

Betriebsrat: Interessenvertretung der Arbeitnehmer im Betrieb. Er muß in Betrieben mit mindestens 5 Arbeitnehmern eingerichtet werden, sofern einer der Arbeitnehmer bereit ist, diese Aufgabe zu übernehmen. Rechte und Pflichten sind im → Betriebsverfassungsgesetz festgelegt.

Betriebsverfassungsgesetz: Es regelt die Rechte der Arbeitnehmer auf Mitbestimmung, → Mitwirkung und Information im Betrieb beim Zusammenwirken des → Betriebsrates mit der Betriebsleitung.

Bundesbank: Zentralbank, die für Geldpolitik verantwortlich ist. Sie ist unabhängig, soll aber die Politik der Bundesregierung unterstützen.

Dienstleistungen: Leistungen, die z. B. der Friseur, Arzt, Rechtsanwalt erbringt.

Erwerbsarbeit: entlohnte → Arbeit

Erwerbspersonen: Arbeitslose und → Erwerbstätige

Erwerbstätige: Arbeiter, Angestellte, Beamte, Selbständige, mithelfende Familienangehörige

Gewerkschaften: Organisierte Interessenvertretung der Arbeitnehmer.

Gewinn: Unterschied zwischen den Kosten, die einem Unternehmen bei der Herstellung oder Verteilung eines Gutes entstehen, und dem Verkaufspreis (Erlös).

Güter: → Sachgüter → Dienstleistungen

Handwerkskammern: → Kammern

Haushalte (private/öffentliche): In privaten Haushalten leben Personen zusammen, die Einkommen erzielen und dieses für den Kauf und Gebrauch bzw. Verbrauch von Waren und Dienstleistungen wieder ausgeben. Öffentliche Haushalte (Bund, Länder, Gemeinden) erhalten ihre Einnahmen aus Gebühren und Steuern der Bürger und Unternehmen. Über die Ausgabe (Art und Höhe) der Einnahmen entscheiden Parlamente.

Haushaltsplan: Gegenüberstellung der voraussichtlich anfallenden Ausgaben und Einnahmen für einen bestimmten Zeitraum. Bund, Länder und Gemeinden sind zur Aufstellung eines jährlichen Haushaltsplans verpflichtet.

Industrie- und Handelskammer: → Kammern

Investition: Langfristige Anlage von → Kapital zur Erhaltung, Verbesserung und Vermehrung von Produktionsmitteln, z. B. Maschinen (Anlageinvestition) sowie an Lagerbeständen (Vorratsinvestition). Als Nettoinvestition wird der Zuwachs der Bestände, als Ersatzinvestition der Ersatz der verbrauchten Produktionsmittel bezeichnet. Nettoinvestition plus Ersatzinvestition = Bruttoinvestition.

Jugendarbeitsschutz: Gesetzliche Maßnahmen durch das Jugendarbeitsschutzgesetz zum Schutz Jugendlicher vor Gesundheitsschäden durch Arbeit.

Kalkulation: Mit ihrer Hilfe werden die Selbstkosten- und Verkaufspreise der Produkte und Dienstleistungen ermittelt.

Kammern: Handwerkskammern (für Handwerksunternehmen) sowie Industrie- und Handelskammern (für Bereiche Industrie, Handel, Verkehrs-, Kredit- und Versicherungswesen u. a.). Die Unternehmen sind Pflichtmitglieder. Kammern sind Selbstverwaltungseinrichtungen der Wirtschaft. Sie nehmen Interessen der Wirtschaft und öffentliche Aufgaben wahr (= Selbstverwaltungskörperschaften des öffentlichen Rechts). In der Berufsbildung sind sie zuständig für die Berufsausbildung (u. a. Überwachung der Ausbildung, Durchführung von Prüfungen) sowie Aufgaben im Bereich der beruflichen Weiterbildung und Umschulung.

Kapital: → Produktionsfaktor in der Form von Sachkapital (produzierte Güter, die als Produktionsanlagen genutzt werden) und Geldkapital (Zahlungsmittel).

Kartellamt: Es wacht darüber, daß die Unternehmen den Wettbewerb nicht einschränken oder ausschalten. Bei Verstößen gegen das → Kartellgesetz kann es ein Bußgeld verhängen.

Kartellgesetz: Das Gesetz gegen Wettbewerbsbeschränkungen, auch Kartellgesetz genannt, verbietet Unternehmen Verhaltensweisen, die den Wettbewerb beschränken. Die Überwachung erfolgt durch das → Kartellamt.

Kaufkraft: Gütermenge je Geldeinheit. Vergrößert (verringert) sich die Gütermenge im Zeitverlauf, spricht man von steigender (sinkender) Kaufkraft.

Kaufvertrag: Zweiseitiges Rechtsgeschäft, durch das sich Käufer und Verkäufer zur Abnahme und zum Bezahlen bzw. zur Übergabe einer Kaufsache verpflichten.

Konkurrenz: → Wettbewerb

Kredit: Hergabe von Geld für einen bestimmten Zeitraum und Preis (Zins); Kreditgeber und Kreditnehmer regeln die Bedingungen in einem Kreditvertrag.

Lean production: „Schlanke" Produktionsstrukturen, bei denen die Entscheidung und die Verantwortung für diese von Arbeitsgruppen soweit wie möglich an den Arbeitsplätzen getroffen werden. Diese gestalten umfassende Arbeitsbereiche unter Einsatz ihrer → Schlüsselqualifikationen weitgehend selbst und entwickeln die Produktionsbedingungen und Produkte weiter (lernendes Unternehmen). Betriebliche Hierarchien werden weitgehend abgebaut.

Lebensstandard: Art und Weise der Bedürfnisbefriedigung. Er ist abhängig vom Einkommen und von den Wünschen der Verbraucher. Veränderungen der Bedürfnisse sowie technische und wirtschaftliche Neuerungen beeinflussen den Lebensstandard.

Markt: Zusammentreffen von Angebot und Nachfrage; kann abgegrenzt werden nach Güterart, z. B. Automarkt oder Wirtschaftsraum, z. B. Europäischer Markt.

Marktwirtschaft (soziale): Wirtschaftsordnung der Bundesrepublik Deutschland. In der sozialen Marktwirtschaft wird versucht, die marktwirtschaftliche Ordnung durch gesetzliche Regelungen (z. B. Gesetz gegen Wettbewerbsbeschränkungen) zu sichern und einen besonderen Schutz sozial Schwacher (z. B. Arbeitslosen-Versicherung) zu gewährleisten.

Mitbestimmung: Im → Betriebsverfassungsgesetz ist geregelt, bei welchen Fragen der → Betriebsrat im Betrieb mitbestimmt. Eine mitbestimmungspflichtige Maßnahme der Betriebsleitung wird nur dann rechtsgültig, wenn der Betriebsrat zustimmt bzw. die Einigungsstelle entscheidet.

Mitwirkung: Im → Betriebsverfassungsgesetz ist die Mitwirkung der Arbeitnehmer im Betrieb geregelt. Mitwirkung bedeutet, daß der Betriebsrat bei bestimmten Fragen von der Betriebsleitung unterrichtet und angehört werden muß. Diese kann solche Maßnahmen auch durchführen, wenn der Betriebsrat widerspricht.

Nettokreditaufnahme (des Staates): Zusätzliche Kreditaufnahme unter Berücksichtigung zurückgezahlter → Kredite.

Öffentliche Güter: Güter, die im Gegensatz zu privaten Gütern von staatlichen Stellen den Bürgern entweder unentgeltlich (z. B. Parks) oder gegen Gebührenzahlung (z. B. Müllabfuhr) bereitgestellt werden.

Ökologie: Wechselseitige Beziehungen zwischen Organismen und ihrer Umwelt.

Preisabsprache: Diese liegt vor, wenn zwei oder mehrere Unternehmen vereinbaren, Güter nur zu dem von ihnen verabredeten Preis zu verkaufen; Preisabsprachen (Preiskartelle) sind nach dem → Kartellgesetz verboten.

Produktionsfaktoren: → Arbeit, Boden, → Kapital

Produktivität: Verhältnis von Produktionsergebnis zur Menge der dafür notwendigen Produktionsfaktoren. Meist versteht man darunter die → Arbeitsproduktivität.

Rationalisierung: Maßnahmen zur Erhöhung der → Arbeitsproduktivität. Rationalisierung kann durch Mechanisierung und → Automation erreicht werden. Die Arbeitsteilung ist eine wesentliche Voraussetzung für Rationalisierung.

Reallohn: Entwicklung des Lohnes unter Berücksichtigung von Preissteigerungen und Abgaben (Steuern und Sozialversicherung).

Recht (öffentliches): regelt die Beziehungen zwischen Bürger und Staat sowie staatlichen Stellen untereinander.

Recht (privates): regelt die Beziehungen zwischen privaten und juristischen Personen (Organisationen), die → Verträge abschließen oder aus anderen Gründen Ansprüche gegeneinander haben.

Rechtsfähigkeit: Fähigkeit, Träger von Rechten und Pflichten zu sein; jeder Mensch ist von Geburt an rechtsfähig.

Sachgüter: Hergestellte Gegenstände (Waren), die der Befriedigung von Bedürfnissen dienen.

Schlüsselqualifikationen: Bildung, die bei der raschen Veralterung des Wissens den einzelnen befähigt, in anspruchsvollen Tätigkeiten technische und organisatorische Veränderungen der Arbeit zu bewältigen. Dazu gehören grundlegende berufsbezogene Techniken und Arbeitsmethoden, Informations- und Lerntechniken, fachliche Zusammenhänge des Berufes zu angrenzenden Bereichen sowie persönlichkeitsbezogene und soziale Qualifikationen, wie Team- und Kommunikationsfähigkeit.

Sonderangebote: → Güter, die besonders preisgünstig angeboten oder als preisgünstig bezeichnet werden.

Sortiment: Das nach Art und Qualität geordnete Warenangebot eines Händlers.

Sozialleistungen: Leistungen, die Arbeitnehmern zum Lohn bzw. Gehalt gezahlt werden. Sie sind z.T. gesetzlich vorgeschrieben (z. B. Beiträge zur Krankenversicherung) oder werden vom Arbeitgeber freiwillig gezahlt. (z. B. Zuschuß zum Mittagessen, Urlaubsgeld). Sie können in Tarifverträgen vereinbart werden.

Staat: Bund, Länder, Gemeinden, Sozialversicherung u. a.

Steuern: Zwangsabgaben, die private Haushalte und Unternehmen an den Staat (Bund, Länder, Gemeinden) abführen müssen.

Technischer Fortschritt: Verbesserung bisheriger technischer Einrichtungen mit dem Ziel, z. B. von Maschinen eine höhere bzw. qualitativ bessere Leistung (→ Produktivität) zu erreichen.

Technologische Neuerungen: Technische Entwicklungen, die ein Verfahren von Grund auf verändern, z. B. elektronische Rechner statt mechanische Rechenmaschinen.

Umsatz: Menge der verkauften Waren in Geldeinheiten (DM) ausgedrückt (Menge · Preis).

Unternehmen (private/öffentliche): Sie haben die Aufgabe, Sachgüter und Dienstleistungen anzubieten. Private Unternehmen erwirtschaften als Hauptziel → Gewinn. Sie gehören einem oder mehreren Eigentümern. Öffentliche Unternehmen haben als Hauptaufgabe die Versorgung aller Bürger mit Gütern zu gleichen Bedingungen und zum günstigen Preis. Sie gehören oder unterstehen dem Bund, einem Land oder einer Gemeinde. Teilweise wird anstelle des Begriffs „Unternehmen" die Bezeichnung „Betrieb" verwendet. Dies geschieht dann, wenn man stärker die technisch-wirtschaftliche Seite betonen will, während Unternehmen meist als rechtlich-finanzielle Einheit gesehen wird.

Verbraucherberatungsstelle: Informiert Verbraucher über richtiges Verhalten beim Kauf und berät sie in allen Fragen des Kaufs und Gebrauchs von → Sachgütern und → Dienstleistungen.

Verbraucherzentralen: In jedem Bundesland gibt es eine Verbraucherzentrale, deren Aufgabe es u. a. ist, die Interessen der Verbraucher gegenüber Staat und Wirtschaft wahrzunehmen, die Verbraucher aufzuklären und Verbraucherberatungsstellen zu führen. Die Verbraucherzentralen sind in der Arbeitsgemeinschaft der Verbraucherverbände (AGV) zusammengeschlossen.

Verkaufsstrategie: Verkaufsplanung

Vertrag: Rechtsgeschäft zwischen zwei natürlichen oder juristischen Personen (z. B. Unternehmen, Sportvereine).

Volkseinkommen (im volkswirtschaftlichen Sinn): Summe aller Erwerbs- und Vermögenseinkommen, die Inländer erhalten.

Werbung: Maßnahmen, die von Herstellern und Händlern dazu benutzt werden, mehr zu verkaufen. Diese bedienen sich bestimmter Formen in Schrift, Bild und Ton, um das Verhalten der Konsumenten zu beeinflussen und so zu fördern, daß zur Befriedigung der → Bedürfnisse die Güter des Werbetreibenden gekauft werden.

Wettbewerb: Wettstreit (Wettkampf) zwischen Unternehmen; er kann sich auf Preis, Qualität, Lieferbedingungen u. a. beziehen. Ziel des Wettbewerbs ist es, durch bessere Leistungen Absatz und → Gewinn zu erhöhen; auf volkswirtschaftlicher Ebene soll durch die Sicherstellung eines funktionsfähigen Wettbewerbs (→ Kartellgesetz)eine möglichst gute Versorgung der Verbraucher mit Gütern und Dienstleistungen erreicht werden.

Wohngeld: Staatliche Leistung, die Bedürftigen eine angemessene Wohnung ermöglichen soll.

Stichwortverzeichnis

Anschriftenverzeichnis

Arbeitsgemeinschaft der Verbraucherverbände e.V.	Heilsbachstraße 20	53123 Bonn
Bündnis 90/Grüne	Friedrichstraße 165	10117 Berlin
Bundesanstalt für Arbeit	Regensburger Straße 104	90478 Nürnberg
Bundesministerium des Innern	Graurheindorfer Straße 108	53117 Bonn
Bundesministerium der Finanzen	Postfach 1308	53003 Bonn
Bundesministerium der Justiz	Postfach	53170 Bonn
Bundesministerium für Arbeit und Sozialordnung	Rochusstraße 1	53123 Bonn
Bundesministerium für Bildung, Wissenschaft, Forschung und Technologie	Heinemannstraße 2	53175 Bonn
Bundesministerium für Ernährung, Landwirtschaft und Forsten	Postfach 140270	53107 Bonn
Bundesministerium für Familie, Senioren, Frauen und Jugend	Rochusstraße 8–10	53123 Bonn
Bundesministerium für Gesundheit	Postfach 170208	53028 Bonn
Bundesministerium für Raumordnung, Bauwesen und Städtebau	Deichmanns Aue	53175 Bonn
Bundesumweltministerium	Kennedyallee 5	53175 Bonn
Bundesministerium für Verkehr	Postfach 200100	53170 Bonn
Bundesministerium für wirtschaftliche Zusammenarbeit und Entwicklung	Postfach 120322	53045 Bonn
Bundesministerium für Wirtschaft	Villemomblerstraße 76	53123 Bonn
Bundesvereinigung der Deutschen Arbeitgeberverbände (BDA)	Gustav-Heinemann-Ufer 72	50968 Köln
Bundesverband der Deutschen Industrie (BDI)	Gustav-Heinemann-Ufer 72	50968 Köln
Bundeszentrale für gesundheitliche Aufklärung	Postfach 910152	51071 Bonn
Bundeszentrale für politische Bildung	Berliner Freiheit 7	53111 Bonn
Bund für Umwelt und Naturschutz Deutschland e.V. (BUND)	Im Rheingarten 7	53225 Bonn
Christlich Demokratische Union Deutschlands (CDU)	Friedrich-Ebert-Allee 73	53113 Bonn
Deutscher Gewerkschaftsbund (DGB)	Hans-Böckler-Straße 39	40476 Düsseldorf
Freie Demokratische Partei (F.D.P.)	Braunscheidtstraße 15	53113 Bonn
Gewerkschaft Erziehung und Wissenschaft (GEW)	Reitenberger Straße 21	60489 Frankfurt/Main
Gewerkschaft Nahrung, Genuß, Gaststätten	Postfach 501180	22711 Hamburg
Gewerkschaft Textil-Bekleidung	Roßstr. 94	40476 Düsseldorf
Industriegewerkschaft Metall (IGM)	Wilhelm-Leuschner-Straße 79–85	60329 Frankfurt/Main
Institut der Deutschen Wirtschaft	Gustav-Heinemann-Ufer 84–88	50968 Köln
Landespresseamt NRW	Mannesmannufer 1a	40213 Düsseldorf
Landeszentrale für politische Bildung, NRW	Mannesmannufer 1a	40213 Düsseldorf
Ministerium für Arbeit, Gesundheit und Soziales des Landes Nordrhein-Westfalen	Horionplatz 1	40213 Düsseldorf
Ministerium für Wirtschaft, Mittelstand und Technologie des Landes Nordrhein-Westfalen	Haroldstraße 4	40190 Düsseldorf
Ministerium für Umwelt, Raumordnung und Landwirtschaft des Landes Nordrhein-Westfalen	Schwannstraße 3	40476 Düsseldorf
Partei des Demokratischen Sozialismus (PDS)	Welckerstraße 22	53113 Bonn
Stiftung Warentest	Lützowplatz 11–13	10785 Berlin
Stiftung Verbraucherinstitut	Reichpietschufer 74–76	10708 Berlin
Umweltbundesamt	Bismarckplatz 1	13585 Berlin
Verbraucherzentrale Berlin e.V.	Bayreutherstraße 40	10787 Berlin
Verbraucherzentrale Brandenburg e.V.	Hegelallee 6–8, Haus 9	14467 Potsdam
Verbraucherzentrale Bremen e.V.	Obernstr. 38–42	28195 Bremen
Verbraucherzentrale Hamburg e.V.	Große Bleichen 23	20354 Hamburg
Verbraucherzentrale Mecklenburg-Vorpommern e.V.	Strandstraße 98	18055 Rostock
Verbraucherzentrale Nordrhein-Westfalen e.V.	Mintropstraße 27	40215 Düsseldorf
Verbraucherzentrale Schleswig-Holstein e.V.	Bergstraße 24	24103 Kiel
Zentralausschuß der Werbewirtschaft (ZAW)	Vilichgasse 1	53177 Bonn
Zentralverband des Deutschen Bäckerhandwerks	Postfach 1808	53604 Bad Honnef